Walther Rohdich
Einmal Weißenfels, Moskau, St. Petersburg, Weißenfels

Le soleil d'Austerlitz se couche
Die Sonne von Austerlitz geht unter

Walther Rohdich

Einmal

Weißenfels

Moskau

St. Petersburg

Weißenfels

Ein historischer Roman

Rediroma-Verlag

Bibliografische Information der Deutschen Nationalbibliothek:
Die Deutsche Nationalbibliothek verzeichnet diese Publikation in der Deutschen Nationalbibliografie; detaillierte bibliografische Daten sind im Internet über http://dnb.ddb.de abrufbar.

ISBN 978-3-96103-478-9

www.rediroma-verlag.de
11,95 Euro (D)

Inhaltsverzeichnis

Erstes Vorwort und Einführung in die Zeit

„Jetzt ist **er** endlich weg!“ – „Now he is finally gone!“ – „Maintenant il est enfin parti!“

Fünf Wörter in drei Sprachen als Stoßseufzer derhergesagt. Das klingt wie leicht gesagt. Ist es aber nicht. Gut zehn Jahre habe ich darauf gewartet, sie mir sagen zu können, mir, meiner Familie in Weißenfels und anderswo, auch Freunden, Bekannten und all jenen, die durch **ihn** geschädigt und ruiniert worden sind. Wen verberge ich hinter den beiden fettgedruckten Wörtern **er** und **ihn**?

Denjenigen Mann, welcher einer Zeit seinen Namen aufprägte, ein Name, der nicht allen Zeitgenossen Übles und Böses signalisiert, weil sie unter ihm nicht gelitten haben: **Napoleon Bonaparte**. Die Briten, seine Erzfeinde, haben ihn nun endlich mitgenommen zu einer fernen und wie es heißt unwirtlichen Insel. Da wird nichts mehr sein mit Herrenleben á la Elba, Herumkommandieren, Fluchtpläneschmieden und Weiberverführen! Ob mit seinem Abgang für das geschundene Europa eine längere Friedenszeit verwirklicht werden kann, bleibt freilich abzuwarten. In Wien sitzt man beisammen, das normale Volk ist dort ausgeschlossen, es wird getanzt, diniert, parliert, hin und hergemauschelt, her und hinbestochen, kreuz und quergedacht, tief und hochgeschachert – Diplomaten und Politiker halt unter sich!

Ich muss meiner Leserschaft nun mitteilen, wie meine Erzählung weitergehen wird. Ich selbst sitze in meinem Weißenfelser Häuschen, das alle Kriegswirren fast unbeschadet überstanden hat, und hocke nicht wie die meisten älteren Leute im Großvater-Ohrensessel, sondern habe einige Oktavblätter vor mir liegen, um sie zu beschriften. Es geht darum, die Abenteuer zweier Mitglieder der Familie Rohdich, die von 1757 bis 1815 reichen werden, nicht der Vergessenheit zu überantworten. Diese beiden Rohdichs, Friedrich der eine, Wilhelm der andere, (das bin ich), sind kleine Würstchen im Ballspiel großer Männer der Zeitgeschichte, denen sie eine Zeitlang dienten: Sie heißen Friedrich II. von Preußen und Napoleon Bonaparte – die es beide irgendwie hier nach Weißenfels verschlagen hat. Friedrich Rohdich „erlebte" den großen König hier hautnah und hat sich mit ihm unterhalten; Wilhelm Rohdich, das bin ich, wurde vom rigoros handelnden Kaiser „cassiert", wie man es milde ausdrücken kann, und bis nach Moskau verschleppt. Er kehrte nur deswegen unversehrt zurück, erstens weil er eine Konstitution besaß, der auch ein Russlandwinter wenig anhaben konnte; zweitens weil Napoleon, - aus Dankbarkeit vielleicht? -, ihn auf der Flucht nach Westen in seiner Kutsche bis Wilna nicht mitfahren ließ; drittens weil alle auf ihn gefeuerten Gewehr- und Kanonenkugeln ihr Ziel verfehlten; und viertens weil er alle Tage sein Lieblingslied gesungen oder auf der Harmonika den Soldaten vorgespielt hat. Es lautet auf deutsch und französisch folgendermaßen:

Adjeu, Louise, wisch ab das Gesicht,
eine jede Kugel die trifft ja nicht.
Denn träf jede Kugel apart ihren Mann:
Woher hätte der Kaiser seine Soldaten dann?

Adjeu Louise, essuie le visage,
chaque balle ne frappe pas.
Parce que chaque balle tromp exceptionellement son mari :
D'où l'empereur a-t-il tiré ses soldats ?

Nur ich werde später die Erzählerrolle in Ichform übernehmen, aber für Friedrich Rohdich einspringen, der mir Schriftliches hinterlassen hat und ihm den Vortritt geben. „Das ist man schließlich seinem Vater schuldig", sagt meine Frau.

Wir sind entfernt verwandt mit Friedrich Wilhelm Rohdich, der damals 1757 unter König Friedrich II. von Preußen in Diensten stand, mit seinem Regiment allerdings nicht bei Roßbach dabei ist, weil es in Schlesien gegen die Österreicher stationiert war. Ich verrate aus der Rückschau vorab, dass dieser Kapitän oder Hauptmann in der kommenden Schlacht von Leuthen den ersten von drei Pour-le-mérites verdiente. Ich muss noch erwähnen, dass ich alle folgenden Dialoge in die Sprache meiner Zeit von 1815 so umfunktioniert habe, dass es keine vom König stets noch gebrauchte Formulierung wie „Woher kommt Er?“ oder „Was hat Er für einen Beruf?“ geben wird.

Zu Beginn seines Berichts befand sich Feldscher und Wundarzt Friedrich Rohdich auf Schloss Burgwerben bei Weißenfels, um mit dem Oberaufseher von Funcke einiges zu besprechen und seine Frau von Zipperlein, wie er alle leichten Beschwerden nannte, möglichst zu befreien. Die Schlacht von Roßbach war soeben für Preußen siegreich zu Ende gegangen, die Gegner wurden verfolgt und der König suchte eine Bleibe für die Nacht...

In Weißenfels und Roßbach

Friedrich Rohdich, der den schon vom Zweiten Schlesischen Krieg berühmten König sehen wollte, eilte vom Roßbacher Herrenhaus zum Schloss Weißenfels, wo Friedrich II. am 2. November eingetroffen war. Er, Friedrich Rohdich, hatte seinen besten Anzug, - zwei besaß er immerhin -, übergezogen und sein vom ihm erfundenes Abzeichen „für Feldschere, Wundärzte und Chirurgen“ gut sichtbar angeheftet: Eine Äskulapnatter, die sich um ein Stilett windet. Der stets aufmerksame König, von von Seydlitz und Herzog Ferdinand von Braunschweig begleitet, hat das Abzeichen sofort gesehen und kommt auf Rohdich zu:

„Was tun Sie hier, wer sind Sie, was bedeutet die Dekoration?“
„Sie zu bewundern, ich heiße Friedrich Rohdich, es bedeutet, dass ich Arzt bin.“
Knappe Fragen, kurze Antworten – genau nach des Königs Geschmack. Seydlitz trat vor und entblößte den Oberarm, auf dem sich eine zehn Zentimeter lange Schnittwunde zeigte. Sie war rot umrandet und würde gewiss bald zu eitern anfangen.
„Die hat mir ein Franzose beigebracht“, sagte Seydlitz, „ehe ich ihm den Degen durch den Hals jagte.“
„Wenn die Wunde nicht behandelt wird“, sagte Rohdich, „General, könnten Sie bei der nächsten Schlacht nicht dabei sein!“
„Nehmen Sie ihn mit, Doktor Rohdich“, befahl der König, „und machen Sie ihn kampffähig, in den nächsten Tagen wird es hier eine Schlacht geben, denn die Franzosen wünschen sie, und was bin ich ohne einen tüchtigen Reitergeneral!“

Rohdich hatte seinen Koffer natürlich nicht dabei, und so ritten sie zum Roßbacher Herrenhaus hinaus. Dort sah Seydlitz, noch ehe er behandelt wurde, von außen den Dachboden und stürmte, ohne den Besitzer zu grüßen, in schweren Reiterstiefeln nach oben. Dort sah er das halbrunde Fenster, sagte aber nichts und ging wieder die Treppe herunter nach unten. Dort hatte Rohdich seinen Medikamentenkoffer geöffnet und von der Hausherrin einen Topf heißen „sauberen!“ Wassers nebst einem frisch gebügelten Stück Leinenstoff verlangt. Dann drückte er Seydlitz auf einen Stuhl und legte den verwundeten Arm frei. Schon bei den ersten Tupfern mit dem fast noch kochenden Wasser zuckte dieser Held zusammen und hätte aufgeschrien, wenn Rohdich ihm nicht den Mund zugehalten hätte. (Kommentar: Solche Szenen werden in Biografien berühmter Zeitgenossen ausgestrichen!)

Nach der ersten Säuberung, - die zweite ließ Rohdich durch Frau von Funcke durchführen -, sah die Wunde für einen Chirurgen durchaus appetitlich aus, und nachdem sie abgetrocknet war, benässte Rohdich sie mit dem ausgepressten Saft wilder Schlehen.

„Wenn man den trinkt", warnte Rohdich, „ziehen sich Löcher in Strümpfen und gar Stiefelsohlen von selbst zusammen."

Natürlich zuckte der Reitergeneral wieder wie von einer Lanzenspitze durchbohrt zusammen, als dieser Saft auf seine Wunde träufelte. Nun bestrich Rohdich sie mit einer dunklen, nach Wildkräutern duftenden Salbe aus seinem Koffer; das Rezept ist heute kein Geheimnis mehr:

„Man nehme Blätter und Stängel der Edelrauke, zermalme sie in einem Mörser, - Leute mit permanenten Zahnschmerzen sollten sie im Mund zerkauen -, mache den Brei mit Saft des Löwenzahns geschmeidig und füge eine Prise feinen Pfeffer zu."

Rohdich schmierte damit die Wunde ein und verband sie mit in Streifen geschnittenes feines Leinen.

„Wenn Sie am 4. den Verband abnehmen", belehrte er Frau von Funcke, „und einen neuen anlegen, müssen Sie auf höchste Sauberkeit achten, denn Reinlichkeit ist das Alpha und Omega eines erfolgreichen Arztes."

* * * * * *

Am 4. November 1757 sah Friedrich Rohdich den preußischen König wieder und er schilderte diesen Besuch des Herrenhauses in einem Brief nach Hause:

„Den 5ten früh um 8 Uhr gingen Ihro Majestät der König auf den Boden des hiesigen Herrenhauses und sahen, wie die Reichs- und französische Armee aus ihrem Lager nach Größt zu zogen. Ungefähr in einer Stunde stand schon die halbe Armee in den Leyhischen, Alandsdorfer und Roßbacher Feldern, und zog sich immer nach Pettstädt. Ihro Majestät sahen immer durch das Perspektiv, und mir wurde die Gnade zuteil, immer bei ihm bleiben zu dürfen, um ihm die Wege zu nennen, so die Reichs- und Französische Armee ging. Endlich speisten Ihro Majestät bis 2 Uhr, alsdann gingen sie wieder auf den Boden, und wurden gewahr, daß sich die feindliche Armee bis Pettstädt an dem Opstädter Hölzchen dergestalt wendete, als wenn sie nach Lundstädt wollte, wobei sie kanonirte, daß die Kugeln über uns wegflogen. Halb 3 Uhr hieß es: Marsch! in aller Eile und zum Hofe hinaus."

Soweit der Brief! Friedrich Rohdich war nämlich am 3. in Braunsdorf beim König „in Gnade gefallen", weil er ihm ein Mittel verabreichte, das seine Koliken „fortblies wie Federn im Wind" und er dann wieder Wind ablassen konnte.

„Man nehme Süßholz, raspele es im Mörser zu Staub, füge Körnchen Lakritz bei und mache mit sprudelndem Wasser einen Teeaufguss, den man sofort in großen Schlucken trinken sollte, wenn er genug abgekühlt ist, wenigstens einen halben Liter."

Das machte der König brav. Er hatte 1740 das letzte Leiden seines Vaters mit angeschaut und fürchtete seitdem stets um seine Gesundheit.

„Mein Leben als Soldat", offenbarte er sich Rohdich, „habe ich mir so nicht vorgestellt, wo ich doch am liebsten in

Sanssouci im Garten sitzen, mit den Hunden spielen und nicht wie hier Menschen jagen würde."

Nun, dachte Rohdich, haben wir denn nicht im ganzen Land gehört, wer den Krieg um Schlesien angefangen haben soll?

Der König ließ sich nicht lumpen, übergab Rohdich fünf erbeutete Maria-Theresien-Taler und hielt auch Seydlitz an, nicht knauserig zu sein. Dann sagte er:

„Wenn es hier morgen oder übermorgen eine Schlacht gibt, möchte ich gerne, dass Sie sich der einkommenden Verwundeten annehmen. Beschlagnahmen Sie alle Herrenhäuser und auch das Schloss in Weißenfels, Gutshöfe, Gasthöfe, alle Betten, die Sie kriegen können in meinem Namen – freilich nur, wenn ich mit meinen Soldaten siege. Wenn nicht, balsamieren Sie mich ein und lassen Sie mich nach Sanssouci bringen, wo schon einige meiner Windspiele begraben liegen."

Dazu kam es nicht. Friedrich Rohdich aber ließ sich auch nicht lumpen und versprach, sich nach einer Schlacht um die Verwundeten zu kümmern, „vorausgesetzt, Majestät, dass Sie einverstanden sind, dass ich keinen Unterschied bei den Nationalitäten mache". Damit war der König einverstanden. So kam es, dass Rohdich am 6. abends nach Hause schreiben konnte:

„...es stimmt nicht, daß der König sich nicht um verwundete Gegner gekümmert habe, denn es ist überliefert, daß jeder Feldherr der Geschichte, der seine Soldaten persönlich führte, so gehandelt hat. Als Friedrich am Abend des 5. Quartier im Schloss Burgwerben nehmen wollte, waren auf meinen Hinweis sämtliche Zimmer mit verwundeten gefangenen französischen Offizieren belegt. Man wollte eines freimachen, doch der König lehnte ab und bezog eine ärmliche Stube im Anbau. Dann veranlasste er die Schlossherrin, alles Leinenzeug, das vorhanden ist, zum Verbinden der Verwundeten herzugeben. Unter diesen befand sich General Graf Custine, den eine Kugel lebensgefährlich getroffen hatte. Der König erkundigte sich im väterlichen Ton nach dessen Befinden und Custine sprach noch, ehe er verschied, ‚daß Sie, Majestät, größer als Alexander sind, der seine Gefangenen quälte, während Sie Öl in ihre Wunden träufeln'. Da hat Friedrich geantwortet, er könne noch immer nicht die Franzosen, obwohl er auf sie schießen lassen müsse, als seine Feinde betrachten. Das stimmt, denn ich weiß, dass er die nicht verwundeten aber gefangengenommenen französischen Offiziere nach Berlin bringen ließ, wo sie ‚auf Ehrenwort' ziemlich viel Freiheit genießen werden."

Als der preußische König wenige Tage später aufbrach, „weil ich in Schlesien nach dem Rechten sehen muss", versuchte er noch einmal Friedrich Rohdich für sich zu gewinnen. Die Versuchung lockte: Leibarzt eines berühmten Monarchen zu werden, den selbst schon einige Zipperlein plagten und der noch jahrelang „für Patienten" sorgen würde; und in der Welt herumkommen, vielleicht mit dem König in Wien einziehen oder in St. Petersburg; ein Honorar kassieren, das nicht einmal die Leibärzte der Pompadour oder der Zarin einstrichen; und schließlich und „vielleicht“ eines Tages geadelt werden – Verlockungen schwersten Grades!

Beim Abschied hielt der König noch ein schlesisches Schmankerl parat:
„Wo ich jetzt hinreite oder hinfahre“, lockte er, „dient ein Friedrich Wilhelm Rohdich als Hauptmann im berühmten Ersten Garderegiment zu Fuß. Wenn Sie mit ihm verwandt sind, kann ich Sie erst zum Regimentsarzt und dann zum Armeechirurgen befördern. Dieser Krieg wird nicht ewig dauern, und so Gott Mars mich überleben lässt, können Sie später an der Berliner Chartité, die mein Vater begründet hat, Generalarzt werden.“
Verlockungen allerersten, 24-pfündigen Kalibers! Des Königs Pech war nur, dass Rohdich nicht in Preußen, sondern in Elisabeth von Funcke verknallt war! So musste er unverrichteter Dinge „ab nach Schlesien und gegen Leuthen marschieren“.

* * * * * *

„Für die meisten historischen Schreiber“, berichtete Friedrich Rohdich später nach seiner Hochzeit mit Elisabeth von Funcke, „ist mit dem Abzug des Königs von hier der Krieg in und bei Weißenfels zu Ende. Sie verschweigen, dass lange Besatzungszeiten oft mehr Elend und Ärger erzeugen als ein einziger Schlachttag, der ja meist nur aus wenigen Stunden besteht. Weißenfels gehörte zu Sachsen, und dessen Kurfürsten haben in Gegenwart und Folgezeit „ihr unglückliches Händchen“ bewiesen: auf der falschen Seite zu stehen. Zudem war dieses Land vom preußischen König dazu ausersehen worden, die preußische Armee zu versorgen.

Im persönlichen Diskussionskreis, dem Friedrich Rohdich nebst diesen wichtigen Personen der Stadt Weißenfels angehörten, kam nach dem Abzug des Königs einiges zur

Sprache: Dramatiker Joachim Wilhelm von Brawe, Komponist Johann Ernst Altenburg, Mathematiker Johann Ernst Zeiher, Linguist Johann August Dathe und Christiane Louise von Rochow, Rittergutsbesitzerin.
„Ich bin gar nicht sicher“, sagte Friedrich Rohdich, „dass der König wusste und weiß, dass seine Truppen konfiszierten, plünderten und raubten. Andererseits hat er den im Westen des Reiches einfallenden Franzosen klarmachen lassen, dass er ihre Plünderungen östlich des Rheins mit ebensolchen westlich des Stroms und vor allem in Sachsen beantworten würde.“
„Aber die kriegführenden Staaten“, sagte Altenburg, „haben doch versichert, dass die grässlichen Zeiten des Dreißigjährigen Krieges vorbei seien.“
„Das mag so sein“, sagte Zeiher, „aber uns erzählte man ja, dass die so genannten Reichstruppen völlig unversorgt und schlecht ernährt in den Krieg geschickt würden „und sich gefälligst aus dem Land ernähren sollten“.

Friedrich Rohdich hat die für Weißenfels gültigen Tatsachen gesammelt. Schon am 29. August 1756 kamen 2.000 Mann preußischer Truppen nach Weißenfels und verlangten jede Menge Lieferungen, die nicht getätigt wurden und Plünderungen nach sich zogen. Am 1. September folgten ihnen erst 3.700 und danach noch 1.200 Soldaten, die alle hungrig waren und denen es sogar am geliebten Brot mangelte. Die Bevölkerung von Weißenfels wurde beauftragt, die preußischen Magazine, aus welchen sich Armeen zu ernähren pflegen, mit Vorräten zu befüllen, und als das nicht schnell genug gelang, wurde das Zeughaus im Schloss ausgeräumt.

Danach ging es eine Zeitlang hin und her: Erst erschienen Truppen Österreichs, das ja mit Sachsen gegen Preußen stand, danach trabten preußische Husaren heran und verjagten die Österreicher. Nachdem der preußische König im Frühjahr 1757 beim böhmischen Dorf Kolin zum ersten

Mal geschlagen wurde, rückten auch die Franzosen vom Rhein her vor, um ihren Erzfeind Großbritannien in Hannover ins Herz zu treffen.
„Englands König Georg II.“, erläuterte Rohdich für diejenigen seiner Zuhörer, welche historisch wenig bewandert schienen, „war in Personalunion gleichzeitig Kurfürst von Hannover.“

Weil der König von Preußen glaubte, in Schlesien für das Jahr 1757 nicht mehr benötigt zu werden, zog er in Eilmärschen hierher nach Sachsen, um die mit der Reichsarmee verbündeten Franzosen in einer erfolgreichen Schlacht zu hindern, ihm in seinen Kernlanden in den Rücken zu fallen. So kamen vom 5. bis 8. Oktober über 5.000 preußische Soldaten nach Weißenfels und wurden in den Vorstädten einquartiert. Schon am nächsten Tag wurden hundert Bürger „ausgehoben“ und zum Schanzen am linken Saaleufer beordert. Am 14. quartierte sich der König mit starker Bedeckung im Schloss ein, das kurz danach wieder verlassen wurde.

Vom 24. bis 31. saß eine französische Besatzung im Schloss, welche dann die hölzerne Saalebrücke abbrannte. Prompt verjagten die Preußen diese leichten Truppen und besetzten Weißenfels erneut. Vom Norden her beschossen daraufhin französische Kanonen die Stadt. Alles deutete darauf hin, dass eine Schlacht stattfinden würde. Der Bevölkerung war’s recht so: Lieber ein Ende im Schrecken als Schrecken ohne Ende! Die Preußen bauten eine Notbrücke und rückten am 3. November nach Norden über die Saale ab, um die bekannte Schlacht bei Roßbach zu schlagen. Die nächste Diskussionsrunde dieser Herren und der einen Dame, welche nur zugehört hatte, fand am 10. November statt. Da war den Bewohnern Weißenfels’ schon klargeworden, dass die Preußen nicht komplett abziehen und als Besatzungstruppen vor Ort bleiben wollten.

* * * * * *

Schon am 8. November, berichtete Friedrich Rohdich weiter, musste die Stadt 12.000 Brote, das Stück zu sechs Pfund, backen und abliefern, was die allgemeine Ernährungslage zweifellos verschlimmerte. Vom 10. bis 15. November litten die Einwohner weiterhin unter hohen Kosten von Einquartierungen und Zwangslieferungen. Es war ihnen klargeworden, dass preußische Truppen bis zum Ende des Krieges hier bleiben würden, es sei denn, sie würden von ihren Gegnern vertrieben. (Wir fügen hier, Friedrich Rohdich vorausschauend, ein, dass die Kriegsfurie nicht nach Weißenfels und Roßbach zurückkehrte, zumal der neue preußische Oberbefehlshaber „der Alliierten", Herzog Ferdinand von Braunschweig, die Franzosen 1759 bei Minden schlagen und von weiterem Vorrücken nach Osten abhalten konnte.)

Während der zweiten Diskussionsrunde dieser Gesellschaft am 10. Dezember 1757 ließ man „der Dame" zuerst das Wort ergreifen: Christiane Louise von Rochow, geborene von Bose, 1734 geboren, Gutsbesitzerin aus Reckahn und sozial stark engagiert. Zum Beispiel für die allgemeine und flächendeckende Versorgung mit Grundschulen.
„Doktor Rohdich", begann sie ahnungslos, wie alle anderen Personen nicht wissend, ob Friedrich Rohdich diesen Titel überhaupt besaß und wo er ihn erworben hatte, „Herr Doktor, ich habe gehört, dass Sie mit Ihrer Frau demnächst nach Halle zur Franckschen Stiftung reisen möchten."
„Da haben Sie richtig gehört, gnädige Frau", antwortete Rohdich, „ich möchte dort die berühmten Ärzte aufsuchen und meine Frau will sich das Waisenhaus ansehen. Vielleicht kann man hier in Weißenfels auch so etwas einrichten und gar ein Lazarett bauen."

Diese Ausführungen waren Wasser auf den Mühlen der adeligen Frau.
„Solche Einrichtungen", erklärte sie den zuhörenden Männern, „heben nicht nur das Ansehen einer Stadt, sondern bringen auch Kapazitäten und damit Geld herein. Ich habe das Große Militärwaisenhaus in Potsdam besucht und war dort sehr beeindruckt, wie man die Kinder untergebracht hat – natürlich nicht in Luxus, aber besser, als sie es sonst auf den Straßen und bei so genannten Pflegefamilien hätten."

Man diskutierte hin und her und kam zur Überzeugung, dass es jetzt in Kriegszeiten unmöglich sei, von den Stadtvätern dieser gebeutelten Stadt Gelder locker zu machen.
„Dann soll eben", schlug Christiane Louise vor, „das Schloss Augustusburg zu einem Lazarett gemacht werden. Da wird doch nie wieder ein Herzog residieren. Eine Schule könnte da auch hinein."
Sie war in Fahrt gekommen und erbot sich, den nächsten preußischen Kommandanten „in die Zange zu nehmen" und zu veranlassen, seinem König demnächst „dieserhalb anzugehen".
„Sie müssen ihm zu verstehen geben", schlug Rohdich vor, „dass das Gebiet rund um Weißenfels mit der Saale und so nach dem Krieg doch zum Königreich Preußen gehören wird."

Nach diesem wohlmeinenden Rat kam Erholsames zum Zuge. Diskussionen und Debatten dieser Art gingen damals behutsam und ohne Hektik vor sich und Unterhaltung war gern gesehen und gehört. Johann Ernst Altenburg konnte sie nun bieten. Er setzte sich ans Cembalo und spielte Entwürfe und Skizzen einiger Sonaten, auch ursprüngliche Trompetenstücke, alles Werke, die Friedrich Rohdich weder beurteilen wollte noch konnte. Sie waren wohlklingend und füllten den nicht großen Raum vollkommem aus. Ob er, noch jung, nämlich 1734 geboren, einmal ein großer Kompositeur werden wird, bezweifelte Rohdich insgeheim, denn die Konkurrenz war groß und Altenburg machte auf ihn „einen mehr als merkwürdigen Eindruck."

Nach ihm kam Johann August Dathe an die Reihe, frisch gebackener Magister und Linguist.

„Was ist ein Linguist?", fragte Rohdich anstelle aller, welche es auch nicht wussten.

„Ein Sprachwissenschaftler."

1756 hatte Dathe mit dem unaussprechlichen Werk „De Orgiene interpretationes librorum s. grammaticae autore" seinen Magister gemacht und sah sich jetzt genötigt, diesen lateinischen Titel zu übersetzen:

„Die Bücher der Orgiene Interpretationen nach Grammatik."

Damit konnte er seine Zuhörer so wenig interessieren, dass Frau von Rochow ihn erlöste und ein zu Herzen gehendes Lied des Altmeisters Johann Sebastian Bach, vor kurzer Zeit, 28. Juli 1750 in Leipzig gestorben, zum Besten gab:

„Willst du dein Herz mir schenken, so fang es heimlich an,
dass unser beider Denken niemand erraten kann.
Die Liebe muss bei beiden allzeit verschwiegen sein.
Drum schließ die größten Freuden in deinem Herzen ein."

Diese erste Strophe sang Louise von Rochow solo, für die nächsten drei Strophen begleitete sie Johann Ernst Altenburg auf dem Cembalo:

„Behutsam sei und schweige und traue keiner Wand,
lieb innerlich und zeige dich draußen unbekannt:
Kein Argwohn musst du geben, Verstellung nötig ist,
genug, dass du, mein Leben, der Treu versichert bist."

Sah Friedrich Rohdich ein paar Tränen kullern?

„Begehre keine Blicke von meiner Liebe nicht.

Der Neid hat viele Tücke auf unsern Bund gericht'.
Du musst die Brust verschließen, halt deine Neigung ein,
die Lust, die wir genießen, muss ein Geheimnis sein."
Nun rollten doch einige Tränen über herbe Männerwangen, und auch die Sängerin hätte nur noch diese letzte Strophe absolvieren können:
„Zu frei sein, sich ergehen, hat oft Gefahr gebracht.
Man muss sich wohl verstehen, weil ein falsch Auge wacht.
Du musst den Spruch bedenken, den ich vorhin getan:
Willst du dein Herz mit schenken, so fang es heimlich an."

Diese Gesellschaft trat so nie wieder zusammen, man ging sozusagen auseinander. Christiane Louise von Rochow machte sich trotz der Jahreszeit auf die Reise Friedrich II., der irgendwo in Schlesien seinen Gegnern an den Wickel gehen wollte. Der Weißenfelser Kommandant stellte ihr Kutsche und Ordonnanz, einen jungen Husaren, der bei Roßbach eine Kugel ins Knie bekommen, die Post an den König in der Tasche hatte und sich prompt bis Breslau in seine Begleiterin verliebte.

Friedrich und Elisabeth Rohdich wollten die Zeit bis Anfang Dezember abwarten, bis Frost die Wege glättete und besser befahrbar machte als zu Schlammzeiten. Auch in „Sachen Rohdich" hatte der König vorgesorgt und beiden Gefährt, Pferde und Bewachung von Husaren zugeordnet. Elisabeth konnte mitfahren, weil sie noch nicht schwanger war...

In Halle an der Saale

„August Hermann Francke", erklärte Friedrich Rohdich während der Fahrt, „1663 geboren, 1727 gestorben, war der Begründer der Stiftung seines Namens und ein äußerst bescheidener Menschenfreund, was auf altgriechisch Philantrop heißt. Es gibt eine Anekdote über ihn: Als er

Ostern 1695 im Klingelbeutel eine Spende von 4 Talern und 16 Groschen fand, geriet er außer Rand und Band und soll ausgerufen haben: ‚Das ist ein ehrliches Kapital! Davon muss man etwas Rechtes stiften! Ich will eine Armenschule damit anfangen!' Wir erkennen daraus, wie bescheiden die Menschen damals waren und wieviel das Geld wert war."

Und tatsächlich, wusste Rohdich zu berichten, wurde sie in den Räumen der Pfarrei eingerichtet. Erst nur für mittellose Kinder, aber schon bald schickten Bürger Halles gegen Gebühr ihre Kinder dorthin, und schon im Sommer 1695 wurden fünfzig Kinder unterrichtet. Jetzt las Rohdich das weitere Wichtige und Hauptsächliche aus einem Buch vor, das kürzlich erschienen war:

„Da viele mittellose Kinder oder Waisen außerhalb der Schule durch das schlechte soziale Umfeld wieder erneuter körperlicher aber auch moralischer Verwahrlosung ausgeliefert waren, beschloss Francke, diese Kinder gegen Geld bei Familien unterzubringen. Damit war die Idee des Waisenhauses geboren... Dank zahlreicher Spenden wurde 1698 der Grundstein für ein gewaltiges Bauwerk gelegt. Im April 1701 konnte Francke das Gebäude einweihen..."

„In Potsdam", sagte Elisabeth in das Gerappel der Räder und das Getrappel der Pferdehufe hinein, „hat König Friedrichs Vater auch solch ein System errichten lassen, das er, der König, wie er mir sagte, nach einem gewonnenen Krieg ausbauen lassen möchte."

Halle war um diese Zeit eine Stadt mit 13.000 Einwohnern und gehörte zu Preußen, nachdem es 1680 an Brandenburg gefallen war. Rohdich hatte nicht vor, sich hier länger als notwendig aufzuhalten, denn noch herrschte Krieg mit hin und herwogenden Truppen und ungewissen Aussichten: Wie lange würde er dauern und wer würde schließlich siegen? Rein logisch gedacht, strategisch gesehen und taktisch beurteilt müsste Preußen „an Erschöpfung und Ausblutung" untergehen und würde dann wohl, sehr zur Freude des Papstes, auf die Markgrafschaft Brandenburg heruntergestutzt werden. Rohdich gedachte hier in Halle drei maßgebliche Männer aufzusuchen: Gotthilf August Francke, David Samuel Madai und Carl August Madai.

Stellen wir diese Kapazitäten einmal kurz vor. **Gotthilf August Francke** wurde am 1. April 1696 als Sohn des August Hermann Francke in Glaucha geboren. Natürlich war er früh in den Stiftungen seines Vaters beschäftigt und bekam seine erste Pfarrstelle am Zucht- und Arbeitshaus zu Halle. 1726 wurde er zum außerordentlichen, ein Jahr später nach dem Tod seines Vaters zum ordentlichen Professor befördert. 1739 promovierte er zum Doktor der Theologie. **David Samuel Madai** wurde am 4.Januar 1709 in Schemnitz geboren und studierte seit 1729 Medizin an der Unuversität Halle. Dort promovierte er 1732 zum Doktor der Medizin. Ab 1739 war er Chefarzt des Waisenhauses. **Carl August Madai** wurde am 6. August 1739 in Glaucha geboren und war der einzige Sohn „des vorigen". 1750 ging er als Schüler an das Pädagogium Halle und studierte hier ab 1756 Medizin.

„Mit solchen berühmten und hochgelehrten Männern", sagte Elisabeth zaudernd, „sollen wir uns hier abgeben?"
Sie hatten dafür gesorgt, dass Elisabeths Herbarium, das sie schon früh begonnen hatte, und ihre naturgetreuen Zeichnungen von Heilpflanzen hier präsentiert werden konnten. Sie hatte einige davon schon nach Carl von Linnés *„Systema Naturae"* geordnet. Friedrich führte eine Aufstellung mit, in der er Heilkräuter katalogisiert und

nach ihren Wirkungsgraden gelistet hatte. Also etwa dermaßen:
„Bärentraube“, *Arbutus ursi L., Entgiftungsmittel der Niere;*
„Besenginster“, *Sarothamnus scoparius L., gut fürs Herz;*
„Kornblume“, *Centaurea cyanus L., harntreibend.*
Weil Friedrich Rohdich nur in akuten Notfällen, zum Beispiel nach Unfällen, Gefechten und Schlachten, als Chirurg und Knochenbrecher arbeiten wollte, gedachte er sich als „Arzt der Armen“ und „Doktor der Vermögenden“ in Weißenfels zu etablieren. Und seine Frau, das hatte er sofort beim ersten Kennenlernen festgestellt, besaß „die Hände Hippokrates’“, der, so ist’s überliefert, mit ihnen mehr heilen konnte als nach seinem Wissen. Die Eheleute Rohdich hatten sich natürlich per Brief angekündigt und weil Christiane schon vorher gute Stimmung für sie gemacht hatte, wurden sie gebührend von Doktor Francke mit aller Höflichkeit empfangen.

* * * * * *

Was Friedrich und Elisabeth Rohdich schon nach dem ersten Tag missfiel, war das pietistische Gehabe und die hochchristliche Stimmung innerhalb der Anlage.
„Ich glaube“, versuchte Elisabeth zu trösten und zu erklären, „man kann sich in unserem Kulturkreis nur dann für Arme, kranke, Hilflose und Gebrechliche engagieren, wenn man alles für Jesus Christus und die eigene Seligkeit tut.“
Das wurde nicht ausdiskutiert, denn Francke und die beiden Madais interessierten sich ausdrücklich für ärztliche und medizinische Aspekte der Schlacht von Roßbach und sprachen bewundernd vom „großen König“, der, wie gestern berichtet wurde, beim schlesischen Dorf Leuthen die Österreicher „ordentlich vermöbelt“ habe.

Die Anlage der Franckschen Stiftung machte auf unsere beiden Reisenden einen unauslöschlichen Eindruck. Hierüber hat Friedrich Rohdich dem Weißenfelser Advokaten Johann Gottfried Buchheim in einem Brief aus Halle berichtet:

„Unter Nutzung kurfürstlicher Privilegien, die ihm (Francke) Akzise-, Zoll- und Geleitsfreiheit gewährten, und Dank zahlreicher Spendenwurde 1698 der Grundstein eines für damalige Verhältnisse gewaltigen Bauwerks, des Waisenhauses, gelegt. Dank weiterer kurfürstlicher Privilegien konnten eine Buchhandlung, eine Buchdruckerei und Buchbinderei, eine Apotheke sowie ein Naturalienkabinett eingerichtet werden. Deren Einnahmen finanzierten das Waisenhaus und ließen die Stiftung weiter wachsen. Ab 1708 erschien dreimal die Woche eine Hallesche Zeitung. Im Jahr 1709 wurde ein dreistöckiger Fachwerkbau für Waisenmädchen und die Mädchenschule errichtet, dann entstand das Englische Haus... dann ein Sing- und Betsaal für 2.000 Personen...“

Gotthilf August Francke führte seine Besucher persönlich auf der Anlage herum und berichtete auch über seine Missionsarbeit in aller Welt.

„Kaiser, Könige und andere Herrschaften, die sich für befugt halten“, predigte er, „erobern durch Feuer und Schwert, wir durch Beispiel und das Wort. Was wohl wird länger haltbar bleiben?“

Er brachte Friedrich und Elisabeth in den Behandlungsraum der Madais, den sie „Praxis“ nannten. Dort hockten

Patienten jeder Coleur, stumm oder stöhnend, Hypochonder und Leute mit letztwilligen Verfügungen. Was die beiden Rohdichs befürchtet hatten, hier war es Wirklichkeit: Der Schmutz der Zeit machte keinen Unterschied zwischen Küche, Keller, Klo oder Untersuchungszimmer! Es gab kein ärztliches Händewaschen zwischen Anal- oder Munduntersuchung, die ärztlichen Finger, welche Eiter fortwischten, fuhrwerkten auch in Ohren und Nasenlöchern; zwischendurch steckten sie auch einen Happen Kuchen in den Arztmund.

Die Waisenkinder, getrennt nach Geschlecht, standen in Reih und Glied, und wer einen Bellhusten entwickelt hatte oder vor der hier häufigen Schmalbrüstigkeit kaum husten konnte, musste einen heißen Pfefferminztee schlucken und ward augenblicklich entlassen. Beiß-, Kratz- und Schürfwunden wurden vorm Verbinden nicht gereinigt. Zum Glück für die beiden Rohdichs, die sich innerlich schüttelten, war heute keine Sprechstunde für Knochenbrüche, Ausrenkungen und beim Holzhacken abgehackte Fingerkuppen. Als zum Abendessen geläutet wurde, hingen alle, vom Arzt bis zum Sanitätsgehilfen, ihre blutigschmuddeligen Kittel an die Wandhaken, wuschen die Hände in klebrigen Waschbottichen und trockneten sie an der Kleidung ab. Die beiden Besucher verdrückten sich rasch auf das ihnen zugewiesene Zimmer, machten sich sauber und frisch und gingen in den Essraum für prominente Gäste.

* * * * * *

Am nächsten Tag, ein Sonntag, besprach Friedrich Rohdich sich mit Francke zum Thema „auch so etwas wie hier in Weißenfels“ einzurichten, während Elisabeth den Madais Vortrag über Heilpflanzen hielt und wie man sie einsetzen könnte. Doch „Chirurg bleibt Chirurg“, wie sie zu-

gaben, gaben aber auch zu, dass „Sie, Madam, auf diesem Weg weitermachen sollten, der wohl eine große Zukunft hat“.
„Noch wissen wir“, dozierte Madai-Senior, „in der Medizin nicht viel mehr als der alte Hippokrates.“
„Es heißt“, fügte Madai-Junior hinzu, „dass die Indios Südamerikas mehr über Krankheiten wissen als wir hier.“
„Da kommt daher“, ergänzte Elisabeth, „weil sie alle ihre Pflanzen des Urwalds und ihre Wirkung auf den menschlichen Körper kennen.“
„Gut gesagt, Madam!“

Anstaltsleiter Francke war der Meinung, dass die Stadt Weißenfels „mit ihren paartausend Einwohnern“ zu klein sei, um eine „Anstalt wie unsere hier“ errichten und in Gang halten zu können.
„Gibt es bei Ihnen soviele spendenbereite Bürger wie bei uns?“
Das musste Rohdich bezweifeln.
„Sie scheinen“, sagte Francke, „schon jetzt ein guter Arzt zu sein und noch ein besserer werden. Kommen Sie später zu uns oder gehen Sie nach Wien, München, Berlin, Potsdam, London oder Paris, da können Sie in wenigen Jahren ein reicher Mann sein.“

Zum nächsten Vormittag waren Friedrich und Elisabeth bei David Madai eingeladen, der Behandlung eines reichen Spenders beizuwohnen, der natürlich nicht so primitiv vorgenommen wurde wie die Waisenkinder. Die „Praxis“ war sauber und aufgeräumt, als der stämmige Mann von einer Krankenschwester hereingeleitet und auf den Bauch gelegt wurde. Dieser war angeschwollen wie eine Blase.
„Was haben Sie heute morgen gegessen, mein Herr?“, fragte Rohdich.

„Die neuen Tartuffeln oder Kartoffeln, die gestern ankamen.“
„Und wie haben Sie sie gegessen?“, fragte Rohdich besorgt weiter.
„Nun, mit einer Bratensoße“
„Und wie haben Sie die Kartoffeln zubereitet?“, fragte Elisabeth ahnungsvoll.
„Nun, meine Frau hat sie geschnippelt, weil sie doch härter sind als Äpfel.“
„Und vorher gekocht, nicht wahr?“
„Gekocht? I-wo!“
„Da haben wir den Salat“, sagte Friedrich lachend, „rohe Kartoffeln sind giftig!“
Er verbiss sich weitere Fröhlichkeit:
„Sie müssen sie sofort auskotzen!“
Dr. Madai schnappte sich den Patienten, rollte ihn erneut auf den Bauch und wies seine Gehilfin an, ihren Zeigefinger so tief wie möglich in den Hals des Mannes zu stecken. In der folgenden Eruption des Magens klatschten die vorverdauten Kartoffelscheiben auf den Fußboden, der Patient holte tief Luft und musste sich dann Elisabeths Rezept zur Kartoffelzubereitung anhören:
„Sie müssen gekocht werden, ob ganz, zerschnitten oder nur halbiert, mit oder ohne Pelle. Mein Mann und ich, wir werden Ihnen zu morgen Mittag ein paar Bratkartoffeln machen, die Sie nie wieder vergessen werden.“
„Jetzt weiß ich auch“, sagte der Mann, „warum beim Nachbarn die Schweine sie nicht fressen wollten.“

* * * * * *

(Das Rezept fürs Bratkartoffelnmachen brauchen wir hier nicht zu verraten, es ist Allgemeingut geworden.) Aber Frau Albertine von Bassermann, die Gattin des gestrigen Patienten, musste es lernen:

„Learning by doing!“

„Sorgfältig schälen, in den Topf tun, mit Wasser bedecken und dieses auf dem Ofen zum Kochen bringen, etwa zwanzig Minuten lang und dann mit einem Fidibus anstechen, ob sie weich geworden sind. Wenn ja, eine Weile abkühlen lassen und dann in eine Pfanne hinein in feine Scheiben schneiden, diese salzen und mit Butter oder Schmalz braten, bis sie angebräunt sind. Nochmal mit Salz abkosten. Dazu schmecken Rote Bete, Gurken, Erbsen und Möhren und ein Kotelett oder ein Hamburger oder eine Berliner Boulette. – Was das ist?“

Nun, auch das erklärte Elisabeth. Friedrich war mächtig stolz auf seine Frau und auch darauf, dass sie Herrn von Bassermanns Honorar „für Ihre Kinder zu Hause, Madam,“, in Höhe von fünf Maria-Theresien-Talern kaltlächelnd annahm.

Am Nachmittag stand bei beiden Drs. Madai die Besichtigung und Begutachtung der medizinischen und chirurgischen Instrumente an. Da konnte Friedrich Rohdich das Staunen nicht verbergen. Wir nennen nur zehn Instrumente aus Silber und Stahl, die ihm vorgelegt wurden und die er bisher nicht kannte: Stapler, Knochenstanze, Knochenhebel, Handbohrer, Wundklammer, Wundspreizer, Trokar, Nadelhalter, Wundhaken und Arterienklemmer.

„Drei solcher Sammlungen hat uns ein verstorbener Doktor hinterlassen“, sagte Madai-Senior, „eine ist für Sie.“

„Und für Sie, Madam“, fügte Madai-Junior hinzu, „habe ich hier eine Kostbarkeit zu treuen Händen: Das Manuskript aus dem späten 15. Jahrhundert mit den Vätern der Medizin.“

„Das kann ich nicht annehmen“, sagte Elisabeth.

„Müssen Sie aber, Madam!“

So klang der Besuch Halles besser aus als er begonnen hatte.

„Das sind richtige Weihnachtsgeschenke", sagte Friedrich Rohdich unterwegs nach daheim.

Wieder in Weißenfels

Für die Weißenfelser Bewohner unauffällig wie sie abgefahren waren kehren die Rohdichs Mitte Dezember 1757 in die Stadt zurück, in der Elisabeths Eltern das Haus Leipziger Straße Nummer 10 inzwischen erworben, eingerichtet und bezogen haben. Es ist groß genug für vier Erwachsene, ein paar Kinder, eine Arztpraxis und ein Atelierraum für Elisabeths geplante Tätigkeit als Heilpraktikerin. Dr. Friedrich Rohdich, wie er in der Stadt bereits genannt wird, eröffnete nach verhalten verlebtem Weihnachts- und Neujahrstag am 15. Januar 1758 seine Praxis und informierte eine Woche später den Stadtrat, dass er es für richtig hielte, ein Spital zu eröffnen und ein Waisenhaus für die vielen Kinder der Stadt und Umgebung, die im Krieg ihren Vater verloren haben und nicht wissen, wie sie weiterleben sollen, ohne der Öffentlichkeit zur Last zu fallen. Rohdich schilderte eingehend den Erfolg der Franckschen Stiftung in Halle und versuchte gegen besseres Wissen durchzukommen.

Erfolglos natürlich! Die Stadt litt weiterhin unter preußischen rigorosen Konfiszierungen und die so genannten Stadtväter hofften insgeheim, dass Preußen 1758, spätestens 1759 von den Franzosen, Österreichern und Russen, welche bereits die Oder bedrohten, niedergemacht werden würde.

„Eine saftige preußische Niederlage", kalkulierten die Herren im Stillen, „bei Berlin, bei Breslau, Dresden oder im Westen am Rhein – und die Besatzung Weißenfels' würde abziehen müssen."

Zwar: Der König hatte gegen die Franzosen den fähigen General Ferdinand von Braunschweig geschickt, der neuerdings von tüchtigen britischen Truppen unterstützt würde, aber der laufende Krieg würde in Schlesien oder der Mark Brandenburg entschieden. Das war natürlich nicht schlecht kalkuliert.

Friedrich und Elisabeth, sie seit März 1758 „guter Hoffnung“, hüteten sich, ihre Sympathien für Preußen durchblicken zu lassen. Dennoch ahnten einige maßgebliche Personen Weißenfels’ die Lage und hätten Rohdichs Praxis wohl boykottiert, wenn es einen oder gar zwei weitere Ärzte in der Stadt gegeben hätte. So war es hier ganz neu, dass man zu einem Arzt gehen sollte, statt ihn in die eigene Wohnung zu bestellen; das geschah bei reichen Patienten natürlich doch.

* * * * * *

Hier ist es nicht das Thema, den Werdegang Friedrich und Elisabeth Rohdichs in Weißenfels auszubreiten. Darum müssen wir jetzt, zeitlich gesehen, rascher davon schreiten, weniger ans Private denken und mehr auf die große Entwicklung eingehen.
„Der König hat eins in die Hucke gekriegt!“
Sagte ein gut unterrichteter Patient in der Sprechstunde, und ergänzte:
„Die Russen unter General Fermor rückten ihm im August (1758) auf die Pelle und er glaubte sie, getreu seiner Devise, nur mit einem Angriff stoppen zu können. So kam es am 25. August bei Zorndorf unweit Küstrins zu einer mehr als mörderischen Schlacht, bei der die Kanonen mit Bleistücken und Vollkugeln mitten in die armen Grenadiere hinein geschossen haben sollen.“
Eine Woche später wusste man in Weißenfels Bescheid: Obwohl die Russen das Schlachtfeld verlassen haben, reklamierten sie den Sieg für sich und die Hallesche Zeitung zitierte den russischen General mit „Wir haben zwar den

Wahlplatz behauptet, allein tot, verwundet und besoffen“. Da mussten selbst österreichisch gesinnte Weißenfelser höhnisch lächeln und den Preußenkönig heimlich bewundern, denn die Russen – na ja, Bekanntschaft hatte man mit ihnen noch nicht geschlossen, aber hier mitten im Reich wollte sie niemand sehen!

Aber zwei Monate später brach neues Unglück über Friedrich II. herein, als er sich bei Hochkirch unweit Bautzens von den Österreichern schlagen ließ.
„Das kann er nicht aushalten“, sagte ein Patient unter Schmerzen, weil ihm Dr. Rohdich einen Abzess am Knie herausoperierte, „bald werden die sächsischen Truppen hier sein und unsere Besatzer vertreiben.“
Das geschah aber nicht. Im Gegenteil: Die Weißenfelser hatten ab Ende 1758 und das ganze Jahr 1759 starke Lasten an Einquartierungen und Kontributionen zu ertragen.

Im November 1758 wurde Marianne Rohdich geboren. (Wir teilen vorab mit, wie es mit dem Nachwuchs bei Rohdichs bis zu unserer Hauptperson weiterging): Oktober 1763 Ruth Rohdich, Juli 1766 Claudia Rohdich und endlich der Stammhalter Wilhelm Rohdich im August 1780. Er wird, noch weiter vorgegriffen, 1812 satte 32 Jahre alt sein! Jetzt, im Jahr 1759, forderte die preußische Kriegsverwaltung von jedem männlichen Einwohner Weißenfels’, der zwischen 18 und 40 ist, ein Rekrutengeld von 5 Talern. Weil Kontributionsgelder und andere Lieferungen nicht schnell genug herangeschafft wurden, nahmen die Preußen mehrere Bürger der Stadt als Geiseln und brachten sie nach Leipzig und Magdeburg. Wie im Kriegsgefolge üblich wurden alle wichtigen Waren teurer und teurer, schließlich um das Vier- bis Fünffache ihres bisherigen Preises – „Dienstleistungsleute“ wie Friedrich und Elisabeth Rohdich konnten ihre Preise kaum erhöhen!

* * * * * *

Da erhielt Friedrich II. am 12. August 1759 seinen bisher stärksten Nackenschlag: Vor den Toren Frankfurts, nur die Oder dazwischen und fast schon in Kirchturmsichtweite Berlins, in Kunersdorf. Wo sich, wie die Weißenfelser erst Tage später erfuhren, Russen und Österreicher vereinigt hatten und Preußens 48.000 Mann vernichtend geschlagen haben.
„Jetzt hängt es von Österreich und Russland ab“, orakelte der Bürgermeister von Weißenfels, „dem Krieg ein Ende zu machen. Sie brauchen dem König nur den Gnadenstoß zu geben.“
Erst vierzehn Tage nach der Schlacht von Kunersdorf erfuhren die Weißenfelser von einer „Schlacht bei Minden“; eine Ortschaft an der Weser, von der sie noch nie etwas gehört hatten. Dort schlug der ihnen von der Roßbacher Schlacht her wohlbekannte Ferdinand von Braunschweig die auf Preußen angesetzten Reichskontingente und Franzosen mit Hilfe britischer Regimenter so wirksam, dass, aus der Sicht der Sachsen, vom Westen keine Hilfe mehr zu erwarten war; und zwar so gründlich, dass für Weißenfels der Krieg ferner denn je rückte.

Doch dann erfuhr jeder am Krieg interessierte Weißenfelser, dass die beiden Feldherren General Saltykow und Laudon sich irgendwie zerstritten und eine Verfolgung unterließen. Am 13. sollte, so hieß es hier, der preußische König schon wieder 30.000 Mann um sich gesammelt haben.
„Das kommt daher“, sagte der Kaufmann Mathias Klein von nebenan mit kaum verdeckter Bewunderung, „dass die preußische Armee inzwischen in der Hauptmasse aus Landeskindern besteht, wie man so trefflich sagt, welche ihren Landesvater nicht im Stich lassen wollen.“

Ein Marsch auf Berlin findet nicht statt.

Doch des Elends für Preußen im Jahr 1759 noch nicht genug! Bei Maxen südlich Dresdens kapitulierte am 21. November ein preußisches Korps von 16.000 Mann unter General Finck, das sich hatte einschließen lassen.
„Das ist bis dato“, sagte der Weißenfelser Stadtkommandant zu Friedrich Rohdich, der sich nun einmal als Zahnarzt betätigte, „ein ganz unerhörtes Exempel, dass ein preußisches Korps die Gewehre vor seinem Feind niederlegt. Von dergleichen Vorfall habe ich und haben meine braven Infanteristen und Reitersleute noch gar keine Idee gehabt.“
Doch alles verdeckte Frohlocken des Weißenfelser Stadtrates und das genugtuerische Gehabe der Vermieter und Hausbesitzer gegenüber ihren Mietern, - meist blessierte und in die Jahre gekommene Soldaten, die nicht mehr aktiv gegen Feinde eingesetzt werden konnten, nützte nichts und provozierte nur die momentanen Machthaber der Stadt. 1760 wurde dieser eine Zahlung von 60.000 Talern auferlegt. Nachdem die vorherigen Geiseln Ende des Jahres freigelassen worden sind, zog der Rat der Stadt die Bilanz, dass vierzig Häuser von ihren Besitzern verlassen worden sind – dort lebten nun die Besatzer unter sich.

* * * * * *

Wir haben weiter oben von einem Nackenschlag gesprochen. Es fiel noch einer im laufenden Jahr 1760: Bei der Elbestadt Torgau, an Leipzig, Weißenfels und Roßbach deutlich nähergerückt! Am 3. November gelang dem preußischen König dort ein überzeugender, seinen Feldherrnqualitäten angemessener Sieg gegen seinen Hauptfeind: 44.000 Preußen gegen 52.000 Österreicher!

„Ich glaube“, sagte Nachbar Kaufmann Klein, ein Seidenhändler, während er Elisabeths Elixier aus **„Löffelkraut“**, *Cochlearia officinalis L.*, glühendheiß gegen seine Verstopfung und Gallestörung löffelte, „ich glaube fest, dass Maria Theresia und ihr Marschall Daun nun das Muffensausen kriegen und ein Ende des Krieges in ihre betrübten Augen fassen werden!“

„Sie sind ein Prophet, Mann“, sagte Friedrich Rohdich und massierte den aufgeblähten Bauch, dass die Winde nur so pfiffen.

Das Jahr 1761 sah vorerst nicht so aus, als würde es den Bürgern von Weißenfels Erleichterungen bringen. Im April wurde eine Anzahl Bürger gefangen genommen und als Geiseln nach Leipzig verbracht. Weiterhin mussten Taler an Brandschatzungen eingesammelt und abgeliefert werden, die im Moloch eines nicht enden wollenden Krieges verschlungen wurden. In dieser Zeit schickte Hauptmann Ewald von Funcke, ein Enkel von Elisabeths Eltern, einen Kriegs- und Lagebericht nach Weißenfels, wohin sonst nicht jede wichtige Nachricht drang. Hier ist er in Auszügen abgedruckt:

„...Im Jahr 1761 finden mehr diplomatische Fechtereien als militärische Kämpfe statt. Kriegsmüdigkeit allerorten. Am 27. Oktober erliegt Georg II. von Großbritannien einem Schlaganfall, und sein Enkel folgt ihm als Georg III. auf den Thron. Leute wie Kanzler Kaunitz in Wien bezweifeln, ob Friedrich von Preußen besiegbar sei oder nicht. Die Gesundheit der Zarin gibt hier zur Sorge, dort zu Hoffnungen Anlass. Der König reorganisiert seine Armee. Maria Theresia? Sie grämt sich sehr wegen Schlesien, will es aber 1762 noch einmal versuchen... Seit Dezember schwirren Gerüchte in der Luft, die Zarin liege im Sterben. Des Königs Hoffnungen ruhen auf ihrem Nachfolger Peter, der ein Bewunderer des preußischen Königs sein soll... Am 5. Januar 1762 stirbt die Zarin Elisabeth, erst am 19. Januar erhält Friedrich die Bestätigung dieser Nachricht aus Warschau. Und am 23. Februar proklamiert der neue Zar Peter III. sein Ende des Krieges gegen Preußen und gibt die Provinz Ostpreußen an seinen Besitzer zurück..."

Als dies alles bekannt wurde, war man in Weißenfels schon so gleichgültig gegen den noch unentschiedenen Krieg geworden, dass man nur noch sein Ende herbeiwünschte – „wer auch immer der Sieger sein wird". Etwas weiter denkende Bürger argumentierten, dass mit einem Sieg der Preußen und der etwaigen Übernahme Sachsens in den Staat Preußen dem Fortschritt mehr Platz eingeräumt werden würde als bei einem Sieg der Koalition gegen Preußen. Einen Sieg der im hohen Ansehen stehenden Kaiserin mochte sich die Mehrheit der Bürger wünschen, „schließlich ist sie überfallen worden", aber:
„Die Schweden im Norden des Reiches, die Russen im Osten und die Franzosen im Westen: Da würden gewiss ein paar deutsche Provinzen den Besitzer wechseln müssen!"

Am 29. Mai 1762 wurde der Rat der Stadt Weißenfels aufgefordert, 20.000 Taler aufzubringen, oder: „Nun, die Folgen dieser Brandschatzung genannten Forderung waren inzwischen allgemein bekannt".

* * * * * *

Kapitän oder Hauptmann Ewald von Funcke kehrte Ende Juli 1762 aus Schlesien nach Weißenfels zurück und nahm im Haus Rohdich erst einmal eine Erholungskur wahr. Sein Regimentsarzt hatte ihm empfohlen, der König hatte zugestimmt, einen längeren Urlaub in Sachsen zu nehmen und sich in die Hände eines erfahrenen Arztes zu begeben.
„Da bist du hier an einem guten Ort gelandet“, sagte Elisabeth Rohdich geb, von Funcke aufrichtig und nahm sich vor, ihn aufzupäppeln und als Versuchskandidat für ihre pflanzliche Medizin zu gebrauchen. Nachdem sie ihn eine Woche lang beobachtet hatte, glaubte sie den Ursprung seiner Beschwerden Appetitlosigkeit, Magengrimmen, unruhige Nächte mit kalten Füßen und „zu oft auf den Nachttopf sitzen müssen“ und schlecht heilende kleine Kriegswunden erkannt und definiert zu haben, dass sie zur Behandlung schritt: mit der überall wachsenden und in ihrem Kräutergarten gezogenen **„Wilden Kamille“,** *Chamomilla recutita L.*.

Die Wunden, mit einem Kräuterbrei aus Teilen der Pflanze und Gänseschmalz gemischt, auf die peinlich gereinigten Kratzer, einen Degenschnitt, einen Streifschuss und einen Huftritt aufgestrichen und sofort eng mit Leinen eingebunden, waren nach einer Woche abgeheilt. Aus den Blüten der Kamille kreierte Elisabeth einen Tee, den sie mit Honig geschmacklich verfeinerte und dreimal täglich „einen Napf voll“ verschrieb. Nach drei Wochen dieser Kur, „die wirksamer sein wird als eine im Carelsbad“ in Böhmen, fühlte sich Ewald von Funcke wie neugeschaffen und wollte zum König zurück.
„Bleib hier, sonst schießen sie dich am letzten Tag des Kriegs noch kurz und klein.“

Und tatsächlich! Am 29. Oktober 1762 lieferte des Königs Bruder Heinrich, zu dessen Truppen Ewald gehörte, den Österreichern die letzte Schlacht des Krieges und be-

siegte sie bei Freiberg in Sachsen. Um Ewald nun doch ganz vom Dienst als Soldat des Königs abzuhalten, warnte ihn Friedrich Rohdich eindringlich:
„Denk daran, dass du dort im Feld, auch wenn die Ernährung der Soldaten besser geworden ist, nie und nimmer Elisabeths Bratkartoffeln kriegen würdest."
Dieses Argument wurde ein Volltreffer, denn Bratkartoffeln mit Spiegelei waren es wohl, die Ewalds rasche Heilung bewerkstelligt und vollendet hatten...

Um eventuellen preußischen Häschern zu entgehen, marschierte Ewald von Funcke unauffällig als verkrüppelter Händler nach Halle und verdingte sich der dortigen *Halleschen Zeitung"* als Berichterstatter. Von dort stammt sein erster Bericht, französisch *Reportage* genannt und überschrieben mit „Preußisch-russische Verbrüderung", aus der wir hier Auszüge bringen. Sie bezeugen, wie unsinnig das Treiben von Kaisern, Königen und Feldherren sein kann:
Was am 30. Juni 1762 hier in Lissa in Schlesien vor sich ging, hätte man noch vor wenigen Wochen für unmöglich gehalten. König Friedrich befindet sich am Ziel seiner heimlichen Wünsche, nämlich Russland ist kein Feind mehr, noch besser, das Gegenteil von Feind – ein Freund und Verbündeter. Im Verlauf dieses Krieges seit 1757 hatte er, der König, immer wieder öffentlich verlauten lassen: „Was haben wir ihnen getan, daß sie im Auftrag der Kaiserin uns Ostpreußen fortnehmen, unsere Städte und Dörfer plündern und durch ihre Kosaken und Kalmücken unsere Bevölkerung vergewaltigen lassen? Warum das alles?" Auf Einladung des

russischen Generals Tschernyschew begibt sich der König nach Lissa. Beide Männer, der preußische König und der General der Zarin, sind sofort miteinander angetan und reichen sich unter den Klängen des russischen Präsentiermarsches die Hände. Alle russischen Offiziere salutieren dem König, der vor ihnen den Hut zieht. Was mag in den Köpfen dieser Söhne der Steppen und Landschaften Russlands vorgehen? Russische Prunksucht und Angeberei fährt am Abend alles auf, was Eindruck auf die Preußen machen soll. 200 Personen beiderlei Geschlechts nehmen am Essen teil. Als Friedrich den Damen Komplimente feurigen Esprits macht, geht ein Raunen durch die Gesellschaft. Ja, er weiß, wie man Menschen für sich gewinnt! „Möge Peter III. eine lange Laufbahn beschieden sein", sagt er am Schluss seiner Ansprache, „in der er dem mächtigen russischen Volk die Erfolge verschaffen kann, auf die es ruhmreichen Anspruch hat." Als die Stimmung in Lissa den Höhepunkt erreicht, ziehen sich Friedrich, sein Gastgeber und einige Begleiter in einen Raum zurück, um die Realitäten der kommenden Tage zu besprechen. Tief in der Nacht trennen sich die beiden Männer, vorher Gegner, nun echte Freunde, und Friedrich reitet schweigend mit seiner Begleitung zurück ins Hauptquartier. Freilich, der Krieg geht morgen *weiter, aber die Aussichten am Horizont sind rosarot geworden, neue Hoffnungen keimen auf...*

Der Stadtkommandant von Halle ließ herumspionieren, wer diesen Artikel verfasst habe, aber da war Ewald von Funcke schon wieder in Weißenfels angekommen und im Haus Rohdich abgetaucht.

* * * * * *

Ganz zu Anfang des Jahres 1763 schien noch niemand ernsthaft an einen Frieden zu glauben; wenigstens die preußischen Soldaten in Weißenfels nicht. Denn am 18. Januar forderten neue preußische Truppen diesmal unter von Arnim 3.700 Taler und verhafteten vorsorglich ungefähr zwanzig Bürger. Es kommt ab dem 24. sogar zu Plünderungen innerhalb der Stadt und zu mutwilligen Zerstörungen. Kein Einheimischer weiß, was die Preußen so sehr in Rage gebracht hat, „vermutlich", vermutete man, „haben die Soldaten und Pferde Schmacht zum Gehtnichtmehr und alle Hemmungen werden fallengelassen". Ende des Monats Januar waren die Bauern der Umgebung an der Reihe. Erfahrene Plünderer und Wegelagerer wissen genau, dass Bauern und Landwirte erst dann ihre allerletzten Vorräte herausrücken, wenn man sie wie im Dreißigjährigen Krieg bis aufs Mark foltern würde – das ging freilich jetzt nicht mehr! Die hungrigen Soldaten nahmen jedes Stück Vieh mit, wenn die Dörfer und Gemeinden die 500 Taler an Kontributionen nicht zahlen konnten oder wollten.

Einige mutige Bürgermeister und Ortsvorstände stellten sich den Offizieren in den Weg, ohne Mistgabeln und Sensen zwar, aber doch unerschrocken schimpfend und drohend, „dass wir eurem König einen Bericht schicken und

Wiedergutmachung einfordern werden“. Doch dann, einen Tag nach dem historischen 15. Februar 1763, war auch die alles erleichternde Nachricht aus Sachsen bis in das hinterste Kaff gedrungen: der Friede von Hubertusburg! Jubel, Trubel, Heiterkeit? Ist das Land Sachsen noch einmal davongekommen? Es heißt, dass in Berlin großer Jubel herrsche, kein Wunder dort, denn die Berliner sind tatsächlich noch einmal davongekommen. Und Dresden? Dort soll, heißt es in Weißenfels, der Jubel verhalten gewesen zu sei.

„Kein Wunder“, sagte Ewald von Funcke zu Hause nach zwei Wochen Erfahrung mit dem so genannten Frieden. Und setzte sich hin, spitzte Federkiel und Bleistift, verfasst einen kritischen Artikel und brachte ihn als reitender Bote zur Halleschen Zeitung. Wir bringen ihn hier wie üblich im Auszug:

„Der Friede macht also den Berlinern Freude? Hier bei den Sachsen scheint das ganz anders zu sein. Kaum haben die Preußen das Land verlassen, so erschien zugleich die sächsische Exekution: ‚Bezahlt – bezahlt!‘ rief sie, ‚denn der König von Polen und Kurfürst von Sachsen braucht dringend Geld!‘... In den Augen der normalen Sachsen wird die Rückkehr ihres Königs ein allgemeines Unglück werden, vermutlich eine noch grausamere Landplage als Preußen, Krieg und Hungersnöte. Wir erkennen: Während der Kurfürst von Sachsen sich bemüht, seinen alten Standard in Saus und Braus wiederherzustellen, beginnt der preußische König die Reisen durch seine Länder, um sich über Schäden und Wiedergutmachung zu informieren.

So fließen in Sachsen die Gelder umgekehrt wie in Preußen: Dort vom Herrscher zum Volk – hier vom Volk zum Herrscher."

Musste sich Ewald von Funcke bei seinem ersten Artikel für die Hallesche Zeitung vor den Preußen in acht nehmen, waren es nun sächsische Spitzel, die Jagd auf ihn machten!

„Pax optima rerum!"

Natürlich galt nach wie vor dieses altrömische vielbekannte Zitat, das an Lateinschulen und Gymnasien nun vermehrt zitiert wurde.

„Jawohl", sagten Friedrich und Elisabeth Rohdich, „der Friede ist das allerbeste!" Sie spuckten symbolisch in die Hände und weil sie sich in Weißenfels nun gut eingelebt hatten, wollten sie es auch nicht mehr verlassen. Verfolgen wir zuerst, wie Friedrich Rohdich die neue Zeit verbrachte. Arbeit fürs Skalpell gab's genug, denn Blessierte kehrten heim und Nichtblessierte arbeiteten nun im Frühling eifriger als je zuvor in Gärten, im Wald und auf der Heide und waren nicht immer achtsam mit Mistgabeln, Spaten, Harken und Äxten.

„Herr Dokter, mein Daumen zuckt so!"

Dieser war in ein schnotteriges Nasentuch eingewickelt, das wie ein Schweinehintern stank und in dem sich Fliegenmaden eingenistet hatten. Ein Kupfernagel war durch den Daumennagel gedrungen und war wohl schmutzig gewesen, sonst hätte sich der grüngelbe Eiter nicht bilden können. Der Doktor quetschte ihn aus, ließ den Daumen eine Viertelstunde in heißer Seifenlauge einweichen und bestrich die Wunde dann mit einer Jodlösung. Das Zetergeschrei des Patienten ließ alle Katzen das Anwesen auf der Leipziger Straße verlassen…

Es gab Plagen hier, welche keine Bibel je verzeichnet hat und welche so alt waren wie eben die Menschheit.

Zwar schienen die jetzigen Menschen im Durchschnitt fünf oder acht Jahre älter zu werden als drei Generationen zuvor, was daran zu erkennen war, dass immer mehr ältere Menschen Enkel besaßen und immer mehr Enkel Großeltern. In Landstädten wie Weißenfels ließ es sich, wie französische Kriegsgefangene aus Paris und Marseille berichteten, sauberer und gesünder leben als in eben jenen genannten Großstädten, „wo Kinder auf die Straße kacken und die Köter dann dieses Zeug auffressen".

Eine der hiesigen Plagen war die Unsauberkeit der Menschen. Sowohl die direkte als auch die indirekte. Mit dieser Formulierung meinte Friedrich Rohdich einmal die körperliche, also ob Dreckkrümel zwischen den Zehen saßen, die Fingernägel schwarz glänzten oder ob der geöffnete Mund wie ein Kloloch stank; indirekte Unsauberkeit war für Rohdich zum Beispiel, dass Unterwäsche, wenn überhaupt getragen, von selbst auf dem Boden stehen blieb und nicht umfiel, oder Hosen erst ausgezogen wurden, wenn der Wind Löcher in sie blies.

„Mann", sagte Rohdich zu Erwin Wagner, 45 und seinen linken Fuß vorweisend, auf den ein Pferd getreten hatte, „zeig mir auch deinen rechten Fuß."

Das geschah zögernd und Rohdich durfte ein Gehwerkzeug bewundern, das einem Buschmann Südafrikas hätte gehören können, so dreckig-verkrustet war es. Erwin bemerkte das ärztliche Entsetzen und sagte sehr verlegen:

„Hab ja nich gewusst, Dokter, dat ich den Foot auch herzeigen müsste."

„Wann hast du ihn zuletzt gewaschen?", wollte Rohdich aus Gründen der Statistik wissen.

„Ich selbst noch nie, Dokter, vielleicht Mutter einmal vor 44 Jahren."

Als Friedrich und Elisabeth Rohdich einmal bei einer Visite über Land just zu der Zeit auf einem Bauernhof innerhalb des Stadtgebiets von Weißenfels zur Mittagszeit

aufkreuzten, wurden sie natürlich nach alter Landsitte zum Mitessen eingeladen. Sie schoben die Zusage solange auf, bis sie Opa, der hüstelte und Oma, die kröchelte, direkt am schon gedeckten Mittagstisch untersuchten. Da stand ein großer Bottich voller Haferbrei mit undefinierbaren Innereien auf dem Tisch, der von Tausenden Stubenfliegen bekrabbelt und von einer der drei Hauskatzen mit der Zunge inspiziert wurde; Teller standen nicht auf dem Tisch, nur Holzlöffel lagen an jedem Platz, so dass unseren beiden Doctores klar wurde, dass direkt aus dem Bottich gegessen werden würde.
„Guten Appetit miteinander“, sagten sie und trollten sich höflich und wenig hungrig vondannen.

* * * * * *

Am 1. Mai 1763 war Weißenfels Garnisonstadt geworden. So prägten wieder Uniformen das Stadtbild und manche Weißenfelser Maid, die schon halb auf dem Weg nach Halle oder Leipzig war, um Arbeit zu suchen, blieb daheim und beglückte einen Unteroffizier, Feldwebel, Hauptmann oder gar Oberst mit ihrer Anwesenheit. Der vergangene Krieg bestätigte die preußisch-sächsische Konkurrenz zugunsten des Siegers. Nach jedem langen Krieg, der nachhaltig auf Wirtschaft und Vermögen gelastet hatte, gibt es eine Handelskrise, Warenknappheit, damit Teuerung und Arbeitslosigkeit. In Weißenfels selbst gab es seither kaum Industrie und kleine Fabriken, es dauerte bis zum Ende des Jahrhunderts, bis der ökonomische Aufschwung einsetzte.

Bis 1780, als Wilhelm Rohdich 10 geworden war und die Reihe zu erzählen auf ihn kam, geben wir hier ein paar für die Stadt an der Saale interessante Zahlen bekannt: Auf dem Marktplatz wurde 1767 für die Garnisonstruppen, deren Verhalten offensichtlich wenig „preußisch“ war, ein „Justiz“ genannter Galgen errichtet. 1770 endlich Abschaffung der Folter in Sachsen und auf Befehl der Regierung in Dresden wurde nun doch ein Waisenhaus im ehemaligen Kloster errichtet. Nicht nur durch Elisabeths Engagement begann sich nun in Mitteleuropa der Anbau der **Kartoffel,** *Solanum tuberosum L.* durchzusetzen, zumal traditionelle Anbaufrüchte und das Getreide in zwei bis drei Jahren, 1770 und 1772 Missernten unterlagen.

Elisabeth Rohdich packte die Gelegenheit wieder einmal beim Schopfe: Sie veröffentlichte bei einem Leipziger Verleger das Buch „Die Kartoffel und wir“, das ein großer Erfolg auch bei jenen Menschen wurde, die weder lesen noch schreiben konnten. Es beschrieb, mit Elisabeths entzückenden Federzeichnungen versehen, Herkommen, Inhalte, Anbau und Nutzung dieser Pflanze, welche dem Vernehmen nach aus Südamerika stammen und von den Nachfolgern des Columbus schon im 16. Jahrhundert herübergeholt worden war und zunächst als Zierpflanze in Gärten gehalten wurde. Rechtzeitig vor Druckbeginn erhielt Elisabeth den Hinweis, dass „der Alte Fritz“, wie Friedrich II. von Preußen allenthalben genannt wurde, sich schon vor Jahrzehnten für den Anbau der Kartoffeln eingesetzt habe.

An Rezepten fürs Kartoffelessen hat Elisabeth ihrer Fantasie freien Lauf gelassen: In Salzwasser gekochte und folglich „Salzkartoffeln“ genannt; gekochte und auch rohe in Scheiben geschnitten und in der Pfanne gebratene, folglich Bratkartoffeln genannt; gekochte und im Topf gestampfte, folglich Stampfkartoffeln oder Kartoffelbrei genannt; rohe in Streifen geschnittene Kartoffeln in Öl gar gesotten, folglich Frites genannt; und schließlich noch geraspelte rohe Kartoffeln, mit fein geschnittenen Zwiebeln durchsetzt und den ziemlich flüssigen Brei löffelweise in eine große Pfanne gegeben, - da passen oft sechs Stück nebeneinander -, und braunknusprig mit Speckstücken gebacken, heiß servieren und sofort „aufessen“; weil sie in der sehr heißen Pfanne manchmal „aufpuffen", folglich Kartoffelpuffer genannt. (In Berlin sollen sie „Reibeplätzchen heißen, weil die rohen Kartoffeln ja gerieben werden!)

Elisabeth Rohdich unterlässt es nicht, auch den vielen Landwirten Hinweise zum Kartoffelanbau zu geben.
„Wir haben gesehen", schrieb sie im Vorwort des Buches, „dass auch Tiere gekochte Kartoffeln gerne fressen: Schweine, die dann gut in Mast kommen, Hühner, die dann viel mehr Eier legen, und sogar Hofhunde habe ich beobachtet, die warme Kartoffeln mit Bratensoße lieber aßen als Fleischreste und Abfälle vom Mittagstisch. Versuche bei Seefahrern haben ergeben, dass der gefürchtete Skorbut beim Kartoffelgenuss ganz und gar ausbleibt."
Am Ende des Buches gab es noch Hinweise für die Lagerung in kühlen dunklen frostfreien Kellern oder „draußen in so genannten Mieten", die einen halben Meter in die Erde eingelassen und nach Befüllung durch die Kartoffeln mit Stroh, Herbstlaub und Erde frostsicher abgedeckt werden müssen.

Schon im ersten Jahr war das Buch zweitausendmal verkauft und brachte der Autorin ein „ordentliches Honorar" in die Haushaltskasse, und, man lese und staune, der König von Preußen schickte einen „persönlichen reitenden Boten" mit einem „Beutel voller Dukaten", Gratulationen und einem Handschreiben an „Docteur Friedrich Rohdich", das die Aufforderung enthielt, „nun endlich Sachsen zu verlassen und nach Berlin oder Potsdam zu kommen".

* * * * * *

Doch nun erst einmal weiter in der unterbrochenen Jahresabfolge. 1772 erschien für einige Jahre das „Wochenblatt für Erwachsene", in dem Elisabeth als „ständige Mitarbeiterin" mitarbeiten durfte. 1775 endlich bekam Weißenfels

Generalinspektionen des sächsischen Militärs „ins Haus“, für Infanterie und Kavallerie. Worüber sich einheimische und zuziehende Handwerker besonders freuten. Am 6. September 1776 brach ein Feuer aus, das in der „hölzernen“ Stadt gute Nahrung fand und über fünfzig Häuser abbrennen ließ. Dann rief 1777 noch einmal der Krieg, denn der nun wirklich alte, schon gebeugte und fast zahnlose Fritz zog noch einmal, und diesmal **mit** Sachsen, weil Österreich unter Josef II. gierig nach Bayern griff – der Bayerische Erbfolgekrieg begann, dauerte bis 1779 und endete ohne Gefechte. In Weißenfels hatten Bürger und Schützen keine andere Aufgabe, als Magazine und Brücken zu bewachen. 1780 entstand die neue Saalebrücke und löste die über zwanzig Jahre alte Fähre ab.

Wir haben schon erwähnt, dass 1780 der Stammhalter der Rohdichs, mit Wilhelm als Vorname, geboren wurde. Er wird in Zukunft das Wort in Ichform übernehmen. Man fürchte nicht, dass es weniger spannend weitergehen werde oder dass Friedrich und Elisabeth Rohdich nun ins literarische Abseits geschoben würden. Im Gegenteil: Wilhelm Rohdich wird es nicht unterlassen, seine Eltern tüchtig zu erwähnen – freilich nur, bis es nichts mehr über sie zu berichten geben wird. Zum Abschluss unseres ersten Teils dieses Buches muss noch ein Geburtstag erwähnt werden, dessen Folgen für Millionen meist unschuldiger Menschen katastrophal sein wird: Am 15. August 1769 wurde in Ajaccio, der Hauptstadt Korsikas, ein Korse namens Napoleon Bonaparte geboren...

Zweites Vorwort und Einführung in die Zeit

Ich habe die Zeit meines ersten richtigen Denkens und Schreibens auf das Jahr 1790 geschoben. Über die Zeit davor hat mein Vater Friedrich Rohdich genug Weises und Praktisches von sich gegeben, das ich nur vom Hörensagen kenne. Um dich, meine Leserschaft, nicht zu langweilen, werde ich über meine drei Schwestern von 1775, 1777 und 1778 weniger berichten als von mir. So hast du, liebe Leserschaft, es fortan hauptsächlich mit nur drei Rohdichs zu tun, von denen dir zwei hoffentlich längst vertraut und lieb geworden sind.

Wenn ich mich jetzt mit 10 von oben bis unten im Spiegel betrachte, komme ich mit als ein echtes Abbild meiner Eltern vor und beschließe, in ihren Fußstapfen weiter durchs Leben zu marschieren. Marschieren? Ja! Doch das hat noch Zeit bis 1812, als der große Menschen- und Rattenfänger von Paris mit der Halberoberung Europas noch nicht genug hat und das halbe Europa auf Exkursion Richtung Moskau befiehlt und mitnimmt. Ich teile jetzt schon mit, sozusagen als eine wichtige Vorabmeldung, dass keiner der Weißenfelser Männer meines Alters, die mitmarschierten, je zurückgekehrt ist – verschollen im russischen Kontinent!

Ein altes thüringisches Sprichwort sagt, „dass Lernenmüssen und Lernenwollen nicht gleichzusetzen sei. Ein zehnjähriger Junge mag sich in der Schule bei Heimatkunde, Rechnen und Schreiben langweilen, zu Hause in Vaters Sprech- und Mutters Studierzimmer kann dieses Gefühl nie aufkommen: Ich war schon jetzt und würde es mit 15 immer noch sein: Vaters Arzthelfer und Mutters Versuchskandidat.

* * * * * *

1780 zieht Seidenfabrikant Mathias Klein mit seiner Manufaktur von der Leipziger Straße zur Klingengasse um und überlässt das Nachbarhaus Nummer 9 meinen Eltern, die dadurch Platz zur Vergrößerung der ärztlichen Praxis

bekommen und Betten für Patienten zur Verfügung haben, die bettlägerig oder sonstwie behindert sind, sofort nach Hause entlassen werden.
„Bei vermögenden Patienten“, sagte Vater, „die wir ja auch haben, ist das eine lukrative Sache. So kann ich dann Arme, die noch nie einen Taler oder Groschen in Händen hielten, kostenlos behandeln.“
Ja, Vater war ein Menschenfreund! Und ich wurde zuvor ein Tierfreund! Hier ein paar Beispiele meiner praktischen Tierliebe ab 10.
Erstens die **Zauneidechsen** *Lacerta agilis L.,* welche sich hier an sonnigen und sandigen sanften Südhängen in der Nähe der Saale aufhalten. Ich fing einige, um sie näher kennenzulernen, und entdeckte am Ursprung ihrer Beine je zwei Zecken, die sich festgebissen und halbvoll gesaugt hatten. Ich kannte Zecken von Vaters Patienten, die oft von ihnen befallen waren. Diese zeigte ich Mutter, die auf der Suche war, solche Blutsauger aus ihren Opfern entfernen zu können, ohne Wunden entstehen zu lassen.

In ihrem Atelier saß Stadtzimmermann Alfons Klater und hatte einen glühendheißen Topf Tischlerleim zwischen den Füßen stehen. Er war ein Zeckenspezialist und dabei, Mutter seine Künste zu erklären, ohne ein lebendes Objekt zur Verfügung zu haben; da kam ich gerade recht! Er nahm die vor Angst erstarrte Echse in seine Pranken, tauchte einen spitzen Holzspan, den er zum Zahnstochern immer bei sich führte, in den zähen Leim und tupfte behutsam einen Tropfen auf eine der Zecken, die bereits roggenkorngroß war. Sie zuckte sofort zusammen und war Alfons’ Aussagen „mehr als mausetot“, würde jedoch erst eine Stunde später vom Körper der Echse abfallen.
„Wenn man Zecken nicht im ersten Ruck rausreißen kann“, sagte er, „entsteht leicht eine ziemliche Wunde, denn sie scheint dann irgendein Gift abzulassen, man weiß das nicht genau.“

Die befallene Eidechse war nach einer Stunde zeckenfrei und wurde von mir in ihr Revier entlassen. In diesem Sommer 1790 habe ich noch viele Eidechsen, Katzen und Hunde derartig zeckenfrei gemacht. Im nächsten Jahr, als Mutter anderes zu tun hatte „als Menschen von Ungeziefer zu befreien", habe ich unter Aufsicht Vaters diese Arbeit übernommen. Den Fisch- oder Tischlerleim gab es in harten Stücken, die in einem speziellen Topf im Wasserbad gelöst und heißgemacht werden mussten. Er ist eigentlich zum Kleben von Holz erfunden worden, das untrennbar mit ihm verbunden werden kann, wenn man die Stücke Holz bis zur Kleberhärtung fest aneinanderpressen kann. Normalerweise rissen sich die Weißenfelser ihre Zecken selbst „aus dem Fell", aber manchmal saßen diese an unerreichbaren oder geheimen Körperstellen. Dann kam ich zum Einsatz und durfte jedesmal einen Groschen, ein Ei, eine Mettwurst, ein Stück Schinken, eine Scheibe thüringer Sülze und Happen von Bienenstich oder anderen frischen Kuchen einkassieren.

Welch städtischer junger Mann kannte damals Blutegel? Nur ich allein! Vater, dessen medizinischer Ruf schon bis Übersee gelangt zu sein schien, bekam Besuch von einem Missionar, welchem ein mexikanischer Medizinmann geraten hatte, für die nächsten paar Jahre nach Europa heimzukehren, „ehe die Tropen Sie aufgefressen haben". Er berichtete von Einheimischen des Urwalds, die Blutegel dort ansetzten, wo unsere Ärzte mit Vorliebe zum Aderlass die Ader anschlagen.

„Auch setzen sie Blutegel dort an", sagte der Missionar, „wo sie von Moskitos und Regenwaldbremsen, die ähnlich den hiesigen Viehbremsen sind, sie angestochen und angesaugt haben."

„Das können wir auch machen, Vater", versicherte ich.

Und flugs war ich am Teich, wo an Teichrosen und anderen breit beblätterten Wasserpflanzen die Blutegel klebten und auf Beute warteten: „Säuger“ wie Mensch, Kuh, Ziege, Schaf oder Schäferhund, die ins Wasser gingen, um zu trinken oder zu baden. Im Nu hatte ich ein paar Blätter gefunden und sie samt den anhaftenden Blutegeln in einen hölzernen Bottich getan, wo sie auf Vorrat eine Weile leben konnten.

Wenn sie von Mutter und mir in der beschriebenen Weise angesetzt wurden, tat das den Patienten nur anfangs weh und später noch, als sie nicht abfallen wollten und von mir „abgeschoben“ wurden. Mutter bestrich dann die dunkelroten wie rohes Fleisch aussehenden Wunden mit ihrer Allerweltskreme und verband fachgerecht – unsere Erfolge waren so durchschlagend, dass wir mit mehr Naturalien belohnt wurden, als wir allein als Familie, - Vater, Mutter, Schwestern, meine Wenigkeit und zwei Gehilfinnen im Haushalt -, aufessen konnten. Dann durfte ich jedes Mal ein Kessel Bohnen-, Erbsen- oder Kartoffelsuppe „mit Einlage“ ins Waisenhaus bringen.

Auch als Vieharzt betätigte ich mich, wie ich als Abschluss dieses Kapitels berichten muss. Welcher städtische Junge kannte damals Dasselfliegen? Nur ich allein! Das sind ganz ekelhaft-raffinierte Biester, deren Weibchen ihre Eier unter die Haut von Rindviechern praktizieren, sommers auf der Weide und möglichst bei Gewitterschwüle. Unter der Haut entstehen dann aus Eiern Maden, die fett wie Engerlinge werden und ihre Wirtstiere solange anknabbern und befressen, bis sie sich verpuppen und später zu echten Bremsen werden. Jeder Landwirt mit Erfahrung kann sie erfühlen, wenn er mit der flachen Hand seinen Tieren über den Rücken fährt: Da sind im Endstadium richtige Hügel zu ertasten.

Ich weiß nicht, ob es irgendwo in anderen landwirtschaftlichen Gebieten, wo Rinderhaltung die Hauptsache ist, schon Viehdoktoren gibt, bei uns gab’s keine und ich war der erste.

„Die Tiere an den befallenen Stellen aufschneiden?“, war die Frage.
„Dann geben sie zwei Tage lang keine Milch“, warf der Bauer ein.
„Sie, die Maden, mit einem Hammer totschlagen?“, fragte die besorgte Bäuerin.
„Dann geben sie drei Tage lang keine Milch“, warf der Bauer ein.
So musste ich mir wieder einmal etwas einfallen lassen. Ein mit Vater befreundeter Seniorarzt hatte ihm, meinem Vater, vorm Ableben seinen Instrumentenkoffer verkauft, der außerordentlich modern ausgestattet und auch mit einem breiten Vergrößerungsglas bestückt war. Diese Ausstattung hatte Vater „einmal“ für mich ausersehen. Ich griff mit seiner Erlaubnis dem „einmal“ oder „demnächst“ vor und die Lupe mit beiden Händen. Wenn die Sonne schien und zufällig der „Brennpunkt“ des Glases, - diese Begriffe lernte ich natürlich erst später kennen, - auf meinen Handrücken fiel, bekam ich eine regelrechte Verbrennung.

Verbrennung? Verbrennung, ja! Liebe Leserschaft, du ahnst gewiss schon, wie’s weiterging? Bei mittäglichem Sonnenstand eilte ich sofort zu Bauer Niedringhaus und gemeinsam rückten wir den Maden und Puppen, die sich unter der „Echtrindslederhaut“ sicher fühlten, auf die Pelle. Der Bauer hielt die Kuh vorn an einem Zaumzeug fest und redete ihr gut zu, ich hielt mein Brennglas in die Sonne und richtete den Brennpunkt auf die Beule, unter der die Made sich wohltat – bis über ihr die Kuhhaut durchgeschmort war und sie der Brennstrahl „voll in die Eingeweide“ traf. Als sie tot war zog ich sie mit der Pinzette heraus und warf sie den Hühnern vor – man wusste damals schon alles zu verwerten!

Jedes Stück Rindvieh war mit mehreren solcher „Geschwüre“ behaftet. So konnte es einen ganzen Tag dauern, bis eine Herde behandelt worden war. Mir sollte es recht sein, denn die meisten Landwirte zeigten sich ziemlich spendabel in Naturalien und sogar Geld. Man muss auch bedenken, dass damals fast jeder städtische Haushalt ein Stück Vieh hielt, manchmal auch zwei oder drei: Eine Kuh, die „Kuh des kleinen Mannes“, nämlich eine Ziege und ein Schwein, das im Winter geschlachtet wurde und den Fleischbedarf der Menschen bis zum nächsten Sommer sicherstellte.

Der Stammhalter

Wilhelm Rohdich wurde 1780 als so genannter Stammhalter geboren und ging, - als Hauptdarsteller dieses Buches -, 1812 mit Napoleon Bonaparte nach Russland. Ab 1800 wird er hier bei uns in Ichform seine Erlebnisse und Abenteuer zum Besten geben. Wir wollen hier, werte Leserschaft, seinen Werdegang vom Säugling bis zum „praktizierenden“ Arzt nicht ausbreiten, weil es sonst Wiederholungen zu seinen Vorfahren gibt und Langeweile aufkommen könnte. Stattdessen wollen wir zu beschreiben versuchen, wie man damals „Arzt“ oder „Doktor“ werden konnte. Dazu passt ein Abriss von Anfang an gut, und so beginnen wir mit der Antike in Europa.

Eine historische Übersicht zum Begriff Chirurgie. Dieses Wort heißt nichts anderes als Handwerk, „Cheir urgia“ - mit der Hand machen, so wurden die Handwerker im alten Griechenland bezeichnet. Die Chirurgie soll überhaupt der älteste Teil der Medizin sein. Und was konnten diese Herren? Verletzungen verbinden, Wunden mit Salben einreiben, Blutstillung und Knochenbrüche herrichten. Wir schwärmen heutzutage von der Hochkultur im so genannten alten Griechenland. Tatsächlich stellte Hippokrates eine Regel auf, die bis heute Gültigkeit hat und die wir lateinisch wiedergeben: „Ubi pus ibi evacua - Wo Eiter ist, da muss geöffnet werden". Im antiken Rom wurden viele medizinische Kenntnisse dann weiter entwickelt. Man konnte da Blutungen durch Ligaturen unterbinden und Gliedmaßen amputieren.

Noch heute merkwürdig ist, dass „Mediziner" bis ins Mittelalter hinein wenig angesehen waren. Vermutlich erkannten Zeitgenossen, wie wenig sie wirklich leisteten und wie ohnmächtig sie sowohl gegenüber anfälligen Krankheiten als auch bei Seuchenzügen und Kriegsverletzungen waren. Da half auch nichts, dass die Chirurgie eine Zeitlang nur von Mönchen und Geistlichen praktiziert wurde. Man muss sich auch vergegenwärtigen, dass es Ärzte in ländlichen Gegenden Europas gar nicht gegeben haben kann.

Inzwischen war die Trennung von Chirurgie und Medizin weiter fortgeschritten. Auf den alten Universitäten sah es im Hinblick auf die Ausbildung ziemlich traurig aus. Zwar gab es schon Unterricht am echten Objekt, das waren meistens die Leichname der exekutierten Verbrecher – was den Ruf der Mediziner im normalen Volk schadete. So kamen denn seit dem frühen Mittelalter die Begriffe „Quacksalber" und „Kurpfuscher" auf, wie sich doch wohl niemand gern titulieren ließ. Man hatte zwar schon Furcht vor ansteckenden Krankheiten und begriffen, dass sie bei Ansammlungen von Menschen besonders auftraten – aber wie das zusammenhing war bis in die Neuzeit hinein unbekannt.

Wundärzte als Handwerker und Barbiere. Es ist klar ersichtlich, dass es trotz des allgemein niedrigen Ansehens der Mediziner stets Ärzte gab, die wegen ihrer großen Erfolge hoch geachtet und „bei Hofe" gut honoriert wurden. Noch im späten 18. und frühen 19. Jahrhundert, heißt es in einer Studie, war der Wundarzt oder der Barbier „im Allgemeinen von einer haarsträubenden Unwissenheit und Rohheit geprägt“. Wurde in den so genannten niederen Ständen, heißt es weiter, ein Junge zum Barbier bestimmt, so wurde er, nachdem er in der Volksschule kaum deutsch lesen und schreiben gelernt hatte, bei einem Wundarzt in die Lehre gegeben. Ein solcher Lehrling lernte das Rasieren und lief dann den ganzen Tag von Haus zu Haus. Dann musste er Messer schärfen, Pflaster streichen und Leinwand zupfen, mit der verbunden wurde. Danach, wenn er anstellig war, durfte er Aderlassen, Schröpfen, Klistieren, Blutegel ansetzen und Zähne ziehen. War die dreijährige Lehrzeit verstrichen und dem Meister das übliche Geschenk überreicht, wurde er geprüft und war zum Gesellen aufgerückt. Seine Arbeit wird so beschrieben:

„Der Geselle wohnte im Haus des Meisters und durfte nicht heiraten. Er hatte täglich seine sechzig Kunden zu bedienen, dann bekam er als Lohn den freien Mittagstisch und wöchentlich sechs bis acht Groschen Lohn.“

Nur die wenigsten dieser armen Gesellen konnten an ein Studium denken. Nach etwa sechs Jahren konnten sie Meister werden. Wozu sie in einer Stadt eine anatomische Prüfung ablegen und einen Operationskursus belegen mussten, in einem Dorf aber nur eine Prüfung vorm Kreisphysikus machen mussten.

Die meiste Ordnung im Gesundheitswesen herrschte im Königreich Preußen. Schon unter König Friedrich Wilhelm I. war das so. In Berlin gab es zu seiner Zeit bereits Leib- und Hofärzte, einen Physikus, einen Generalchirurg, Hofapotheker und drei Chirurgen mit zwei Apothekern als Assessoren. Der König ordnete an, „dass sie in der Praxis sich eines gottgefälligen, nüchternen und mäßigen Lebens befleißigen sollten“.

Doch zu durchgreifenden Verbesserungen konnte man sich auch in Preußen im 18. Jahrhundert nicht aufschwingen.

Die Feldschere. „Feldscher“ war in der Armee der Name für Bader und Wundärzte, die eine abgeschlossene Lehre nachweisen konnten. Die Verluste an Menschenleben waren bei allen kriegerischen Auseinandersetzungen sehr hoch, und dabei starben die wenigsten Soldaten auf den Schlachtfeldern. Der Staat Preußen zum Beispiel verlor in seinen drei schlesischen Kriegen 190.000 Mann Soldaten und 30.000 Zivilisten durch direkte Einwirkungen. Man bemühte sich zwar, alle Opfer unmittelbar nach einer Schlacht zu versorgen – aber wie oft gelang das? (Die Schlacht von Leuthen zum Beispiel endete erst in der Dunkelheit!)

Im 17. und 18. Jahrhundert kam, wie man es so treffend ausdrückte, „ein Feldscher auf 20.000 Mann“. Das Schicksal verwundeter Soldaten war für Laien und normale Bürger damals unvorstellbar.

„Die Verwundeten und Verstümmelten in den so genannten Lazaretten oder Auffanghäusern hörten das Schreien ihrer Kameraden, die ohne Narkose operiert wurden und dabei oft verbluteten.“

(Wir greifen etwas vor und berichten, dass zwischen 1792 und 1815 ungefähr 4,5 Millionen Soldaten unter Napoleon fochten; von ihnen starben 2,5 Millionen – nur ein geringer Teil von ihnen starb auf den Schlachtfeldern.)

Die chirurgischen Instrumente. Das Handwerkszeug der Chirurgen also! Es gab, wie man wissen sollte, keinerlei Mittel zur Desinfektion. Maßnahmen zur Hygiene wurden bis ins 19. Jahrhundert hinein nicht vorgenommen, auch eine allgemeine Sauberkeit wurde im höchsten Grad vernachlässigt – was auch für den ganz privaten Bereich zu Hause galt. Das seit dem 17. Jahrhundert gebräuchliche Instrumentarium wurde noch immer in fünf Kategorien zusammengefasst: Schneidemesser, Dehninstrumente, Zangen, Spreizklammern und Löffel.

Es ist zum Abschluss dieses Kapitels nachzutragen, dass mit der steigenden Leistung aller medizinischen Berufe auch ihr Ansehen stieg – nicht umsonst „wimmelt“ es in der einschlägigen Literatur von hervorragenden Namen, welche sich ihren Ruhm bis heutzutage erhalten haben!

* * * * * *

Und damit sind wir zur Kapitelüberschrift „Der Stammhalter“ zurückgekehrt. Wir ersparen es uns und dir, werte Leserschaft, Kindheit, Knaben- und Jugendzeit dieses Zeitgenossen und Zeitzeugen im Einzelnen darzustellen und springen nun voll und ganz in das Jahr 1795 hinein. Da hat Wilhelm Rohdich die Schule hinter sich, die er als Mitglied einer privilegierten Weißenfelser Familie besuchen durfte. Es ist klar, dass er stets die Augen aufgerissen und die Ohren aufgeperrt hatte, wenn er als Vaters Adept nicht nur untätig an seiner Seite mitarbeitete. Er lernte früh den Kommandoton operierender Ärzte und ihre Befehle: „Schere!“, „Messer!“, „Tupfer!“ oder „den Kerl fester halten!“. Im letzten Schuljahr schrieb Wilhelm Rohdich einen frei zu wählenden Aufsatz, „Aus meinem Leben“ tituliert, der in der Klasse vorgelesen wurde, - wobei ein zarter Schulkamerad sich auskotzen musste -, und der in den Weißenfelser „Medien“ abgedruckt wurde:
„...als versehentlich eine Ader des zu operierenden Soldaten platzte, klatschte mir ein Strahl hellroten Blutes mitten ins Gesicht, so dass ich kaum noch sehen und den Geschmack dieses Lebenssaftes genießen konnte. ‚Nicht loslassen!‘ schrie Vater, ‚sonst geht er uns hops! Aber der arme Kerl war ohnmächtig geworden, so dass Vater ihn in aller Ruhe verarzten konnte...“
Das Wort „verarzten“ wurde damit in den Weißenfelser Sprachgebrauch aufgenommen.

Für Vater Friedrich Rohdich war es beschlossene Sache, dass er selbst zeitlebens in Weißenfels „hockenbleiben“ würde, aber Sohn Wilhelm „wollte er die Welt öffnen“. Ehe er ihn nun in diese Welt hinausschickt, wollen wir noch einen Blick auf die Heimatstadt Weißenfels werfen. 1794 traf Friedrich Schiller in Gesellschaft mit Wilhelm von Humboldt in der Stadt ein, sie trafen sich in der Gastwirtschaft „Zum dreyen Schwanen“ mit Christian Gottfried Körner, dem Vater Theodor Körners, um die Gründung einer Zeitschrift zu besprechen. 1796 begann schon wieder ein Krieg und das in Weißenfels stationierte Regiment „Kurfürst“ musste gegen das revolutionäre Frankreich ausrücken – ohne jedoch zum Einsatz zu kommen. 1800, als Wilhelm Rohdich Weißenfels zum ersten Mal verließ, zählte die Stadt an der Saale 4.277 Einwohner.

„Lernen kann man nur in der weiten Welt“, hatte Vater Friedrich schon vor Jahren posaunt und meinte damit natürlich sich und seinen Sohn.
„Meine Töchter Marianne, Ruth und Claudia haben hübsch zu Hause zu bleiben“, fügte er hinzu und traf damit die Ansicht der Zeit. Er selbst hatte zweimal eine längere Reise versucht: Beim ersten Mal 1786 nach Potsdam, „um den Alten Fritz kurieren zu helfen und beim zweiten Mal nach Paris, um seinen medizinischen Blickwinkel zu schärfen und zu erweitern. Dort hatte er wegen der Revolution das Weite gesucht und in Potsdam war er zu spät gekommen: „Der König war schon mausetot, aber sein Neffe, der Friedrich Wilhelm II. heißt, war sehr gnädig zu mir und ließ mich eine seiner Geliebten untersuchen, was mir eine Schatulle voller Golddukaten einbrachte.“
Nun sollte Wilhelm sich wie ein Handwerksgeselle auf die Walze begeben und versuchen, bei berühmten oder be-

kannten Ärzten oder Medizinern zum Lernen unterzukommen und Verbindungen zu knüpfen.
„Wenn du", riet der Vater, „später damit reüssieren kannst, bei dieser oder jener Kapazität studiert oder diese oder jene hohe Herrschaft kuriert zu haben, bist du ein gemachter Mann."
Einen prall gefüllten Geldbeutel konnte der Vater ihm mitgeben, so dass Wilhelm nicht zu Fuß walzen musste und mal ein Pferd oder eine Reisekutsche nehmen konnte. In seinem Reisegepäck befand sich der erste „weiße" Arztkittel der Welt, - glaubte er -, schon den heutigen ziemlich angepasst, und er glaubte auch, dass er sich als „Uniform eines behandelnden Arztes" durchsetzen werde.

Lehr- und Gesellenjahre

Wilhelm Rohdich hatte dem Vater seine Pläne nicht anvertraut und hatte nun vor, in der Berliner Charitè für etwa ein Jahr unterzukommen. Es hieß, dass dort viel gebaut und neues Personal willkommen sein würde. Außerdem hieß es, dass das preußische Medizinalwesen dem anderer deutscher Staaten weit voraus wäre. Das stimmte. Denn nach der Kanonade von Valmy 1792 gegen das revolutionäre Frankreich, welche der König miterlebt hatte, war ihm die Erkenntnis „haarsträubend" vor Augen geführt worden, dass es mit dem Können der Armee-Wundärzte kläglich bestellt war. Um das zu ändern befahl Friedrich Wilhelm II., eine so genannte Pépinière zu errichten, das war eine „Pflanzstätte" für Militärärzte. Das wichtigste an dieser neuen medizinischen Wirkungsstätte war die Möglichkeit, dass auch Studenten aus armen Familien teilnehmen konnten.

Wilhelm Rohdich machte sich also auf den Weg, - „auf die Socken", wie er bald in Berlin hörte -, und war folgendermaßen ausgerüstet und „bewaffnet": Mit einer normalen und einer „Kinderarmbrust", denn er war der Meister-

schütze von Weißenfels und konnte sich mit ihnen sowohl gegen Wegelagerer verteidigen als auch einen Braten schießen, wenn ein Förster oder Jagdaufseher nicht zugegen war. Dazu kam ein Sortiment medizinischen Bestecks, ein kleiner Kochtopf und eine ebenso schmale Bratpfanne, ein Essbesteck und eine Glasflasche fürs Trinkbare.
„Wie und wo wirst du denn übernachten?“, fragte seine Mutter besorgt.
„Auf Bauernhöfen, die ja überall am Weg liegen. Auf ihnen werde ich immer eine kranke Person finden, die ich behandeln kann. Wetten, dass dann die Bauersleute dankbar sind und mich kostenlos essen, trinken und schlafen lassen. Und für Fitten wird‘s auch was zu fressen geben.“
„Fitten“ war ein Rappwallach, vierjährig, der für Wilhelm durch Dick und Dünn ging. Damit ist das Wichtigste für die lange Reise nach Potsdam oder Berlin aufgezählt. Am 1. Mai 1800 ging‘s los.

* * * * * *

Hier ist weder der Platz noch das Thema, diese „Abenteuerreise“ im Einzelnen zu beschreiben. Wir beschränken uns deshalb auf die Abenteuer, welche Wilhelm Rohdich über Merseburg, Halle, Köthen, Dessau, Wittenberg, Trebbin und Berlin zu bestehen hatte. Es fing schon am ersten Abend an, als er und Fitten einem Landwirt helfen mussten, einen Karren aus dem Dreck zu ziehen. Der bäuerliche Dank bestand genau daraus, was Wilhelm sich erhofft hatte: Abendessen und Übernachtung für Ross und Reiter. Diese Bauernfamilie namens Gustav Grundmann war kopfstark und der Nachwuchs Gustav und Renate war zwischen 31 und 2. Karl Grundmann, unverheirateter Hoferbe, ließ beim abendlichen Schwatz vor der Stalltür durchblicken, „dass ich dringend eine Bäuerin suche und bisher keine finden“ konnte. Da zwackte Wilhelm Rohdich der Schalk und er verkündete, eine Schwester „ungefähr in dem Alter zu haben", welche auch einen Lebenspartner suche: Claudia Rohdich. Wir wollen es kurz machen und mitteilen, dass Wilhelm Rohdich am nächsten Tag weiter gen Berlin wanderte, Karl aber entgegengesetzt zog und erfolgreich war.

Zwischen Halle und Köthen holte Wilhelm Rohdich ein Gespann ein, das aus einem zweirädrigen Karren, dem zugehörigen Pferd und dessen Lenker bestand.
„Hallo Kollege, wo wolln'se denn hin?"
Beide Pferde hatten es sich angewohnt, bei Begegnungen automatisch anzuhalten, weil „diese Zweibeiner zum Verlieben gern schwatzen".
„Nach Dessau und Berlin", antwortete Wilhelm Rohdich.
„Und watt wolln'se da?"
„Militärarzt werden."
„Dunnerlittken, Mann, wenn dat man wat wird."
Fitten wurde an die Karre gebunden und Wilhelm Rohdich stieg als Mitfahrer auf den Bock. Nach fünf Minuten Plauderei wussten beide, wen sie vor oder neben sich hatten. Der Karrenbesitzer hieß Willibald Kluck und war „fliegender Händler". Wilhelm Rohdich ließ sich am nächsten Rastplatz Willibalds Sortiment zeigen und war baff erstaunt, als er die vielen erstklassigen Messer, Scheren, Feilen und Meißel sah, welche den seinen an Qualität hoch überlegen waren.
„Die werden alle in Solingen gemacht", erklärte Willibald, „dort, wo schon vor fünfhundert und mehr Jahren die besten Schwerter der Welt hergestellt wurden."
Wilhelm Rohdich kaufte zwei Sortimenter und zog am nächsten Tag allein weiter. In Wittenberg durfte er seine medizinische Fingerfertigkeit mit einer der neuen „messerscharfen" Scheren demonstrieren. Denn als er in einer Gaststube mithörte, wie eine alte Frau, die von allen ande-

ren Gästen ehrfurchtsvoll angeredet wurde, - also reich sein musste -, „ich kann diese verdammten Zecken nicht loswerden, die ich mir im Garten angelacht habe“, da trat er an den Tisch und sagte, er sei Medikus, auf dem Weg zur Berliner Charité und wolle ihr helfen. Um die Hüfte herum, wo ihr Rock durch einen Gürtel gehalten wurde, war Elsbeth von Hufnagel, geborene Meyer zu Rahden, mit einem Kranz von festgesaugten Zecken bedeckt, deren einige sich bereits halbvoll gesaugt hatten.
„Gnädige Frau“, sagte Wilhelm Rohdich, „so weit hättet Ihr es nicht kommen lassen dürfen. Aber ich mache sie Euch alle weg.“
Seine geschickten Finger konnten die meisten dieser ekelhaften Tiere aus dem Fleisch reißen, die anderen, die er nicht zwischen die Fingernägel kriegen konnte, schnitt er mit einer der neuen Scheren ab.
„Die Köpfe bleiben drin“, erklärte er, „und werden eine kleine Entzündung verursachen. Dagegen lasse ich Euch eine meiner Salben hier, die mein Vater, ein berühmter Arzt in Weißenfels, selbst angerührt hat.“
Frau von Hufnagel setzte ihr ganzen Scharm und viel ihres Geldes ein, Wilhelm Rohdich in Wittenberg anzusiedeln – vergeblich.
„Ich muss weiter, gnädige Frau.“
Seine Barschaft hatte sich wie in Nullkommanix um zwanzig Louis‘dor vermehrt.

* * * * * *

So besaß er Bares genug, den weiteren Weg bis Berlin in der Postkutsche fortzusetzen, nachdem auch Fitten „noch zu Geld gemacht hatte“. In der Gewissheit, eine adäquate Stellung zu erhalten, begab er sich zur Wohnungssuche. Erst wollte das nicht klappen, aber als er wie nebenher erwähnte, Studiosus der Charité zu sein und einen bekannten Arzt als Vater hätte, biss Marianne von Archenholtz an und gab ihm das Zimmer ihres Verewigten „mit Vollpension und Vorauszahlung der Miete“. Sie musste ihren Entschluss nie bereuen, denn Wilhelm Rohdich behandelte und besprach ihre Zipperlein so ausführlich, dass sie ratzeputz verschwanden.

Am 2. August 1795 war die Pépnière, die zweite Chirurgenschule gegründet und in der Stallgasse in Alt-Berlin angesiedelt worden. Leiter und General-Chirurg war derzeit Johann Goercke, dem Wilhelm Rohdich jetzt gegenüberstand und der ihn zwar freundlich aber gründlich auszufragen versuchte. Wilhelm Rohdich erfuhr, dass die Ausbildung vier Jahre dauere und sich daran acht Jahre Dienst als Militärchirurg anschlösse. Im Bruchteil einer Sekunde entschied er, „dieses nicht mitzumachen“, es aber jetzt zu verschweigen.

Dieser Entschluss wankte auch nicht, als es ihm schon nach wenigen Tagen hier in Berlin gut gefiel.

„Aber ein Jahr wird wohl genügen“, vertraute er Frau Archenholtz an, die ihn mütterlich versorgte und die unter seinen Ratschlägen, „essen Sie nicht so viel Fettes, mehr rohes Gemüse und Obst und lassen Sie den Alkohol weg“, fünfzig preußische Pfund abnahm und dadurch später noch einen zweiten Mann ergatterte. Jetzt genügte es ihr, „diesen jungen Rohdich“ zu bemuttern, der tatsächlich mit vielen Neuerungen aufzuwarten hatte.

„Das mit Ihren weißen Kitteln“, gab sie zu, „gefällt mir besonders, ich werde Ihnen noch drei zum Wechseln machen und sie regelmäßig waschen und bügeln.“

Doch in der Charité stellte man sich quer: „Weiße Kittel, auf denen man jeden Blut- und Eiterfleck sieht – das können wir nicht dulden!“ Das war der erste Verweis an Wilhelm Rohdich, der zweite kam 1802. Vorher lernte Wilhelm Rohdich König Friedrich Wilhelm III. kennen, ein wenig leutseliger aber grundehrlicher Monarch mit einer

selten entzückenden jungen Königin an seiner Seite. Mit dem Thronfolger (später Friedrich Wilhelm IV.) gemeinsam besuchte das Königspaar die Chirurgenschule und ließ sich die Schüler einzeln vorstellen. Beim Namen „Rohdich“ stutzte der König. (Wir wollen hier einflechten, dass die indirekte Rede, welche der Alte Fritz kultivierte, durch direkte Anrede sozusagen „ausgerottet“ war. Also nicht mehr „Hat Er“, sondern „Haben Sie“.
„Rohdich?“, fragte der König, „sind Sie verwandt mit dem General von Rohdich, der auf dem Invalidenfriedhof beigesetzt wurde?“
Wilhelm Rohdich zuckte in der Erinnerung zusammen, dass sein Vater so etwas einmal angedeutet hatte.
„Ja, Majestät“, antwortete er dreist, „um eine Ecke herum.“
Der wortkarge König sagte zum Adjutanten „merken“ und dieser machte eine schriftliche Notiz.

* * * * * *

Diese königliche Begegnung blieb nicht ohne Folgen, denn Wilhelm Rohdich befragte seine Vermieterin nach „diesem General Friedrich Wilhelm von Rohdich“.
„Da weiß mein Vetter Bescheid“, antwortete sie, „ein Johann Wilhelm von Archenholtz, der ein Buch über den Siebenjährigen Krieg herausgegeben hat und den General noch kennengelernt haben kann.“
Das wurde ein Volltreffer, um im militärischen Jargon zu bleiben! Denn schon am nächsten Tag standen drei Personen vor dem Rohdich‘schen Grabmal auf dem Invalidenfriedhof: Marianne von Archenholtz, ihr schon genannter Vetter und ein tief ergriffener „junger Chirurg“ namens Wilhelm Rohdich. (Der Autor erlaubt sich hiermit, auf sein Buch „Soldat und Menschenfreund“ hinzuweisen, - ISBN 978-3-96103-080-4 -, das sowohl in Buchform als auch in

E-Book erschienen ist!) Von Archenholtz, der in dem Jahr starb, als Wilhelm Rohdich nach Russland aufbrach, geriet ganz außer sich und schlug vor, die Witwe des Generals in der Nähe zu besuchen.

Friederike Caroline von Rohdich, verehelicht gewesene von Oesfeld, wohnte im eigenen Haus Pariser Platz 3, das 1800 just umgebaut worden war. Sie war jetzt zwar sehr gastfreundlich, aber auf eine etwaige Verwandtschaft nicht gut zu sprechen:
„Sie wollen mir dieses Haus unter den Fingernägeln wegreißen. Und dabei hat mein Mann doch verfügt, dass es in meinem Todesfall als eine Stiftung für sein gewesenes Regiment geführt werden soll."
(Frau Generalin von Rohdich starb 1806. Was aus dem Haus, das bis 1945 an Ort und Stelle weiterexistierte, geworden ist, darüber ist mehr in dem erwähnten Buch nachzulesen). Jetzt blickte sie ihren jungen Namensvetter plötzlich freundlich an und fragte:
„Was will'ste denn mal werden?"
„Ich bin schon so etwas wie ein Doktor, Frau Generalin, und hier in der Charité zur weiteren Ausbildung."
Da kam ihr eine Idee, sie ging an eine Schublade und nahm etwas in die Hand, das wie eine Art von Orden oder Plaketten aussah: tatsächlich drei runde weiße Plaketten mit einem roten Kreuz darauf.
„Hier", sagte sie gönnerisch, „das sind die Abzeichen, die mein Mann beim König vorschlagen wollte, dass alle Militärärzte sie tragen sollten. Er kam nicht mehr dazu. So nimm du sie mit und versuche, deine Kollegen davon zu überzeugen, sie als Zeichen ihrer Berufe im Dienst zu tragen."
Sie heftete ein Abzeichen an Wilhelm Rohdichs Jakett und zog ihn vor den Spiegel:

„Fabelhaft und er steht dir ausgezeichnet – der General könnte stolz auf dich sein!“

Der heutige Grabbesuch und das anschließende Treffen hier am Pariser Platz hatten für Frau von Archenholtz noch gravierende Folgen. Wilhelm Rohdich bemerkte auf dem Heimweg zur Kurfürstenstraße, dass sie „Schwierigkeiten“ mit dem Gehen hatte und er befragte sie interessiert.
„Die alte Karkasse will nicht mehr so, mein junger Junge“, gab sie zu.
„Das werden wir ändern, gnä‘ Frau“, antwortete er.
Und flugs, wir fassen uns kurz, nach einer Woche marschierte Marianne mit dem ersten „Rollator“ Preußens, - vielleicht der ganzen Welt? -, zum Einkaufen, Bummeln und Trödeln durch Berlin – zu eigenem und vieler Berliner Kinder großer Freude! Wilhelm Rohdich hatte eine Zeichnung entworfen, nach der ein Eisenhandwerker das Gerät mit vier Rädern, einer Ablage und zwei Haltegriffen konstruierte. (Natürlich, das müssen wir hier einfügen, besaß es weder eine Handbremse noch leichtgängige Gummiräder.)

Diese Berliner Kinder! Wilhelm Rohdich gefielen sie gar nicht, „und dabei“, sagte Marianne, „hast du die ganz armen hier auf der Kurfürstenstraße noch gar nicht kennengelernt.“
Irgendein vorlautes Berliner Mundwerk hatte verraten, dass „ein prima Arzt“ hier wohnt, der alle Malessen von A wie Arschjucken, B wie Blähungen bis Z wie Zipperlein auskurieren oder lindern könne. Jedenfalls standen drei Mütter mit je einem Straßenjungen, - „Straßenmädchen“ gehörten schon damals in eine andere Kategorie -, eines Tages vor Mariannes Haustür und „begehrten den Doktor zu sprechen“:
„Unsere Kinder sind krank.“

Nun, wir wollen diese Angelegenheit hier nicht weiter beschreiben. Tatsache wurde, dass „Onkel Doktor“ vor lauter „Kinderkriegen“ beinahe nicht mehr zur Charité gehen konnte und Marianne im Geheimen beschloss, seine „Praxis“ in ihrem Haus zu etablieren. Dass daraus nichts wurde, lag an Wilhelm Rohdich selbst. Alle Berliner zwischen 6 und 60, die ihn in seinem weißen Kittel mit dem Rote-Kreuz-Abzeichen daran sahen, bewunderten ihn aufs Höchste – nur ein paar Herrschaften nicht: Sein Chef Johann Goercke, ein Gastredner namens Carl August Wilhelm Berends und sein König Friedrich Wilhelm III. Diese drei Herren überraschten ihn bei einer Visite, als er seinen weißen Kittel mit dem neuen Abzeichen daran trug. Der König war leutselig und fragte in seiner knappen Art:
„Ein Orden das, junger Mann?“
„Ja, Majestät, mein eigener, so will ich den Leuten zeigen, dass ich Arzt bin.“
„Sehr gut, beispielhaft“, sagte der König, schaute seine beiden Begleiter an und fügte hinzu, „prüfen, ob geeignet.“
Als Wilhelm Rohdich Goercke und Berends in deren Gesichter sah, wusste er, dass ein Berliner Gewitter im Kommen war. Und tatsächlich: Am nächsten Tag packte er seine Sachen, gab Marianne von Archenholtz einen Schmatz auf die Backe, bezahlte seine Schulden, warf den berliner Rangen ein paar Groschen zu und kehrte Preußens Hautstadt den Rücken.

Gesellen- und Meisterjahre

Es ist inzwischen 1803 geworden. Als Wilhelm Rohdich das ungastliche Berlin mit der Postkutsche verließ, beschloss er, ein Tagebuch zu führen, und darum werden seine folgenden Abenteuer bis 1813 „von ihm höchstselbst“ in Ichform erzählt. Es wird spannend werden, denn am westlichen Horizont erhob sich zu dieser Zeit ein Stern, welcher den folgenden Jahren seinen Namen geben sollte: Napoleon!

* * * * * *

Ich konnte von Glück reden, in den Berliner Jahren trotz der Unkosten in Sachen Miete bei Marianne von Archenholtz genug Geld zusammengekratzt zu haben, um für ein Jahr auszukommen. Am liebsten wäre mir gewesen, bei einem Arzt eine Zeitlang als Gehilfe auszuhelfen, schon wegen der freien Station, die damit verbunden war, aber natürlich auch, um zu lernen. Über die Zukunft der nächsten zehn Jahre machte ich mir keine Sorgen, und für die fernere Zukunft plante ich mit Vaters Einverständnis die Übernahme seiner Praxis in Weißenfels. Doch muss ich jetzt schon mitteilen, dass mit den Mächten des Schicksals und den Kräften des Zufalls nicht zu spaßen ist.

Die sich immer mehr in die freie Landschaft ausbreitende Stadt Berlin blieb allmählich hinter uns, als die Postkutsche nach Südwesten holperte. Mit „uns“ meine ich die Mitfahrer Alfons von Erpenbeck, Karl Steinhaus, Michael Stratmann und dessen Ehefrau Cilly. Alfons und ich, wir duzten uns schon nach wenigen Meilen, als er mir seinen und ich ihm meinen Beruf verraten hatte: zweimal ein medizinischer und da wollte das Erzählen und Fachsimpeln kein Ende nehmen. Nachdem er mich einen Esel nannte, der eine gute Stelle in der Charité hatte fahren lassen, fing er an, seine Praxis in Torgau in den höchsten Tönen zu loben und dass er dringend einen Mitstreiter suche. Mir wurde schnell klar, worauf er hinauswollte.

Ich habe diesen Mann aber nur deswegen im Gedächtnis behalten, weil er wundersam gelehrt war und wie ein Bauchredner zu erzählen wusste. Denn so klang seine Stimme im Gepolter der Räder auf der miserablen Straße, unter dem Geschrei des Kutschers, dem Wiehern der Pfer-

de und dem Knallen der Peitsche. So will ich mich auf seine Erzählungen im Kabuff der Herberge in Trebbin, wo wir übernachteten, beschränken. Hier sein Originalton:
„Kennen Sie den alten Doktor Herodot? Ja? Gut, denn er ist schon halb vergessen. Er erzählte mir aus seiner Zeit und meinte, jeder Arzt solle nur für eine Krankheit zuständig sein und nicht für mehere. Wir brauchen Ärzte für Augen, für den Kopf, für die Zähne, für den Leib und innere Krankheiten. Ich finde das ziemlich gut, nicht wahr Herr Kollege?“
Fand ich auch. Und er fuhr fort:
„Wissen Sie, was Schröpfen ist? Nein? Gut. Er hat es mir beigebracht, hören Sie zu: Schröpfen ist ein uraltes Heilverfahren aus China. Dabei werden so genannte Schröpfgläser auf die zu behandelnden Stellen des Körpers gesetzt , so dass ein Unterdruck entsteht und sie sich festsaugen. Das fördert die Durchblutung der Körperstellen und damit den Kreislauf.“
Ja, dieser dicke Doktor hatte es faustdick hinter den Ohren. Aber ich konnte von ihm einige nützliche Instrumente erwerben: zwei ganz feine Pinzetten, ein Hörrohr und seine neueste, noch nicht erprobte Konstruktion eines Geräts, dass man später Stethoskop nannte. Auch lehrte er mich das Pulsfühlen und Mitzählen des Herzschlags.

Unser nächster Halt war in Jüterbog. Da hatte er mir schon erzählt, dass er dabei sei, seine Praxis in punkto Sauberkeit und Reinlichkeit sozusagen auf den Kopf zu stellen.
„Schon die Römer“, belehrte er mich, „kannten den Zusammenhang zwischen Sauberkeit und Gesundheit und waren ja richtige Badefanatiker. Ihr Doktor Marcus Varro, ich weiß nicht, wo er jetzt wohnt, weiß von winzigen Geschöpfen zu berichten, die durch Mund und Nase in den Körper eindringen und Mensch und Tier krank machen können.“

Als wir uns in Torgau trennten und ich die Einladung, sein Adept zu werden abgelehnt hatte, riet er mir noch, folgende Mediziner zwecks Weiterbildung und Studium aufzusuchen, er schrieb sie mir auf einen Zettel: Sofokles, Pütagoras, Hippokrath, Aritottelis und Askulapp.

* * * * * *

Was wollte ich in Torgau? Einen der eben genannten Mediziner aufsuchen? Nein! Ich wollte nach Schildau, wo, wie ich in Berlin erfuhr, Samuel Hahnemann sich niedergelassen hatte. Sein Ruf eilte ihm überall voraus, auch wenn ein wenig über ihn gelacht wurde. Ich lachte nicht, denn ich stand zwei Tage später vor einem echten und überzeugten Philantropen. Als wenn er auf mich gewartet hätte, nahm er mich schnurstracks als Eleven mit Familienanschluss auf und war ganz begeistert, als ich eine Überraschung präsentieren konnte: meine weißen Kittel und das Rote-Kreuz-Abzeichen. Seine Menschlichkeit erarbeitete sogleich eine Vision für die Zukunft:
„Stellen Sie sich vor, junger Mann, die Militärärzte, welche die königlichen und fürstlichen Schlachten begleiten, sind so gekennzeichnet und können damit der kämpfenden Truppe folgen, um die Verwundeten, die sonst stundenlang bis zum Ende der Schlacht auf dem Erdboden liegen müssen, sogleich zu behandeln, denn niemand wird auf sie schießen oder einstechen."
Diesen Bandwurmsatz musste ich erst einmal verdauen. Es gibt Situationen auf der Welt, dass zwei Menschen, kaum haben sie sich zehn Sekunden gesehen und zwei Worte gesprochen, da mögen sie sich – das war jetzt geschehen.

Diese nun entstandene gegenseitige Sympathie hinderte mich freilich nicht daran, Hahnemanns so genannte Homöopathie kritisch zu betrachten. Ich mochte nicht glauben, dass sein System der möglichst niedrig zu verabreichenden Medizin und Heilmittel bessere Wirkungen hervorbringen könnte als die normale Behandlung mit starker Dosierung. Weil Hahnemann aber auch ein hervorragender Wundenbehandler war, lernte ich von ihm eigentlich schon jetzt alles für später Notwendige. Ab 1807, ich greife ein wenig vor, nannte er seine Tätigkeit „Similia similibus curantur – Ähnliches durch Ähnliches heilen".

Beim Abschied nach einem Jahr unerhörten Lernens meinerseits verwies mich Hahnemann an zwei Mediziner namens Johann Kaspar Spurzheim und Franz Joseph Gall, welche die Schädellehre begründeten. Mit der Vermessung eines Kopfes wollten sie dahinterkommen, wes Geistes Kind ein Mensch war. Nun, die Bekanntschaft mit den beiden Ärzten hat mir nicht so viel gebracht, dass ich es hier kommentieren müsste. Hahnemanns Abschiedsvorschlag „vielleicht kümmerst du dich", - wir duzten uns bereits -, „später einmal um die Kindermedizin, die arg im Argen liegt und für einen fleißigen Doktor ein gutes Fortkommen bieten wird."

Dass ich Samuel Hahnemann nie und nimmer vergessen werde, rührt auch von einem Sinnspruch her, den er mir schriftlich „mit auf den Lebensweg" gab, und ich gebe ihn hier in fünf Sprachen wieder:

„Be friendly to all people – Soyez amical envers tous – Sii amicevole con tutte le persone – Omnium misereatur – zu allen Menschen freundlich sein".

* * * * * *

Wie notwendig dies war, sollte ich bald erleben. Das hing auch damit zusammen, dass der schon erwähnte „westliche Stern" weiter als eigentlich erlaubt höher stieg. Noch bei Hahnemann erreichte mich ein Brief aus Weißenfels, der zur Rückkehr mahnte. Inzwischen war es 1805 geworden und Kriegerisches bahnte sich an. Auf dem Heimweg

traf ich einen Arzt, der sich, „auf welcher Seite auch immer“, als Militärarzt verdingen wollte.
„Wenn diese kaiserlichen, königlichen und sonstwie fürstlichen Narren sich an die Köppe kriegen“, sagte er ganz nüchtern, „können wir Ärzte uns eine goldene Nase verdienen.“

Das sächsische Bataillon „Kurfürst“ verließ im November unsere Stadt und wurde durch eine preußische Garde ersetzt, weil Preußen und Kursachsen sich gegen Frankreich verbündet hatten. Zwischen Kaiser Napoleon, offenbar ein Großmaul, und König Friedrich Wilhelm, eher ein schüchterner Kleinbürger, wurde der Ton rauer – einer von beiden wollte Krieg und uns in Weißenfels war klar, wer das war. Wir waren zwar keine Preußen, aber lieber solche als Franzosen. Die preußischen Generäle hätten gewarnt sein sollen, denn Napoleon fuhr zur Zeit einen Sieg nach dem anderen ein – da nützte es wenig, sich auf die Lorbeeren des Alten Fritz zu berufen.
„Warum?“, fragte ich Vater zu Hause und weil er militärisch mehr durchgebildet war, „zieht dieser Napoleon, jetzt auch ein Kaiser, kämpfend und erobernd durch Europa und opfert Tausende seiner eigenen Landsleute.“
Vater antwortete zwar nicht direkt, zog aber einen Aspekt heran:
„Wenn zum Beispiel der Kaiser in Wien, der König in Berlin oder der Zar in Petersburg eine Schlacht verlieren, schadet das ihrem Ansehen wenig und ramponiert ihre Stellung kaum. Wenn aber ein frischgebackener Kaiser aus eigenen, nicht Gottes Gnaden eine Schlacht verliert, kann er seine Sachen packen und froh sein, vom Volk nicht zerrissen zu werden.“
„So einfach ist das?“
„So einfach ist das.“

Und so einfach ging es los und weiter. Napoleon stellte 1806 Forderungen, die sein „königlicher Bruder“ in Potsdam nicht akzeptieren konnte, und so begann der gegenseitige Aufmarsch.
„Gerade jetzt“, knurrte ich erbost, „wo ich meine medizinischen Kenntnisse zur Anwendung bringen will und Ausschau nach einer adäquaten Lebensgefährtin angestellt habe.“
„Für uns“, weissagte Vater, „wird es viel Arbeit geben. Denn unsere Gegend und unsere Stadt werden gewiss, wenn auch nicht Kampf-, so doch Durchmarschgebiet sein. Dann kommen Verwundete herein und wollen behandelt und gerettet werden.“
Ab 1. Oktober quartierten sich preußische Truppen in Weißenfels ein. Sie wurden schon am 12. vertrieben und von französischer Kavallerie abgelöst, die große Mengen an Beute einkassieren konnte. Am 14. fand die große Schlacht von Jena und Auerstedt statt. Mit der Folge für Weißenfels, dass zuerst die geschlagenen sächsischen Truppen durchzogen und dann die siegreichen Franzosen einzogen. Im Schloss, das umfunktioniert wurde, entstand nun ein überdimensioniertes Lazarett mit über tausend verwundeten Soldaten aller Ränge.
„Sie haben noch Glück“, sagte Vater, „dass sie so rasch hergebracht wurden. Komm“, fügte er hinzu, „lass uns hingehen und helfen – Schwerverletzte und Sterbende besitzen keine Nationalität mehr, sind nur noch Menschen.“
War das von Vater nicht klassisch dahergesagt!

* * * * * *

Und so kam es, dass zwischen den liegenden, stöhnenden und auch schluchzenden Soldaten nicht nur dunkel gekleidete Feldscher, Barbiere und einheimische Helferinnen hin und herliefen, sondern auch zwei weißbekittelte Medizinmänner, dekoriert mit je einem Roten Kreuz, umherhuschten und pausenlos mit den Rufen „Sanitäter – paramédical – paramedico“ angefordert wurden. Das war hier also die wirkliche Premiere der „Ärzte in weißen Kitteln“ - Marianne von Archenholtz und Friederike Caroline von Rohdich sei ewiger Dank!

Es gab auch Widerstand. Der französische Generalarzt kam heran und fauchte auf deutsch:
„Was soll die Verkleidung?“
„Das ist keine Verkleidung, Sire“, fauchte ich zurück, „sondern eine Bekleidung, nämlich die künftige Berufsbekleidung der Militärärzte.“
Als er doof dreinschaute, erklärte ich ihm, was ich anderswo schon einmal erklärte: die Kenntlichmachung der aktiven Ärzte und Feldschere auf dem Kampfplatz.
„Stellen Sie sich vor, Herr Generalarzt, Sie können während einer Schlacht Ihres Kaisers im weißen Kittel auf dem hin und herwandernden Schlachtfeld arbeiten und Ihre Soldaten versorgen, ehe die alle krepieren!“
„Dann wird Sie Ihr Kaiser belobigen, dass Sie sich im Himmel bei den Engeln wähnen“, fügte Vater hinzu.
Da horchte er auf und bekam den richtigen Gedanken:
„Wie sind Ihre Namen, Doctores?“
Er notierte sie und sagte zu, sie dem Kaiser mitzuteilen.
„Hast du gehört?“, fragte ich Vater, „er hat mich Doctor genannt.“

Alle Personen, die hier im Schloss Weißenfels tätig waren, arbeiteten auf Teufelkommraus – das heißt, fünf bis sechs Stunden am Stück, dann eine Viertelstunde Pause zum Luftschnappen, Augenzumachen, Happimachen und Austreten. Dann wieder ran an die Verbände, her mit dem Skalpell, weg mit dem Bein und sonstige medizinische Arbeiten, die ich nicht alle aufzählen möchte.

„Einen Monat solche Tätigkeit", sagte mein manchmal altkluger Vater, „ersetzen ein ganzes Lehrjahr."
„Hier", antwortete ich und dachte an Samuel Hahnemann, „kann man mit Homöopathie nichts anfangen."

Sachsen, dessen Herrscher Meister im Anpassen an neue Verhältnisse waren, drehte sich nun nach dem napoleonischen Wind und wurde mit der Verleihung der Königswürde belohnt. Trotzdem gab es eine Weile dann doch Drangsalierungen durch französische Truppen. Doch Sachsen war nun Verbündeter Napoleons und das gedemütigte Preußen musste zusehen, wie es seine Zukunft gestaltete. In häuslicher Gesprächsrunde, nachdem die Arbeit im Schloss abgeklungen war, erklang nun zu Hause keinesfalls ein Loblied auf Napoleon – wohl auf Frankreich. Denn Frankreich hat die so genannten fliegenden Lazarette eingeführt. Wo kommt eigentlich das Wort „Lazarett" her? Einer der jetzt hier tätigen italienischen Ärzte wusste es:
„Der Begriff geht ursprünglich auf ein Pestkrankenhaus der Insel „Santa Maria di Nazaretto" zurück, die in der Lagune von Venedig liegt."

Ausgehend von der Erkenntnis, dass die Verwundeten einer Schlacht,- ich habe das schon angesprochen -, dem Tod näher waren als ihre noch marschierenden, schießenden und fechtenden Kameraden, die abends eine Unterkunft und Nahrung fanden, weil natürlich vorher nie nachgeforscht wurde, wo denn im Fall eines Falles die vielen Verwundeten unterzubringen seien. Bauernhöfe in der Nähe, ein Dorf mit Kirche, Ställe und Scheunen der Landwirte? Nicht immer waren sie vorhanden. Auch fehlten Leute und Pferdegespanne, die Verwundeten einzusammeln. Gesammelt wurde dennoch. Es ist bezeugt und mir auch berichtet worden, dass nachts die Verwundeten und Gefallenen von Anwohnern des Schlachtfeldes ausgeplündert wurden.

Der Franzose Dominique-Jean Larrey wird auch „Vater der Notärzte" genannt. Die „fliegenden Lazarette" waren am Anfang Gruppen von drei berittenen Chirurgen und einem Krankenwärter. Auf den mitgeführten Pferden waren Verbände und chirurgische Instrumente untergebracht, so dass erste Hilfe geleistet werden konnte. So konnten schon auf dem Schlachtfeld Blutungen gestillt, Verbände angelegt und sogar Amputationen durchgeführt werden. Amputationen! Sie waren das Schlimmste, was ein Arzt vor Ort unternehmen konnte – wenn überhaupt, denn bei längerem Abwarten setzte unweigerlich der Wundbrand ein. Ich habe in dieser Zeit, ehe ich Weißenfels verließ, vor einer Schulklasse einen Vortrag darüber gehalten und versuche nun, den Text zu rekonstruieren:

„Da hatte eine Kanonenkugel einem Grenadier das rechte Bein unterm Knie so zerschmettert, dass er sich nicht mehr bewegen konnte. Erst am nächsten Morgen wurde er in unser Schloss transportiert, wo ich feststellte, dass die Wunde nicht nur vollkommen verdreckt, sondern auch der Wundbrand eingetreten war. Das ist eine Infektion, die schließlich auf den ganzen Körper übergreifen kann und unweigerlich zum qualvollen Tod führt. Ich habe mit vielen Ärzten über das Thema gesprochen, wie man Menschen gegen Schmerzen unempfindlich machen kann – es gibt keins außer eine herbeigeführte Ohnmacht, die immer unkontrolliert abläuft. Wie also nehmen wir einem solchen armen Schlucker ein Bein, einen Fuß, die Hand oder Arm ab? Er bekommt, wenn vorhanden, eine ganze Pulle Rum verabreicht, wird also besoffen gemacht, muss ein Stück Weichholz zwischen die Zähne nehmen und wird dann von bis zu vier Helfern auf einem Tisch festgehalten, damit ich oder ein anderer Doktor oder Feldscher mit einer Handsäge das Glied abtrennen kann. Ich sage euch, dass man leichter einen bauchdicken Eichenast als ein Bein absägen kann. Der Betroffene brüllt wie ein Stier, den der Bauer mit einem Hammer totschlagen will und alle sind froh, wenn ihn dann doch die Ohnmacht überfällt. Nun schnell und mit Ablösung die Säge betätigt und das halbe Bein fällt in einen Korb und wird entweder von einem Anatom gesammelt und präpariert oder auf einen Knochenhaufen geworfen."

Mein Vortrag vor den 12- bis 14-jährigen Schülern wird vielleicht einige davon abgehalten haben, Militärarzt zu werden.

* * * * * *

Obwohl Sachsen jetzt Verbündeter von Frankreich war, hatte es und hatte Weißenfels unter Einquartierungen zu leiden. Vielleicht aus diesem Grund kam Napoleon am 22. Juli 1807 nach Weißenfels aufs Schloss. Das immer noch beschlagnahmt war und Verwundete aus anderen Schlachten des unermüdlichen Kaisers aufnehmen musste. Ich reinigte soeben die Schusswunde eines italienischen Artilleristen mit heißem sauberen Wasser und einem im Ofen steril gemachten Waschlappen, als ich von hinten angesprochen wurde. Ich muss erklären, dass die folgende Unterhaltung zweisprachig geführt wurde, denn ich beherrschte ein paar Brocken Französisch, der Kaiser und sein Adjutant ein ebensolches Deutsch. Auch erwähne ich, dass ich mit sauberem weißen Arztkittel nebst der Rote-Kreuz-Brosche fachmännisch gekleidet war.

„Da ist ja, Majestät, unser junger Doktor."

Als ich mich aufrichtete und die Hände an einem gereichten Handtuch abtrocknete, kam ich mir mächtig groß vor – denn ich war einen Kopf länger als Napoleon. Er reichte mir die Hand, so musste ich sie nehmen.

„Danke, Sire."

Oder hätte ich „Majestät“ sagen sollen?
„Wo haben Sie Ihren Beruf erlernt?“, fragte er.
„In der Berliner Charité in allen Häusern für kranke Kinder und blessierte Soldaten“, log ich ein wenig, „unterwegs in Halle, beim berühmten Samuel Hahnemann, jetzt in Torgau wohnend und bei vielen anderen wie Friedrich Sertürner, James Parkinson, Edward Jenner Dominique Jean Larrey, oft als Knabe in Begleitung meines Vaters und teils bei unbekannten Feldschers, Barbiers und Badern, die alle auffallend gut ausgebildet waren, und bei meinem Vater, Sire.“
„Er hat schon“, fügte Vater hinzu, „Hunderte Ihrer braven Grenadiere vorm Tod bewahrt.“
Der Adjutant mischte sich nun ein und mahnte zum Mittagessen.
„Sire“, sagte Vater, „ich habe schon Boten geschickt und lade Sie zu uns ein, meine Frau hat Kartoffelpuffer gemacht.“
Napoleon stimmte zu, klopfte mir lange und hart auf die Schulter und sagte:
„Efficace, très bon jeune homme – tüchtig, sehr gut, junger Mann!“

Ehe ich diesen „Jahrhundertmann“ näher vorstelle, beschreibe ich lieber „unser“ Mittagessen – déjeuner. Es gab, was meine Mutter am besten von allen Müttern Weißenfels‘ am Herd fabrizieren konnte: Kartoffelpuffer. Napoleon, - sein Adjutant war auch geladen -, beäugte diese runden Kartoffel-Plätzchen argwöhnisch, noch kritischer betrachtete er das dunkelbraune Rübenkraut, das Mutter auf sie tröpfeln ließ.
„Kar-tof-fel-puf-fer“ buchstabierte er und der Adjutant sagte „Crêpes de pomme de terre“, und beide begannen nun zuzulangen und wir machten es ihnen nach. Dazu gab es herben Saalewein oder Blaubeersaft eigener Herstellung.

„Noch nie“, urteilte Mutter später begeistert, „habe ich Esser mit solch vergnügten Gesichtern gesehen.“

Jetzt wird es Zeit, diesen mächtigen Mann näher vorzustellen, den die saloppen Berliner Schnauzen respektlos „kleiner Hoppewitz“ nannten, als er nach der Schlacht von Jena und Auerstedt durch Berlin ritt. Er ist ein Emporkömmling, ganz klar, ihm fehlt des geschliffene Benehmen des alten europäischen Adels, und er ist ein Draufgängertyp, der bei seinen Soldaten ankommt. Das alles gefällt mir und meiner etwas freigeistigen Familie durchaus, was mir als Arzt aber missfällt, ist sein hemmungsloses Essen hochgewürzter Sachen und sein Trinken scharfer Alkoholika – das wird unweigerlich eine Gastritis herbeiführen. Ich wollte ihn dann nach seinem Leibgericht fragen, doch er kam mir zuvor:
„Das schmeckt hier ja noch besser als mein Hähnchen Marengo, das mir mein Schweizer Leibkoch Dunant gelegentlich anrichtet.“
Als Nachtisch gab es „zur Schließung des Magens“ ofenfrisches westfälisches Schwarzbrot, dort in Westfalen Pumpernickel genannt, mit handgeschöpftem Käse dazu.
„Pum-per-ni-ckel“, sagte Napoleon, „welch komischer Name?“
„Den hat ein Landsmann von Ihnen geschaffen, Majestät“, erklärte Mutter, „kennen Sie diese Geschichte nicht?“
„Erzählen Sie sie, Madame!“
„Das war im Siebenjährigen Krieg, als Ihre Soldaten um Münster herum biwackierten und einer Ihrer Ulanen im Gasthof ‚Zum Klosterholz‘ in Davensberg ein Frühstück verlangte. Der Wirt brachte ihm einen Kanten von diesem Schwarzbrot, das er probierte, sich einen Zahn ausbiss und er es sofort wütend fortwerfen wollte. Plötzlich kam ihm eine Idee und er reichte das Stück seinem Pferd und sagte:

‚Bon pour Nickel' - daraus wurde im Handumdrehen ‚Pumpernickel'".
Gelächter und Klatschen – ich glaube nicht, dass dieser launische Kaiser irgendwo in Sachsen so gut bedient worden ist.
„Ich werde von mir hören lassen", versprach er mir beim Abschied.

* * * * * *

Ich ahnte natürlich nicht, welcher Art dieses „sich Hörenlassen" sein würde. Es war zur Zeit nicht ratsam, in Mitteleuropa herumzureisen. Denn unser einmaliger Mittagsgast machte es unsicher. 1809 kämpften Franzosen wieder einmal gegen Österreicher, diesmal in Süddeutschland, und das Bataillon „König" musste die Stadt verlassen, um an diesen Kämpfen teilzunehmen. Ich kümmerte mich, noch oder wieder in Vaters Praxis „angestellt", um Dreierlei: kranke und verletzte Kinder, verletzte Kriegsversehrte aus Stadt und Land und um Hahnemanns Homöopathie und seine Medikamente. Die Kinder und Kriegsversehrten behandelte ich im Schloss, dessen einer Saal nun zur Verfügung stand, nachdem die meisten Verwundeten und geheilten Soldaten abgezogen waren.
„Kinder nur in Begleitung Erwachsener", hatte ich mir auserbeten, weil sonst viele der Kleinen einfach abgegeben wurden. Hier half mir meine Schwester Ruth, die keinen Mann bekommen konnte, „obwohl ich besser kochen, backen und fuhrwerken kann als die meisten hübschen Weiber". Sie hatte sich, kaum dass ich heimgekehrt war, über meine Unterlagen hergemacht, die ich von Samuel Hahnemann geschenkt bekommen hatte.
„Ich werde Ärztin der Homöopathie", verkündete sie.
Und schon strolchte sie durch Feld und Flur, im Wald und auf der Heide, um die angegeben Heilpflanzen zu suchen,

zu finden, zu ernten und auszugraben, um sie in unserem Garten wie einzupflanzen. Im Schrankregal standen hundert kleine Glasflaschen und eine große bauchige Flasche mit reinem Alkohol.

Ich will nur kurz erwähnen, was sie alles so „ansetzte“ und meist reichen Damen verschrieb, „die sich alle danach sauwohl fühlten“, wie sie versicherten: Die Wurzeln des Blauen Eisenhuts, roten Küchenzwiebeln, Tollkirsche (stark verdünnt) Wurzel und Früchte, Arnika, Gänseblümchen, Kegelblume, Johanniskraut, Zweige des Lebensbaumes, Beinwell und viele andere mehr, die ich hier nicht aufzählen kann. Schwester Ruth bekam als Honorar hauptsächlich Bargeld, während mich die Mütter der Kinder gern in Naturalien bezahlten: Eier, Schinken, Kartoffeln, Milch, Butter, Speck, Gemüse und Obst so das ganze Jahr über – Mutter freute sich!

Doch in diese Idylle von Fleiß, Arbeit, Familienleben und meinerseits dem Kennenlernen einer entzückenden jungen Dame schlug das Schicksal seine unbarmherzigen Krallen. Es war inzwischen 1808 geworden und Napoleon stiftete nach wie vor überall in Europa Unruhe: von Lissabon bis St. Petersburg, zwischen London und Italien. Zum September 1808 hatte er die europäischen Fürsten nach Erfurt geladen, um sich ein Bild von ihnen zu machen und ihnen auf die Zähne zu fühlen: „Was plante der Zar, warum rüstete der Wiener Kaiser, konnte er, Napoleon, der deutschen Rheinfürsten und der Preußen sicher sein?

Plötzlich rollte eine zweispännige Wagonette auf den Hof, an dessen rechter Tür ein Viereck aufgemalt war, in dessen Mitte sich ein Kreis befand und in dessen Mitte ein großes goldenes N. Nun, was fängt mit N an? Nürnberg, Nikolaus – potzblitz, auch Napoleon!

„Er kommt doch wohl nicht selbst, so unangemeldet!“, zeterte Mutter.

Nun, es war einer seiner Generale, der flink wie ein Eichkatz ausstieg, Mutter zwar galant begrüßte und die Hand küsste, mich aber am Ärmel zerrte und nach der Frage „Missjöh Docteur Wilhelm Rohdich?“ befahl:
„Kommen Sie, sofort, der Kaiser möchte Sie sprechen.“
„Welcher Kaiser?“, fragte ich.
Da war er ganz baff, legte seine Hektik ab und folgte Mutter in die Gute Stube, wo soeben der beste Weißenfelser Bienenstich aufgetischt war, den man sich denken kann. Jean Andoche Junot fraß sich sozusagen randvoll und kam zur Sache:
Der Kaiser befindet sich in Erfurt, hat Misjöh von Goethe zu einem Gespräch eingeladen, - sie schwatzen jetzt gewiss miteinander -, und da ist ihm eingefallen, Sie Docteur, herzubeten, an dem Gespäch teilzunehmen und ihn auch gesundheitlich zu beraten. Er steckt jetzt immer einen Arm in die Weste, als wenn er Bauchschmerzen hätte.“
Ich horchte auf und Vater sagte so etwas wie „Gastritis“ - auf gutdeutsch „Bauchweh“.
„Er scheint Großes vorzuhaben“, sagte Junot, „etwas, bei dem die Welt den Atem anhalten wird.“
„Das kann nur ein Krieg sein“, sagte Mutter böse.
„Wahrscheinlich gegen Großbritannien“, sagte Vater.
„Man wird sehen“, sagte Junot, und zu mir: „Kommen Sie mit?“
„Klar, Misjöh General, ich komme mit.“

* * * * * *

Im Vorzimmer saß ich mit Herrn Goethe zusammen, der den Zenit seines ereignisreichen Lebens hinter sich hatte. Eine Unterhaltung verbot sich aus zwei Gründen: Einmal weil sie gestört hätte und dann, weil wir gerne mithörten – es ging um Weltgeschichte! Ich versuche aus der Erinnerung, das Mitgehörte wiederzugeben.

Napoleon: „Ich bin darüber informiert worden, dass Ihre männliche Bevölkerung von zehn bis vierzig Jahren unter Waffen gerufen ist."
Metternich: „Sire, die Lage Österreichs hat sich verschlechtert und unser Kaiserreich muss stets verteidigungsbereit sein."
Napoleon: „Wer sollte Ihr Land bedrohen? An den Grenzen ist völlige Ruhe."
Metternich: „Wer weiß, wie lange sie anhält, Sire."
„Dieser Metternich", murmelte Goethe, „ist ein ausgekochtes Schlitzohr."

Dann stand Minister Talleyrand in der Tür und forderte „Sie beide" zum Eintreten auf. Wieder kam mir der unschöne Berliner Begriff „Hoppewitz" in die Ohren. Wenn Napoleon sich in seinen Sessel lümmelte sah er nach nichts aus, aber wenn er redete, schwadronierte, fabulierte, kommandierte und seine korsischen Äuglein schwirren ließ, spürte man seine „innere Größe" und dass er doch der Jahrhundertmann war – nur, vom 19. Jahrhundert waren noch nicht einmal zehn Jahre abgelaufen!
„Der deutschen Kultur möchte ich begegnen", begrüßte er uns, „und Sie Herr Goethe, sind der Repräsentant der deutschen Wortkultur und Sie, Doktor, der Meister deutscher Skalpells und der heilenden Hände. - Gefällt es Ihnen hier, Monsieur Goethe?"
„Sehr gut", antwortete dieser, „und ich hoffe, dass Ihre Anwesenheit, Sire, auch unserem Land nützt."
„Ist Ihr Volk glücklich?", fragte Napoleon mich überraschend.
„In kriegerischen Zeiten", antwortete ich, „ist kein Volk glücklich."
Goethe deutete eine leichte Verbeugung an zum Zeichen, dass er sich zurückziehen möchte. Als er gegangen war, sagte Napoleon:

„Voilà, un homme! – seht her, ein Mensch!“

Dann kam ich an die Reihe. Napoleon schilderte mir, dass es ihm oft unwohl werde, dass er leicht Druck auf den Magen bekomme, verschwommen sehen und immer dann, wenn er müde sei, nicht einschlafen könne.
„Ich habe Großes vor“, sagte er, „und dafür möchte ich gesund bleiben. Ich möchte Sie, Docteur, dafür engagieren.“
„Geht‘s über den Kanal?“, fragte ich dreist.
Er schwieg und ich machte eine vage Diagnose:
„Sire, Sie essen zu scharf und zuviel, trinken ebenso, ruhen zu wenig, bewegen sich zu wenig, sollten nicht so oft an schöne Frauen denken, mehr vergnügliche Bücher lesen, im schönen Frankreich umherwandern und zu Hause ein Gärtchen pflegen. Ich bin sicher, dass Sie nach dem Umgraben von zehn Quadratmetern, dem Pflanzen und Roden von einem Zentner Kartoffeln und beim Schießen von einem Dutzend Hasen während einer Treibjagd ‚comment un putois peut dormir‘ - wie ein Ratz(Iltis) schlafen können.“
Minister Talleyrand wunderte sich, dass sein Herr und Meister diese Belehrung über sich ergehen ließ, ohne sich zu mucken.

Und die so genannte Hohe Politik? Trieb der Kaiser sie, bekam ich sie mit? Napoleon war nach Erfurt gekommen, um dem Zar Alexander wieder zu begegnen, und brachte ein Geschenk mit, das der preußische König ihm vermacht hatte: Preußens Neutralität im Fall eines Krieges Frankreich mit Österreich. Es war schon ziemlich kindischer Blödsinn, den Friedrich Wilhelm III. sich da leistete. Preußen stand hilflos abseits, als diese beiden großen Monarchen sich wie spielende Sandkastenkinder benahmen und sich auf Kosten anderer vertrugen. Als ich mich von

Napoleon mit der Zusage verabschiedete, ihm zu Diensten zu stehen, sagte er fröhlich und ganz ohne Bauchgrimmen: „Der Kaiser von Russland und ich sind zusammen in Erfurt gewesen. Wir sind uns völlig einig und im Krieg wie im Frieden unzertrennlich verbunden.“
„Fürstenwort – leichtes Wort!“
Ein Elsässer Unteroffizier namens Eugen Bitzenhofer fuhr mich nach Weißenfels zurück und sagte außer einigen Belanglosigkeiten:
„Ein Kaiser kratzt dem anderen kein Auge aus“ - Errare humanum est!

* * * * * *

Ich kann die Jahre bis Anfang 1812 leicht überbrücken, weil wenig geschah und Positives dazu, über das sich ja weniger sensationell berichten lässt als über Sensationen. Auch ganz und gar Privates wie meine Heirat mit Gräfin (verarmter Adel!) Agnes von Hohenstein soll hier nur gestreift werden. Ich habe meine junge Frau 1811 vier Monate allein gelassen, um mit dem Kutschwagen alle einigermaßen bekannten Militär- und Zivilärzte aufzusuchen und ihnen je eine Woche lang auf die Finger und in die Bücher zu schauen. Ich muss sagen, es tat sich allerhand auf dem Gebiet der Medizin, vor allem der Chirurgie. Aber diese Chirurgen! Warum mussten sie in Klamotten herumlaufen als wären sie Schlachtermeister?

Als die Kriegsgerüchte sich verdichteten und dennoch niemand wusste, wo Ares und Mars sich treffen würden, kehrte ich so schnell wie möglich nach Weißenfels zurück. Die Stadt hatte nun fast 5.000 Einwohner, besaß eine den Verhältnissen entsprechende Infrastruktur und lag nicht abseits der Wege, die Feldherren, Generäle, Marschälle und Fürsten zu nehmen pflegten, „wenn sie sich an die Köppe kriegten“. Das zweite Bataillon eines leichten Infanterie-Regiments bekam 1810 Weißenfels als Garnison angewiesen, und sein Kommandant, dessen Name ich vergessen habe, verkehrte gern in unserem Haus, wodurch wir mit politischen und militärischen Nachrichten gut versorgt wurden. Als ich im Herbst 1811 heimkehrte, begann gerade das Wetterleuchten eines drohenden Krieges – aber nicht im Nordwesten, sondern im Osten. Das muss ich ein wenig aus der Erinnerung erklären.

Am 20. März 1811 befand sich Paris außer Rand und Band. Ich besuchte soeben Dr. Dubois, um mich über des Kaisers Gesundheit zu informieren, als ein Adjutant hereinstürzte und berichtete, dass die Kaiserin in Wehen liege, es aber Komplikationen gebe.
„Doktor“, sagte der Adjutant, „der Kaiser lässt bestellen, dass das Leben der Mutter Vorrang vor dem des Kindes habe.“
Dr. Dubois eilte ans Wochenbett, alles verlief aber so glatt, dass die Hebamme Napoleon verkünden konnte:
„Hier bringe ich Ihnen, Majestät, den König von Rom.“
So war‘s abgesprochen und der junge Vater jubilierte:
„Nun bin ich auf dem Gipfel meines Glücks!“
Ich bemerkte zu Dubois, dass es von Gipfeln meistens nur noch bergab gehe, und er knurrte verhalten:
„So wird‘s sein, lieber sächsischer Doktor, warten wir‘s ab. - Übrigens“, fügte er hinzu, „wir können beisammen bleiben, wenn Sie wollen.“
„Ich hier bei Ihnen oder Sie bei mir?!
„Keins von beiden: beim nächsten Feldzug.“
„Nächster Feldzug?“
„Ja, gen Russland – ziehen Sie sich warm an.“
Und er erklärte mir Laien, dass die Freundschaft zwischen Zar und Kaiser einen Knacks bekommen habe, seit der Zar

sich nicht mehr an die so genannte Kontinentalsperre gegen Großbritannien halte. Ich hatte davon gehört, aber was kratzte das uns in Sachsen?
Immerhin so viel, dass mich Dr. Dubois und Louis Antoine Bourienne, Napoleons Diplomat und Politiker, zu Hause besuchten und ums Mitkommen baten: „Der Kaiser hat befohlen, ‚nicht ohne den Wilhelm Rohdich, sonst findet der Feldzug nicht statt'".
„Eine große Ehre für mich", ulkte ich, „dann sollte ich tatsächlich hierbleiben – aber Spaß beiseite, ich komme mit."

Aufbruch in ein fernes Land

Über die Ursachen des neuen Streits kann ich nur vom Hörensagen berichten. Bourienne hat mir viel erzählt:
„Das ist unerhört!", schrie der Kaiser, „was bildet der sich ein? Das kann Alexander nicht tun!"
„Sire", antwortete Bourienne, „die Nachricht ist echt, der Zar hat allen neutralen Schiffen die Einfuhrerlaubnis erteilt. Und er hat sein Land für alle französischen Waren sperren lassen. Ich schlage vor, das vorerst ruhig hinzunehmen und keinen Krieg anzufangen."
Das hätte er nicht sagen sollen.
„Schreiben Sie ihm", befahl Napoleon, „dass es von ‚Euer Majestät abhängt, ob Krieg oder Frieden sein soll'".
Und seinen herbeigerufenen und ruhmsüchtigen Generalen und Marschalls befahl er:
„Der Krieg gegen Russland kommt auf uns zu. Lassen Sie alle verfügbaren Soldaten ausheben."

* * * * * *

Innerhalb zweier Stunden war ich reisefertig und nahm Abschied.

„Und die Tränen fließen wie‘s Brünnlein auf der
Wie‘sen.“

„Auf, auf, ihr Reichsgenossen, der Kaiser kommt heran!
Empfanget unverdrossen den großen Wundermann.
Ihr Christen, geht herfür, lasst uns vor allen Dingen
ihm Hosianna singen mit heiligen Begier…
So lauft mit schnellen Schritten den Kaiser zu besehn,
derweil er kommt geritten stark, herrlich, sanft und schön.
Nun tretet all heran, den Heiland zu begrüßen,
der alles Kreuz versüßen und uns erlösen kann.“

Ja, an Liedern haben es die hohen Herren nie mangeln lassen, wenn‘s in den Krieg ging. Als ich in Begleitung meiner Besucher in deren Kutschwagen abging, befanden wir uns in guter Gesellschaft: Truppen und Zivilpersonen aus allen Teilen jener Welt, wo Napoleon das Sagen hatte, zogen gegen Osten, siegesgewiss, gierig auf Beute und Beförderungen, den etwaigen Tod nicht achtend. Auf dem ersten Rastplatz in Halle demonstrierten zwei französische Grenadiere ihre Schießkünste.

„Sie schießen noch“, sagte Dubois, „mit Gewehren, die schon damals im Siebenjährigen Krieg verwendet wurden. Mich wundert, dass unser Kaiser nie Wert darauf gelegt hat, modernere Schusswaffen von seinen im Technischen so versierten Landsleuten erfinden und herstellen zu lassen.“

Wir beobachteten nun: Der Soldat nahm eine aus Pulver und Bleikugel bestehende Papierpatrone an sich. Ein Ende biss er so kunstvoll ab, dass er die Kugel im Mund behielt, dann streute er etwas Pulver in die Zündpfanne und verschloss diese. Den Rest des Pulvers kippte er in den Gewehrlauf, spuckte die Kugel hinterher und rammte seinen

Ladestock in den Lauf hinein. Stolz schaute er sich um, denn ich hatte seine Zeit auf der Taschenuhr mitverfolgt: achtzig Sekunden!
„Die Soldaten des Alten preußischen Fritz", sagte Bouirenne, „sollen in der Minute zwei bis drei Schuss abgegeben haben - das ist wohl eine deutsche Übertreibung, nicht wahr?"

„Wohin fahren wir?", fragte ich unterwegs.
„Nach Dresden."
„Warum das?"
„Dort hält der Kaiser hof", antwortete Dubois, „und die Kaiserin auch, um den Wiener Kaiser und den Berliner König zu treffen. Alles soll wie ein gemütliches Picknick unter Monarchen aussehen, um den Zaren zu täuschen. Noch ist nichts endgültig entschieden."
„Und wohin, meine Herren, soll es gehen?"
„Nach Moskau natürlich, wohin sonst!"
„Und was wollen wir in Moskau?", ließ ich nicht locker zu fragen.
„Nun, was schon: Dem Zaren einen Frieden diktieren."
„Aber der sitzt doch mit seiner ganzen Bagage in St. Petersburg."
Jetzt hatte ich die beiden Möchtegernhelden dort, wo ich sie haben wollte.
„Die Stadt an der Moskwa ist weiter entfernt als die Stadt an der Newa", erklärte ich, „und die Wege und Straßen durchs Baltenland sind besser und weniger gefahrvoll als die nach Moskau."
„Das tragen Sie mal dem Kaiser vor", sagten sie unisono.
„Das werde ich auch tun, meine Herren."

Als wir in Dresden angekommen waren, ich mich gerade eingerichtet und feingemacht hatte, ließ der Kaiser bitten, „mit Ihrem Arztkoffer bitte", und ich wurde durchs

Schloss zu ihm geleitet. Nicht nur notorisch neugierige Höflinge, nein, sondern auch gestandene Altherrengenerale und ihre holde Weiblichkeit nebst allerlei Prinzen und Prinzessinnen beäugten mich wie einen Delinquenten, dem auf dem Weg zum Richtplatz eine schwarze Katze übern Weg gelaufen ist und der „Das kann ja heute noch heiter werden“ gesagt haben soll.

Napoleons Empfang war herzlich und er lachte, als ich sagte:

„Jede Reisekutsche wird vor der Abreise gepflegt, wie wir Deutsche sagen, ‚Prendre soin des voitures de voyage‘, wie die Franzosen sagen, und da sollten wir selbst nicht zurückstehen, Majestät. Drückt irgendwo der Schuh? - La chaussure pousse-t-elle quelque part?“

„C‘est ce que vous, docteur, devez découvrir – das sollen Sie, Doktor, herausfinden.“

„Dann frisch ans Werk, Herr Patient!“

Während ich den Kaiser untersuchte, ließ er seinen Finanzminister Graf Mollien kommen, der nur lamentieren konnte:

„Ein neuer Krieg, Sire, wird Frankreich in die größten Schwierigkeiten bringen. Woher soll ich das Geld für Kanonen und 500.000 Mann nehmen?“

„Besorgen Sie es, wofür sind Sie Finanzminister! - Oh, Herr Doktor, was machen Sie mit meinen Füßen?“

Ich hatte Napoleon Stiefel und Strümpfe ausgezogen, um an seinen Füßen den Puls zu messen.

„Das macht man heute so“, verteidigte ich mich, „mein Vater hat herausgefunden, dass man so den Puls, also den Herzschlag, am besten fühlen kann.“

Auf meine Bitte ließ er einen Kammerdiener kommen, der ihm mit gekonnten Bewegungen den Oberkörper frei machte. Da schickte er alle Minister und Ratgeber aus dem Zimmer.

„Diese Kreaturen“, sagte er, „müssen doch nicht mit ansehen, wie ihr Kaiser entblättert wird.“
„Ja“, fügte ich hinzu, „aber das hat auch seine Vorteile, denn einem nackten Kaiser kann man nicht in die Taschen greifen.“
„Sie, Docteur“, rief Napoleon lachend, „scheinen mir ein arger Schelm zu sein!“
„Ich stelle fest, Majestät“, sagte ich, nachdem ich ihn gewogen hatte, „dass Sie zehn deutsche Pfund abgenommen haben.“
„Wieder ein Pluspunkt für Sie“, antwortete er, als er sich vom Kammerdiener wieder anziehen ließ, „dass Sie es gemerkt haben. Mein Koch und Ihro Majestät die Kaiserin haben mir jeden Likör entzogen und kochen für mich gemeinsam jene leichteren Speisen, die Sie, lieber Doktor, mir empfohlen haben. Ich habe angeordnet, dass ich alle Zutaten auf meinen künftigen Feldzügen dabei habe.“
„Feldzüge?“, tat ich überrascht, „ist Frankreich nicht saturiert?“
Napoleon zog mich am Ärmel in ein Nebenzimmer, wo Caulaincourt, Talleyrand, Graf Segur, Murat, Berthier, Ney und Oudinot seiner harrten und zu murren begannen, „weil der Kaiser diesem deutschen Quacksalber soviel Zeit widmet“. Es kam noch dicker:
„Sehen Sie sich diese Wandkarte Osteuropas bis zum Ural an, Docteur“, sagte Napoleon im Ton eines Schulmeisters, „und sagen Sie mir, wie Sie an meiner Stelle, – Haha-Gelächter - , Russland angreifen würden.“
Jetzt galt es!

Ich habe vorher, - erinnern wir uns -, schon dargelegt, dass ich statt Moskau St. Petersburg angreifen würde, um das ganze Hofgesindel zu Paaren zu jagen. Das tat ich in ähnlichen Formulierungen auch jetzt und sah, dass die meisten der genannten Herren mir zustimmten. Napoleons Ge-

sicht machte freilich eine Metamorphose mit: Vom einziehenden Groll, dann sich legenden Ärger bis hin zum strahlenden Lächeln:
„Wer hat schon einen solch schlauen Leibarzt, meine Herren!"
Erst lange nach 1815 erfuhr ich, dass Napoleon insgeheim vorgehabt hatte, nach der Niederwerfung Russlands „England in Indien anzugreifen".

„La vanité arrive avant la chute – Hochmut kommt vor dem Fall!"

* * * * * *

Vor Napoleons Hochmut rangierten noch sein Großmut und Edelmut.
„Ich bin doch", erklärte er mir, „ein waschechter Korse mit all seinen Nach- und Vorteilen. Helfen Sie mir, Doktor, dass meine Vorteile die Nachteile ausgleichen."
Nun, dazu kam schnurstracks die Gelegenheit, als Napoleon „des guten Wetters wegen" eine seiner morgendlichen Audienzen im Freien abhielt. Er ließ mich jetzt an vielen Tagungen, Besprechungen und Konferenzen teilnehmen, „damit Sie mich kennenlernen sollen. Sollte mein Temperament mich zu Ungerechtigkeiten hinreißen, ein Blick von Ihnen und ich werde einlenken."
„Das ist zuviel Gnade für mich", sagte ich, bescheiden wie ich war.
„Suum cuique", schnarrte er; das ist lateinisch und heißt „Jedem das Seine".

Und schon, wie das Schicksal zu spielen pflegt, schlug es zu. Hundert Schritt entfernt, dort wo die Soldaten biwakierten und schon die ersten Posten hin und hermarschierten, ertönte empörtes, typisch norddeutsches Geschrei und plattdeutsches Gezeter. Die folgenden Dialoge gebe ich

komplett in hochdeutsch wieder, weil es besser lesbar ist und von fast allen Anwesenden von halbundhalb bis komplett verstanden wurde.
„Zum Kaiser, zum Kaiser!“, schrie ein Mann, den die Wachen bereits am Wickel hatten, „ich will zum Kaiser – Gerechtigkeit will ich!“
Da fühlte sich Napoleon angesprochen, er erhob sich, schaute sich um und gab den beiden Wächtern ein Handzeichen, den Verhafteten vorzuführen.

Das nun folgende Hin- und Hergerede werde ich nicht wiedergeben. Es ging nach der Schilderung dieses Holsteiner Bauern darum, „dass Ihre Soldaten, Majestät, mir meine zwei einzigen Ackerpferde vom Feld her weggenommen haben. Womit soll ich jetzt, Herr Kaiser, den Acker bestellen, damit Ihre Soldaten was zu Essen kriegen?“
Alle Achtung für diesen Landmann, der einen ausländischen Kaiser zu nehmen wusste! Napoleon schaute mich an, ich machte das verabredete Zeichen, nämlich eine Faust mit Daumen nach oben, und der Bittsteller sollte abgefertigt werden – da stürmte aus dem Soldatenpulk ein mickeriges Kerlchen heran und rief:
„Majestät, wenn Sie mich mit nach Russland nehmen“, - er hustete zum Gotterbarmen -, „bin ich schon halbwegs mausetot, und wenn Sie mich mit diesem Bauern da gehen lassen, werden meine Tuberkeln in der frischen Meeresluft dort krepieren wie Läuse unter unseren Händen!“
Ein Seitenblick des Kaisers zu mir, diesmal mein unauffälliges Nicken – und ein Soldat weniger wird nach Russland gehen. Völlig kaiserlich, das hieß unbürokratisch, erhielten die beiden Reisenden ihre Passierscheine, je hundert Francs und zwei prächtige Ackergäule mit Sätteln darauf. Ein Soldatenhund mit offenbar sicherem Instinkt schloss

sich ihnen an – „auf Wiedersehen, Tschüss, Au revoir, Addio und mille merci!“

„Solche Vorkommnisse“, sagte ich Napoleon, „die später einmal Anekdoten genannt werden, pflegen das Ansehen von Herrschern auf Dauer mehr zu heben als mancher Sieg.“

„Sie sind manchmal ein kaum zu ertragender Ratgeber, Docteur, aber nur weiter so!“

Nach dem Feldzug erfuhr ich, dass seine Soldaten allein aus dem Raum Holstein und Schleswig über 15.000 Pferde aus Äckern und Grasweiden und Ställen weggeklaut hatten – noch zwei Generationen Bauersleute später fürchtete man „dort oben“ Franzosen mehr als Tataren.

* * * * * *

„Que les nombres parlent – Lasst Zahlen sprechen!“

Das soll jetzt geschehen. Aus einer Aufstellung des Hauptzahlmeisters der „Russland-Armee“ kann ich hier aus zweiter Hand Zahlen nennen. Es hatten zu stellen: Frankreich 250.000 Mann, Bayern 30.000, Westfalen 28.000, Sachsen 26.000, Württemberg 15.000, Baden 7.000, Hessen 7.000, Berg 5.000, Würzburg 3.000 und kleinere Fürstentümer wie Anhalt je 2.000. Ausländer wie Polen 70.000, Österreicher 34.000, Preußen 20.000, Italien 20.000, Illyrer 3.000, Dalmatiner 2.000, Dänemark 10.000, Spanien 8.000 und Kroaten 4.000 Mann.

Ich schluckte und überlegte, wie und wo Kritik anzubringen sei? Doch ich schwieg, als der Kaiser mir anvertraute, was er der Öffentlichkeit demnächst, vorm Abmarsch mitzuteilen gedachte:

„Seit meiner Heirat glaubt man, der Löwe schläft. Nun habe ich Europa seine Soldaten abgetrotzt. Ich mache aus allen Völkern ein Volk und ein einziges Gesetz, eine einzige politische Einheit für alle unterschiedlichen Völker – eine Lösung, die mir ausnehmend gut gefällt."

Des Kaisers Kriegsverwaltung sah für mich folgendes vor: Eine eigene Kutsche inklusive Fahrer und Leibdiener, zwei Pferde dazu, wenn möglich Mittagstisch beim Kaiser, tägliche unauffällige Diagnosen der kaiserlichen Gesundheit, Übernachtung wenn möglich im kaiserlichen Zelt oder in beschlagnahmten Wohnungen und Häusern, monatliches Salär 100 Francs, alle Medikamente und medizinisches Werkzeug „und vor allem, da lege ich Wert drauf, gutes Einvernehmen mit meinen anderen Ärzten und kein Konkurrenzdenken". In der Theorie nicht schlecht, die Praxis würde wohl anders aussehen. Kurz bevor es am 22. Juni 1812 losging, konnte ich noch ein paar Briefe nach Weißenfels abgehen lassen. Allgemein waren alle Teilnehmer „der größten Armee aller Zeiten" der Ansicht, sofern nicht gefallen oder kriegsgefangen, Weihnachten wieder daheim im Kreis der Lieben oder auch weniger lieben Familienmitglieder feiern zu können.

Wenn ich mich im Sammellager mit den vielen „Ausländern" dieser Expedition unterhielt, besonders mit „Deutschen" aus Preußen, Westfalen und Bayern, wurde mir angst und bange. Klar, dass viele nur mitmachten, weil sie zu Hause arbeitslos und rüden Fürsten untertan waren. Die Verhältnisse in Russland kannte niemand, aber ein Unteroffizier aus dem Memelland war klug und weise:
„Wenn wir bis zum Beginn des Winters bis hierher nicht zurück sind, fasst uns der weiße Tod im Nacken. Französische und russische Winter gleichen sich wie süß und sauer."
Ein Ackerknecht aus Hessen, der sich nicht nach Amerika hatte verkaufen lassen, sagte den Hunderttausenden von Pferden einen Massentod voraus, wenn sie im kommenden

Winter entweder nicht in Moskau bleiben können oder es auf dem Rückweg bis Preußen nicht mehr schaffen."
„Wenn Not am Mann ist", sagte ein Rheinländer, „können wir sie ja aufessen."
„Avremo", zeterten die Italiener, „sempre i nostri maccheroni e il nostro chianti? - Werden wir immer unsere Maccaroni und unseren Chianti haben?"
Niemand wusste eine Antwort.

* * * * * *

Wenn ich so durch das riesiger Lager schlenderte, weideten sich meine Augen an einer überwältigenden Pracht. Eine Pracht, so meinte und glaubte man, vor der die russischen Soldaten, Kalmücken wie Kosaken, Tataren und Usbeken ehrfürchtig verharren und das Schießen und Stechen vergessen würden. Uniformen in rot, blau, grün, weiß und gelb leuchteten in der Frühlingssonne, Helme blitzten und prächtiges Leder knarrte. Natürlich hatte Napoleon in seiner korsischen Pingeligkeit die Kommandostruktur haarklein festgelegt – natürlich war er Oberbefehlshaber! Auch einen Chef des Genrealstabs gab es schon: Marschall Berthier. Murat befehligte die Reiterei. Dazu kamen Davoust, Oudinot, Ney und die Anführer der beteiligten Nationen.

Wenn ich mir alle „diese Knaben" einzeln oder auch beisammen stehend betrachtete, vor allem Napoleons Verwandtschaft, dann wurde mir folgendes rätselhaft: Sie waren durchwegs von armen Schluckern zu hohen Stellungen aufgestiegen, weil ihr Leitstern Napoleon ein Familienmann war und er es nicht ausstehen konnte, dass sie arme Schlucker blieben. Sie hatten alle das gesetzte Mittelalter erreicht, in fetten Feldzügen fette Beute gemacht, Haus, Kind und Kegel zu Hause und konnten ab 1812 nur verlieren, kaum noch etwas gewinnen.

Ich saß eines Abends mit ihnen zusammen, weil sie einiges über Napoleons Gesundheit wissen wollten und fragte sie ganz dreist:
„Was ficht Sie an, Ihren Reichtum jetzt zu riskieren und ihre luxuriösen Wohnungen und Schlösser mit kargen Biwaks zu vertauschen?“
„Der Befehl.“
„Mitgegangen – mitgefangen.“
„Mal weg von aufdringlichen Mätressen.“
„Russische Mädchen sollen hinreißend liebesfähig sein.“
„In Moskau Beute machen und dann ab nach Hause.“
Das waren nun wirklich hochgeschichtliche Antworten!

Und ihre Untergebenen, die wirklich echten armen Schlucker? Ich erinnere mich, dass es damals noch immer hieß, im Preußen der beiden Soldatenkönige sei das Soldatenleben ein grausames gewesen, voller Gewalt und Erniedrigung – jeder Korporal hier im Lager hat Friedrich Wilhelm I. und seinen Sohn übertroffen. Ich unterhielt mich selbstverständlich auch mit den niedrigen Rängen um erstens ihren Gesundheitszustand beurteilen zu können und zweitens ihre Stimmung zu erkunden. Die meisten waren per Gesetz rekrutiert worden, einige, wie Caspar Meierhoff, aus Abenteuerlust und Geldgier freiwillig eingetreten. Er berichtete:
„Gleich war ich da und namentlich erfasst, da wurde ich eingekleidet und bewaffnet. Die französischen Korporale sind ekelhafte Schinder, aber es gab gut zu essen und zu trinken und nachts konnte ich ruhiger schlafen als zu Hause bei elf Geschwistern.“

Essen und trinken? „Zwieback, Reis, Trockengemüse, Dörrfleisch, Schmalz, Weinbrand und Wein. Frischfleisch hier ja, weil uns die Bevölkerung gegen Bares belieferte und mancher Jagdherr und Oberförster seine Hirsche, Rehe und Wildschweine schoss, um Knete (Geld) zu machen.

So ein Hirschrücken am Spieß gebraten – da konnte man schon singen ‚Lustig ist das Soldatenleben faria faria hoh'!"
Napoleon hatte schon seit einem Jahr überall Vorräte eingekauft und Magazine angelegt. Als er es in Polen tat und nahe an die russische Grenze heran, dachte sich gewiss der Zar seinen Teil der kommenden Geschichte. Ich möchte am Schluss meiner „Allgemeinen Betrachtungen Napoleons und seiner Zeit" noch über ein Phänomen berichten, das ihn persönlich betrifft und von einem preußischen Grenadier so beurteilt wurde:
„Ich habe mir sagen lassen, dass es keine wesentlichen unterschiedlichen Gehirngrößen beim Menschen geben soll. Auch der Spruch, den unsereins beim Militär zu hören kriegt, nämlich ‚überlassen Sie das Denken den Pferden, die haben ein größeres Gehirn als Sie', soll richtiger Kappes sein. Und wenn ich an unseren Kapitän (Hauptmann) denke, dessen Kopf einem Hundert-Pfund-Kürbis gleicht und der blödsinniger ist als mein blöder Bruder, und gleichzeitig Napoleons Köppken vor mir sehe, dann meine ich, er hat nichts anderes drin als Gehirnmasse. Er scheint alles zu wissen: Wer welches Regiment befehligt, wie weit welche Kanone schießt, wann man eine Handgranate werfen soll, wem die und die Burg gehört, wie man sie knacken kann und wann man einen Befehlsverweigerer erschießen oder doch begnadigen sollte."

In einem fernen Land

Ich hatte das Gefühl, als ich am 26. Mai mit dem Kaiser im Dresdener Schloss bei Kaffee und Kuchen dinierte und die Postkutsche in den Schlosshof donnerte, dass Napoleon brennende Kohle unterm Hintern habe. Aber vielleicht war es auch sein juckender Popo, der ihn hin und herrutschen ließ.
„Comte Louis de Narbonne ist zurück!"

Napoleon schlang einen Happen unzerkaut in den Magen, sprang auf und „ließ bitten". Der atemlose, direkt vom Zaren kommende Narbonne berichtete zuerst die Abschiedsworte des Zaren:
„Sagen Sie Ihrem Kaiser, dass ich nicht der Aggressor sein werde."
Und dann noch: „Der Zar wird niemals einen Friedensvertrag unterzeichnen, der auf russischen Territorium diktiert wurde."
„Das ist deutlich genug", knurrte Napoleon verdrossen.
Stets wenn's nicht nach seinen Vortsellungen lief, wurde er verdrossen, rannte er planlos im Raum umher und steckte eine Hand in die Weste. Wie konnte meine beste Gastritis-Behandlung Erfolg haben, wenn er selbst die Ursachen förderte?

Er fürchtete einen Krieg mit Russland nicht und verwies auf seine früheren Siege. Aber was ihn aufbrachte, war die Verschleppungstaktik des Zaren.
„Jetzt haben wir Ende Mai", grollte er, „am 15. wollte ich aufbrechen lassen, jetzt wird es Juni werden, so dass wir uns beeilen müssen, vor dem Winter den Frieden von Moskau diktieren zu können."
„Und wenn wir einfach losmarschieren?", fragte ich.
„Das wäre", antwortete Napoleon, „historisch höchst ungeschickt. Soll ich als Aggressor in die Geschichte eingehen!"
Ehe er mich und seine anderen Besucher entließ, gab er noch ein paar Sätze zum Besten, die es in sich hatten:
Der erste Satz lautete:
„Ich spüre den Sog zum Angriff und sollte der Zar weiterhin meine Vorschläge ablehnen, werde ich den Njemen überschreiten."
Der zweite Satz lautete:
„Ein vernichtender Schlag ins Herz des Reiches, ins große Moskau, ins heilige Moskau, wird ausreichen, mir diese

ganze blinde und hilflose Masse auszuliefern. Barbarische Völker sind abergläubisch und einfältig."

Wo immer Napoleon öffentlich auftrat, erklang aus Tausenden Kehlen „Vive l'Empereur, Heil dem Kaiser, Gott mit ihm, auf nach Moskau, Dio con lui, Dieu avec lui, Salut à l'Empereur und Salve all'imperatore!" Immer noch bannte er das Volk und gab ihm das Gefühl, direkt an seinen Siegen und Erfolgen teilzuhaben. Am 9. Mai ging der Kaiser von Dresden aus „zur Großen Armee ab". Am 22. Mai überschritten seine ersten Regimenter auf Schiffsbrücken den Njemen. Der auf deutsch Memel heißt und schon einmal Schauplatz eines Zweikaisertreffens war…

Große Worte in wenigen Sätzen. Hier ein Auszug des Tagesbefehls Napoleons vom 22. Juni 1812 an seine Soldaten:
„Soldaten! Der zweite polnische Krieg hat begonnen. Russlands Schicksal muss in Erfüllung gehen. Marschieren wir also! Gehen wir über den Njemen und tragen wir den Krieg auf russischen Boden, der Friede, den wir schließen werden, wird dem verhängnisvollen Einfluss, den Russland seit fünfzig Jahren auf die Angelegenheiten Europas ausgeübt hat, ein Ende machen!"
Soviel ich jetzt umherschaute, die Ohren offen hielt und das schon seit fünfzehn Jahren getan hatte: Einen verhängnisvollen Einfluss Russlands auf Europa konnte ich nicht feststellen.

Welche Kleidungsstücke hatte ich von zu Hause mitgenommen? In der Ahnung, dass ich einen Winter in Russland erleben könnte, hatten meine Frau und meine Mutter daran gedacht, mich winterfest auszurüsten: Mir feste und gepolsterte echt Weißenfelser Lederschuhe und -stiefel eingepackt, dazu eine windfeste Steppjacke mit Innenleder, Handschuhe in dünner und dicker Ausführung, gepolstert oder auch nicht, handgestrickte wollene Unterwäsche und eine Pelzmütze mit Ohrenklappen und natürlich Schafwollstrümpfe bis über die Knie. Das alles fuhr nun in meiner Kutsche gegen Osten. Ich greife vor und behaupte jetzt schon, mir damit das Leben gerettet zu haben.

Natürlich fragte mich der Kaiser in einer seiner launigen Stunden einmal:

„Na, wo haben Sie denn Ihren weißen Kittel und das rote Kreuz gelassen?"

„Na", äffte ich seinen Ton nach, „die ruhen im Koffer und kommen mit. Aber ich bin der Meinung, dass ich sie nicht tragen sollte, solange die Kämpfe andauern, Majestät. Zu leicht könnte mich ein Kosak für einen Eisbären halten."

Gelächter des Kaisers, das seine Höflinge nachäfften.

„Aber wenn alles ruhig geworden ist", fuhr ich fort, „werde ich so als Arzt kenntlich auftreten. Auch unsere Soldaten werden sich ja an meinen Anblick gewöhnen müssen."

„Sehr gut", sagte der Kaiser, „ich werde meine Schreiber anweisen, das gehörig bekannt zu machen."

„Ich bitte noch darum", fragte ich abschließend, „dass ich, wenn Zeit ist und Sie, Sire, meiner nicht bedürfen, auch in der Versorgung Verwundeter, sowohl eigener wie auch russischer, tätig sein darf."

„Genehmigt, oh Docteur, wir wollen hier ja auch Zeichen der Caritas setzen und uns als Musterknaben der Humanität profilieren."

* * * * * *

Ich möchte mit meinem „eigenfüßigen" Einmarsch in Russland nicht mit dem beginnenden Elend von uns Zweibeinern beginnen, sondern mit den vielen und vollkommen unschuldigen Vierbeinern, auf deren Rücken sich, - wie es damals schon hieß -, „das Glück dieser Erde" befinden sollte. Ich ritt die ersten Tage auf Wallach„Herkules“ in Polen mit, weil der Kaiser mich neben seiner Kutsche zu sehen und zu konsultieren wünschte. Pferde, man weiß das ja schon, gehörten zu meinen Lieblingstieren. Sie also jetzt vorab in meinen Erlebnisberichten, die später auch in England, Frankreich und Russland nachgedruckt wurden.

Ich habe schon anklingen lassen, dass Napoleon die meisten Pferde, außer seinen Kavalleriepferden, quer und längs durch Europa hat stehlen und rauben lassen: Nachts heimlich von den Weiden, tags ganz offen gewaltsam aus Ställen und Schuppen, den Landwirten aus den Händen, vor Pflug und Egge weg, sonntags den Kirchgängern von der Kutsche abgespannt und auch ganz offen aus Tattersalls und Gestüten.

„Du haben gute Pferde?“, fragte der Franzose.

„Sehr gute, ja. Sie wollen kaufen?“

„Ja, kaufen, erst zeigen in Stall oder auf Wiese.“

Der Gestütsbesitzer in Westfalen war arglos, zeigte den ganzen Bestand und bekam dann den Gewehrkolben so übergebraten, dass er eine Stunde lang dahindämmerte. Als er zu sich kam, war er ein Pferdebesitzer ohne Pferde! So wechselten allein in deutschen Staaten 100.000 Pferde ihren Besitzer.

Von diesen Tieren sah ich jetzt Tausende von vorn oder hinten, links und rechts meiner Kutsche. Eine Staubwolke hing in der Luft und zeigte auch den etwas entfernter lebenden Menschen, meist Polen, dass der Krieg begonnen hatte. Eine damalige Armee, wollte sie schlagkräftig und jedem Gegner überlegen sein, konnte ohne eine starke Kavallerie nicht auskommen. 347 Eskadrons oder Schwadronen waren von Anfang an dabei, was allein schon 40.000 Pferde ausmachte. Hinzu kamen diejenigen, welche den notwendigen Fuhrpark zu ziehen hatten, das waren nicht hundert, sondern über tausend Wgen. Über 900

Kanonen, viele davon vierspännig, mussten bewegt werden.

Der Hinmarsch, über den ich hier berichten will, - der Rückmarsch kommt zu seiner Zeit auch an die Reihe -, verlief solange planmäßig, bis ein schweres Gewitter aufzog und der dazugehörige stundenlange Platzregen die Staubstraßen Litauens zu Schlammstraßen umformte.
„Pferde und Mannschaften", lautete ein Befehl des Kaisers, „haben sich aus dem eroberten Land zu ernähren."
Das war gut reden, wenn eine aufgeschreckte Bevölkerung alles ess-, trink- und fütterbare beiseite geschafft oder vernichtet hatte! Ich verstand genug von der Landwirtschaft, um zu wissen, dass Pferde nicht zuviel frisches Grünzeug wie Klee und halbreifes Getreide fressen dürfen. Das wussten auch die Pferdeknechte und doch ließen sie es zu.
Leutnant Christian von Martens erzählte mir folgendes:
„Es standen hier beim Übergang auch 100.000 Pferde bereit und diesen fehlte schon am ersten Tag das Futter. Die Reiter schwärmten mit Sicheln und Sensen aus, um grünes Futter heranzuschaffen, das mit Stroh vermengt verfüttert wurde – Stroh, das uns dann nachts auf der Liegestatt fehlte!"
Schon vor Witebsk hat die Garde derart 8.000 wertvolle ausgebildete Pferde verloren, die auch durch den Nachschub nicht ersetzt werden konnten.

Wir folgen den Pferden bis zur ersten Katastrophe vor Smolensk. Wo eine Schlacht stattfand. Ein Artillerieoffizier, dem ja viele Zugpferde unterstanden, berichtete mir, als er erfuhr, dass ich ein Tagebuch führte:
„Übermäßige Anstrengung, nasses Grünfutter, unreifes Korn, schmieriges Dachstroh der Katen und Hütten, Tierkrankheiten aller Art führten zu Verstopfungen der Pferde, die ja bekanntlich die Köpfe hängen lassen, wenn's ihnen nicht gut geht. Die Pferdeburschen gingen mit ganzer

Länge ihrer Arme hinten ins Gedärm der Tiere hinein, um sie vom angestauten Kot zu befreien.“
Über diese armen Pferde schrieb ich nach Hause:
„In Löchern und Gräben liegen sie mit brechenden Augen und versuchen noch einmal, in die Höhe zu kommen. Ohne jegliches Gefühl fahren die Kutscher und Pferdelenker mit ihren Geschützen und Trainwagen über sie hinweg, dass man die Knochen brechen hört, die Eingeweide herausquellen und letzte Todesschreie übers Feld schallen.“
Ich war dabei, als Marschall Mortier beim Kaiser vorstellig wurde:
„Sire, durch die vielen Regengüsse und durch das grüne Korn, das einzige Futter zur Zeit, sind 10.000 umgekommen. Ihre Leichen liegen reihenweise an der Landstraße und verbreiten, in Fäulnis übergehend, einen unerträglichen Gestank.“
„Ich weiß das, Marschall“, antwortete der Kaiser ihn rügend, „ich sehe das ja auch. Sehen Sie zu, dass wir ins Landesinnere vorwärtskommen, wo sich die Situation bessern wird.“

* * * * * *

1812 gab es im europäischen Russland einen der trockensten Sommer, so dass ein wettervertrauter Altkosake, den man aufgriff, uns alle warnte, „es wird ein Winter folgen, wo die Krähen tot vom Himmel fallen und die Wölfe zu Kannibalen werden“.
Zwischen Kowno und Wilna gingen über 1.000 Pferde zugrunde, zwischen Wilna und Witebsk noch einmal 8.000, wenig später waren es bereits 20.000. Und die russischen Kavalleriepferde und jene der streifenden Kosaken? Das waren flinke, äußerst gesunde Tiere, ans Klima gewöhnt und alles fressend, was sie kauen konnten. Diese Kosaken: Sie waren gar keine kämpfende Truppe, nur Wegelagerer,

Plünderer und Straßenräuber, die abseits der Marschwege französische Fouragiere überfielen und ihnen ihre Spieße in den Rücken bohrten.

Der Verursacher all dieses Elends war selbst ein guter ausdauernder Reiter und hat auch für diesen Feldzug seine namentlich bekannten Reitpferde mitgenommen. Beim Überqueren der Memel machte Napoleon einen strammen Fünf-Kilometer-Ritt auf „Friedland“, beim Einzug in Kowno auf „Moskau“ war er fünf Stunden ununterbrochen im Sattel und den ersten Blick auf die Stadt genoss er auf „Emir“. Nach dem Brand ritt er vornehmlich „Taurus“. (Napoleons berühmter Schimmelhengst „Marengo“ war erst bei Waterloo dabei). Es zeigte sich jetzt den Mittel- und Westeuropäern, dass die hier einheimischen Pferde noch mopsfidel arbeiten konnten, als die fremden, wie dargestellt, längst „erledigt“ waren. Das Panje- und Kosakenpferd aß alles, wenn es sein musste: Papier, Stofffetzen, Taschentücher, jedes Laub aus den Wäldern, Tannen- und Kiefernzweige, saures Gras aus den Mooren, das nasse Moos dazu, Reed oder Riet der Strohdächer. So kam es, dass bis zum Einzug in Moskau mehr Armeepferde eingegangen als im Kampf gefallen waren.

Ich sah bei einer Rekognoszierung, wie diese Kosaken mit ihren Pferden eine Einheit bildeten. Dreißig Reiter wollten uns zwanzig Mann angreifen, als wir in einem Garten nach Essbarem fahndeten. Sie hielten uns wohl für angreifbar, aber eine Salve von zwanzig Musketen warf zehn von ihnen vom Rücken der Pferde hinab und die nicht getroffenen wendeten wie ein Rennpferd in Paris, ohne dass wir je ein Kommando gehört hätten. Ein paar unserer Soldaten hatten absichtlich auf die Pferde gehalten und sie schwer verwundet. Nun stürzten sie vor, um Gnadenschüsse abzugeben und riefen Halli und Hallo:
„Prima Nacht- und Abendessen für uns!“

So kamen diese italienischen und spanischen Infanteristen auf die Idee, in Zukunft, immer wenn die Lage es erlaubte, sich wie unerfahrene Neulinge abseits der Wege scheinbar auf Futtersuche zu begeben – es dauerte einen Monat, bis die Kosaken den Trick begriffen, es nur auf ihre Pferde abgesehen zu haben. Doch zwanzig Meilen weiter ostwärts wussten die Kosaken nichts davon…

Ich greife jetzt zeitlich vor und schildere unseren Aufenthalt im eroberten Smolensk. Hier bedurfte die Grande Armee, vom Trosslehrling über alle Offiziere bis zu den Marschällen und ihrem obersten Befehlshaber dringend der Ruhe. Die Russen hatten zwar doch nicht versäumt, die Stadt und ihre Vorräte anzuzünden, aber in ihrer Eile nicht umfassend genug, so dass Zwei- wie Vierbeiner, unter ihnen auch Hunde, im Vollen schwelgen konnten. Berthier, der Generalstabschef, drängte bei Napoleon auf zwei Entscheidungen: Entweder sofortiger Weitermarsch auf Moskau oder, nach einer Rast von einer Woche, Rückmarsch nach Litauen, Polen und Preußen.

Napoleon lag vor mir auf dem Feldbett, ich horchte ihn ab, knetete seinen Bauch, bis er an einer Stelle zusammenzuckte und fragte:
„Y a-t-il une tumeur à cet endroit – Sitzt dort ein Tumor, Doktor?"
„Non, probablement pas – nein, wohl nicht. C'est une infection à l'estomac - es ist eine Magenentzündung."
Es erfreute ihn, als ich verkündete, ihm ein Mittel dagegen geben zu können. Denn mit meinem Adlatus war ich, unter Bedeckung natürlich, in russischen Forsten und Wäldern auf der Suche nach Heilkräutern gewesen und fündig geworden. Ich zähle hier die vier wichtigsten auf, die wir auf einem Streifzug gefunden haben: „Andorn", (*Marrubium vulgare*), „Anis", (*Pimpinella anisum*), „Hauhechel", (*Ononis spinosa*) und „Kümmel", (*Carum carvi*). Sie alle,

auch die Wurzeln, wurden getrocknet, im Mörser zerstoßen und das feine Pulver kam in kleine Glasröhren, die ich in meinem Homöopathie-Koffer „frei nach Samuel Hahnemann in der Kutsche aufbewahrte. Der Tee wurde wie üblich kochendheiß aufgegossen. Weil der Kaiser sich weigerte, das „bittere Zeugs“ zu trinken, setzte ich das Pulver mit etwas Honig und verdünntem Alkohol an – siehe da, er trank, genoss und „fühlte sich wohl wie eine Hausmaus in der Räucherkammer“.

Der Kaiser entwickelte hier in Russland zwei Essgewohnheiten: das Siegesessen und den Niederlagenfraß. Was er als Sieg ansah, wissen wir; aber eine Niederlage? Kannte er doch gar nicht! Aber eine Schlacht, die wegen „Feigheit des Feindes“ nicht stattgefunden hatte, betrachtete er als eine persönliche Niederlage. Also: Ein Siegesessen zog sich über zwei Stunden hin, es wurde schwadroniert, dass die Suppe aus den Mündern lief und das Pariser Schnitzel happenweise zwei Minuten lang durchgekaut wurde; ich habe solches Gebaren „Lust- und Laune-Essen“ genannt. Nach der geschilderten Niederlage ließ der Oberste Stratege seine „Bohnensuppe mit Fränkforter Würstchen“ kalt werden und erst einmal vom Berner Sennhund „Solferino“ vorkosten, ehe er sie wieder aufwärmen ließ und in Nullkommanix sozusagen inhalierte. (Ich glaube, selbst Hippokrates hätte ihn nicht von solchen Unsitten kurieren können).

* * * * * *

Kehren wir dorthin zurück, wo wir mit „den Pferden“ stehengeblieben waren. Natürlich litten alle Lebewesen mit ihnen. Im Juli war die Hitze „schlimmer“, murrten die italischen Soldaten, „als in den Pontinischen Sümpfen und wir verwetten unsere Wochenrationen, wenn nicht bald die ersten Fälle von ‚Mal aria‘ auftreten.“

„Ein Vormarsch ohne Feind“, knurrten die Kroaten, „mag ja lebensrettend sein, aber Dreinschlagen ist auf dem Balkan unser Täglichbrot.“
„Wenn der Feind nicht kämpfen will“, klagte Berthier vor Napoleon, „dann lassen Sie uns, Sire, nach St. Petersburg abschwenken. Im Baltenland und an der Ostsee ist das Klima, das uns hier noch in die Knie zwingen wird, angenehmer und zu fressen gibt‘s dort auch mehr.“
„Sie wiederholen sich, Marschall!“, bellte der Kaiser und Solferino bellte mit.

„Wer in Feindesland vormarschiert“, belehrte mich Marschall Junot und er meinte den Kaiser, „bekommt hier in Russland ein riesiges Problem, das es in Mitteleuropa so nicht gibt:“
„Nun, Marschall, welches meinen Sie?“
„Das Nachschubproblem, Doktor. Mit jedem Tag, den wir in Richtung Moskau weiterziehen, werden die Wege länger. Immer mehr wohlbewaffnete Soldaten müssen wir zur Sicherung unseres Nachschubs abstellen, dessen Personal wir nicht den Angriffen der Kosaken und regulärer russischer Truppen aussetzen dürfen. Die reitenden Kuriere haben mir und dem Kaiser mitgeteilt, dass sie von Preußen aus bis hier zu uns an Riesenschlangen von Transporten voebeireiten müssen.“
„Hoffentlich geht das gut“, antwortete ich und stellte mir vor, wie riesig diese Riesenschlange sein muss, wenn wir erst einmal in Moskau angekommen sind, und fügte hinzu: „Marschall, warum sehen und hören wir nichts von den russischen Generale n Bagration, de Tolly und Kutusow?“
„Habe ich den Kaiser auch gefragt. Er meint, sie wollen uns ins Land locken.“
„Und lässt er sich locken?“
Diese Frage zu beantworten war ihm wohl zu riskant. Ich kannte inzwischen viele gute Eigenschaften des Kaisers,

schlechte auch, und zu diesen gehört seine Leidenschaft, sich über Kritik an seiner Person schwarz zu ärgern.

Also: Der Kaiser fand keinen Widerstand, wurde in Polen als Befreier gefeiert und konnte beim Einmarsch in Russland keine Schlacht schlagen. Es wurde Juli, eine Hitze herrschte, dass Schwalben vom Himmel fielen, (Menetekel – Menetekel!), und Hasen sich in Kaninchenlöchern verkrochen. Schwärme von Insekten überfielen uns: tags im Sonnenschein ungeheuer fette Stechfliegen oder so genannte Bremsen, welche den Pferden soviel Blut abzapften, dass sie kümmerten, und nachts Moskitos und Stechmücken so blutgierig, dass sie sich lieber totschlagen ließen als abzufliegen.
„Es ist“, sagte Napoleon zu mir, als ich ihm die Medizin brachte, „als wenn die Kräfte der Natur sich gegen uns verschworen hätten.“
Wir saßen vor seinem Zelt, wo wegen der Insekten viele Rauchfeuer entzündet worden waren, er rauchte die neuen Brasil-Zigarren, ich hatte mich auf Pfeife spezialisiert, weil das optisch viel hermachte.
„Wann und wo kommt es zur Schlacht?“, fragte er.
„Ich denke“, antwortete ich, „vor Smolensk. Das ist eine heilige Stadt mit vielen Befestigungen, wo sich die russischen Soldaten verschanzen können.“
Gegen die anfälligen Magenschmerzen empfahl ich ihm nun, wo es noch hell war, einen Rundgang durchs Lager zu machen, „denn, Sire, Sie bewegen sich zu wenig und ich schlage vor, bei morgendlichen Märschen Ihre Soldaten zu begleiten.“
„Wahrscheinlich eine gute Idee, Doktor, wenn Sie mitgehen.“
Dann wies ich ihn darauf hin, welch guten Eindruck das machen würde, wenn die Pariser Zeitungsleute berichteten

und mit Bildern belegten, „der Kaiser marschiert neben seinen Soldaten“.
„Ich glaube“, antwortete er feixend, „ich sollte nach diesem Feldzug, wenn Sie, Doktor, mit mir in Paris einziehen, den blöden Talleyrand ab- und Sie an seine Stelle setzen – dann hätte ich das größte Schlitzohr Europas gleichzeitig als Leibarzt und Außenminister.“
Wo wir auch hinkamen im Lager, bei Küche oder Latrinen, Artilleristen, Pionieren, Kavalleristen, Handwerkern, Marketenderinnen oder Pferdeknechten – sie alle sahen ihren Kaiser und seinen leibhaftigen Leibarzt respektvoll an, denn der eine führte sie, der andere hielt ihn gesund.

* * * * * *

Die Tage waren hell im Russland-Juli 1812 und die Abende lang.
„Bleiben Sie noch eine Weile, Docteur.“
Er diktierte dem Schreiber einen Brief:
„Schreiben Sie der Kaiserin, ich hoffe bald zu hören, dass der König von Rom, (sein Sohn Napoleon II.), Zähne bekommen hat...“
Ein Adjutant kam heran und brachte die neuesten Meldungen:
„Sire, die Feldschere sind sicher, dass nun neben der Ruhr und dem Typhus auch das Fleckfieber ausgebrochen ist.“
„Damné et cousu – verdammt und zugenäht!“
Diesen Fluch hat Napoleon bei den Preußen in Berlin kennengelernt.
„Haben wir genügend Lazarette?“
„Sie sind überfüllt, Sire. Und man hat bereits angefangen, transportfähige Kranke zurückzuschicken. Unser Problem ist aber, dass wir nicht genügend Fuhrwerke haben, weil zu viele in Sümpfen steckengeblieben oder sonstwie unbrauchbar geworden sind.“

Ich sah dem Kaiser an, dass sein Hirn den Plan wälzte, den Feldzug hier und heute aufzugeben.
„Hören Sie sich doch einmal um“, befahl er mir, „wenn Sie in der Zeit, wo ich Sie nicht benötige, die einfachen Soldaten und auch meine vornehme Gesellschaft behandeln, wie sie alle zu diesem Feldzug stehen. Erst wenn meine Garde, meine braven Grenadiere, Kanoniere und Kavalleristen fordern, ‚wir wollen heim‘, dann marschieren wir heim.“
Ich war selbst gespannt, was bei diesem nicht ganz koscheren Vorhaben herauskommen wird. Der Trend war eindeutig: Die viel und mittelprächtig Vermögenden innerhalb der Großen Armee wollten so schnell wie möglich nach Hause, die wenig und nichts Besitzenden, - das war die große Masse der einfachen Soldaten -, wollten endlich in Moskau sein und plündern, schrappen, einsacken, kassieren und Mädchen, Mädchen und nochmals Mädchen in die Arme und mehr nehmen.
„So ist halt der Mensch, Majestät.“

Um diese Zeit, als Samolensk schon in der Ferne „blinkte“, erhielt ich umfangreiche Post aus der Heimat. Meine Schwester Ruth, jetzt schon eine richtige Heilerin in Weißenfels, überflügelte meinen Vater „und ich kuriere Leute mit meiner Homeopathie, die seit Jahren kränkeln und von Geistlichen schon aufgegeben wurden“. Sie schickte mir einige selbstgemachte Tabletten mit, „welche du am Kaiser ausprobieren kannst, wenn er auf dem Lokus Schwierigkeiten hat“. Ruth war eine ganz und gar „geriebene“ Person, und weil sie argwöhnte, es gäbe eine französische Briefkontrolle, hatte sie ihren Bericht über die Stimmung in Sachsen, Preußen und ganz Deutschland vom Schulmeister in sächsisch-plattdeutsch verfassen lassen – da musste ich minutenlang lachen und hatte alle Mühe, es zu übersetzen.

Ja, erfuhr ich also aus erster Quelle, im von Frankreich besetzten Europa gärte es wie in faulender Marmelade. „Viele Menschen wünschen sich eine Totalniederlage Napoleons in Russland. Sieh zu, lieber Wilhelm, dass du dort rechtzeitig rauskommst und zu den Russen übergehst – Zar Alexander hat bei Vater durch einen Spion anfragen lassen, ob du nicht die Pflegeperson wechseln möchtest und Leibarzt in St. Petersburg werden möchtest. Das wäre eine Chance, oder?“
Dieses brisante Blatt des Briefes verbrannte ich sofort. Ein anderes Blatt wollte ich bei Gelegenheit dem Kaiser vorlesen:
„Vor einer Woche kamen drei französische Kavalleristen ins Haus und wollten unsere zwei Pferde requirieren. Vater jagte sie mit dem Hinweis fort „mein Sohn ist der Leibarzt des Kaisers und dieser wird euch die Hammelbeine langziehen, wenn er das erfährt. ‚Verschwindet sofort - disparaît immédiatement!‘ Das taten sie dann auch. Aber die normale Bevölkerung hat es schwer in dieser verdammten Franzosenzeit. Auch in Preußen und Berlin soll gemosert und gemeckert werden. Es scheint mir sicher zu sein, dass unruhige Zeiten bevorstehen… NS: Dein liebes Frauchen ist schwanger und sehnt sich nach dir! Mit einem Extrapaket sende ich dir einen kompletten Satz neuer chirurgischer Bestecke, den dir Kollege Karl Ludwig Randhan vermacht hat.“

* * * * * *

Smolensk lag Moskau im Weg. Und Napoleon nebst Anhang zog weiter nach Osten. Auf Sonnenglut folgt bekanntlich Gewitter. Und wenn auch die Mitteleuropäer einschließlich der romanischen über schwere Gewitter ein Liedchen singen konnten – was aber hier in der Ebene und auf der Rollbahn nach Smolensk abging, dazu reichte die

Steigerung von Wetter auf Unwetter nicht aus. Ich möchte hierzu einen passenden Vergleich anbringen, den ich in einem Zelt mithörte, wo die Artilleristen untergebracht waren:
„Sacre de paille sacré, si nous pouvions tirer aussi vite qu'il clignotait et grondait, le tsar se rendrait immédiatement!"
Was ich so übersetzte:
„Heiliger Strohsack, wenn wir so schnell schießen könnten wie es hier blitzt und donnert, dann würde sich der Zar sofort ergeben."
Aber diese Männer konnten doch zeigen, was in ihnen und ihren Kanonen steckte. So eine Kanone ist ja ein Mordsding, im wahren Sinn dieses saloppen Wortes. Ich habe mir einige angesehen und vorführen lassen.
„Sehen Sie, Docteur", fragte der erste Kanoniermeister, „dort den Bauernhof am Waldrand? Er scheint verlassen zu sein, doch mit dem Perspektiv haben wir festgestellt, dass russische Beobachter drin sitzen. Wir wollen sie jetzt ausräuchern."
„Wie weit ist es bis dahin?"
„Eintausendfünfhundert Meter, unser 12-Pfünder schafft das dicke."
Um die Russen zu täuschen, manövrierten die Kanoniere, zwölf gehörten hier zu jedem Geschütz, mit Hilfe von ziehenden und schiebenden Infanteristen so hin und her, dass eventuelle Beobachter in dem Bauernhof nicht an eine Schießerei denken konnten.
„In einer richtigen Schlacht", wurde ich belehrt, „rücken wir näher heran, um so ein Haus mit explodierenden Feuerkugeln in Brand zu setzen."
Die Infanteristen, die zur Bedeckung der Kanone gehörten, stellten sich nun so auf, dass der Gegner den Ladevorgang nicht erkennen konnte. Sie traten zurück, als der Richtschütze das Ziel erfasst hatte und die Kanone am hinteren

Rohrende gezündet wurde. Ein mächtiger Feuerstrahl, meine Ohren vorsichtshalber mit beiden Händen verschlossen und unter einem mächtigen dumpfen Knall zog die Vollkugel ihre Bahn. Die Bedienung lud sofort nach, um so schnell wie möglich, - möglich waren zwei Schuss in der Minute -, nachschießen zu können. Ich schaute zur Taschenuhr: nicht ganz eine Minute und das Dach des Hauses dorthinten löste sich auf; die Kugel musste eine tragende Säule und den Herd getroffen haben, vielleicht auch ein Lager für Pulver und Munition, denn im Nu brannte alles lichterloh und das Dach stürzte ein.
„Sparen wir einen zweiten Schuss“, sagte der Meister.
Er erklärte mir noch eindringlich des ganzen Mechanismus und ich spendete der Mannschaft aus dem Lagerladen eine Portion Bier aus Pilsen.

Ich weiß nicht mehr genau, warum ich nachdenklich fortging und es immer noch war, als der Kaiser aus seinem Zelt trat und mich zum Picknick einlud – da hatte ich es:
„Sire“, sagte ich, „Sie sind doch bei der Artillerie groß geworden. Darf ich Ihnen sagen, was mich an der ganzen Schießerei, gleich ob Gewehr oder Haubitze, empfindlich stört?“
„Ja, Docteur, nur heraus damit. Vielleicht haben Sie wieder eine Ihrer vielen grandiosen Ideen.“
„Ja, vielleicht. Ist es nicht möglich, Gewehr und Kanone hinten statt vorn zu laden? Es soll in Preußen Jagdgewehre als so genannte Hinterlader geben.“
Einige der Truppenführer aus Infanterie und Kavallerie wollten lachen, als sie aber des Kaisers Nachdenkgesicht sahen, hielten sie sich zurück.
„Vorderladergewehr“, sagte Napoleon, „fusil à chargement par la bouche.“
„Hinterladergewehr“, fügte er hinzu, „fusil chargement par la culasse.“

„Majestät haben ein neues Wort erfunden!“, rief Leibarzt Dominique Larrey.
„Man sollte es erfinden“, sagte Napoleon, „und Rohdich-Knarre nennen.“

* * * * * *

Nach den schweren Gewittern schien die Große Armee am Ende zu sein: Der Temperaturunterschied machte den Pferden so zu schaffen, dass sie in ihrer klassischen Art starben: Erst das Futter verweigern, dann die Kopf hängen lassen, danach ein Zittern an allen Glieder und bums, fielen sie zur Erde und waren tot. Und die Männer?
„Sie starben wie die Fliegen“, klagte Stabsintendant Henri Beyle, der mit Briefen aus Paris und Weißenfels kam und sich später als Schriftsteller Henri Stendhal nannte. Was wir beide am 16. August zu sehen bekamen, stellte alle anderen bisher gesehenen Grausamkeiten in den berühmten Schatten. Mir war schon früher ein Phänomen aufgefallen, das ich nun mit aller Ruhe in Gesellschaft Napoleons und Beyles durch das Spektiv beobachten konnte.
„Wie kommt es?“, fragte ich, „dass ein Soldat, der frontal von einer Gewehrkugel in den Kopf oder in die Brust getroffen wird, nicht von der Wucht des Aufpralls nach hinten geworfen wird?“
„Wird er das denn nicht?“, fragten beide.
„Nein, wird er nicht. Schauen Sie mal hin!“
Es war nicht schwer, mit dem Fernglas eine solche Szenerie zu finden. Da, ein russischer Soldat auf der Festungsmauer von Smolensk, der eben auf die angreifenden Feinde feuern wollte, riss beide Arme hoch, wobei ihm natürlich das Gewehr entfiel, schwankte und stürzte nach vorne auf Gesicht und Bauch.
„Warum ist er nicht hintenüber gekippt?“

„Wir haben einen italienischen Physikus hier“, antwortete Napoleon und ließ ihn ausrufen. Der wusste Bescheid: „Majestät, ich war in Mantua dabei, als Andres Hofer erschossen wurde. Obwohl ihn alle Kugeln des Peletons gleichzeitig in die Brust trafen, fiel er doch vornüber. Ich glaube, dass der Körper instinktiv reagiert und sich dem Anprall entgegenwirft.“
Napoleon zog die Augenbrauen hoch, weil dieser Mann ihn an ein ungerechtes Urteil, das er sogar dem Richter befohlen hatte, erninnerte.

Smolensk

Die Stadt Smolensk, am Dnjepr gelegen, hatte cirka 12.000 Einwohner und sperrte durchaus nicht den Durchmarsch nach Moskau. Marschall Ney riet dem Kaiser, sie zu umgehen und entweder sofort nach Moskau zu marschieren oder General Barclay dann vom Osten her zu nehmen.
„Nein“, entschied Napoleon, „jetzt stellen sich diese Russen hier einmal und dann wollen wir sie auch schlagen. Sie wissen doch, Marschall, dass ich keiner Schlacht ausweiche.“
Man bemerke: Immer dieser vorwurfsvolle Ton napoleonischer Antworten! Die Stadt war, erkannten wir mit bloßem Auge, durch eine mächtige Mauer von über sieben Meter Breite umschlossen, in die Festungstürme eingelassen waren. Alle Bauwerke sahen zwar marode aus, aber gerade das gefiel dem Artillerieoffizier nicht:
„Diese schwammigen Mauern kann ich nicht einschießen, sie nehmen die Kugeln auf als wenn wir in Butter schießen.“
„Diese können wir auch mit unseren 12-Pfündern nicht kaputtschießen“, sagte Murat., aber der Kaiser antwortete ihm nicht.

Mehr als zweihundert französische, in allen Schlachten bewährte Kanonen eröffneten das Feuer auf die Stadt, die nicht von der Zivilbevölkerung geräumt worden war.

Zuvor ein paar statistische Angaben zur Schlacht bei Smolensk, sofern ich sie richtig erfahren habe. Die Truppenstärke betrug bei uns 175.000 Mann, bei den Russen 130.000. Diese scheinen das nicht gewusst zu haben, denn bei dem Respekt, den der russische Oberbefehlshaber Barcley de Tolliy vor Napoleon haben musste, ich betone „musste“, hätte er in Unterzahl sich Napoleon nicht stellen dürfen. Die Verluste an Toten, die ich jetzt schon mitteile, sprechen für sich: 700 Gefallene bei den Franzosen, 4.300 bei den Russen. Verursacht durch die höhere Kampfmoral der Franzosen und natürlich durch ihre unübertroffene Artillerie.

In einem Vorgefecht am 15. August zeigte sich die Überlegenheit der Franzosen, als das Korp Marschall Neys einer russischen Nachhut die ganze Artillerie wegnahm. Am 16. wollte Marschall Ney, ein echter Vorprescher nach Art seines Herrn, die Stadt aus dem Marsch heraus einnehmen, was wegen der nicht nachgekommenen Artillerie misslang. Die russischen Generale blieben weiterhin passiv und vertrauten auf die Standfestigkeit ihrer Soldaten. General Bagration zog sich zurück, de Tolly übernahm die Flankensicherung.

Als ich neben Napoleon stehend die aufmarschierten russischen Infanteristen beobachtete, wir über ihre Standfestigkeit diskutierten und nach Wegen suchten, diese zu überwinden, kam er von selbst auf die Schlacht von Zorndorf zu sprechen, wo sich während des Siebenjährigen Krieges Russen und Preußen dicht gedrängt gegenüber standen. König Friedrich wollte diese Phalanx nicht auf sich zukommen lassen, ließ die Artillerie auffahren und das Feuer eröffnen.

„Da soll man gesehen haben“, sagte Napoleon, „wie 12-Pfündervollkugeln in die noch immer stehenden Russen hineinfuhren und breite Gassen in sie hineinrissen.“
„Das sollten wir hier auch einmal vorexerzieren“, sagte Davout träumerisch.

Nach dem Eintreffen aller Truppen wurde Smolensk mit seinen 30.000 Verteidigern am 17. eingeschlossen. Ich habe hier nicht die Absicht, diese zwei Tage voller Grausamkeiten, Metzeleien, Leidensfähigkeit, Heldenmut, Menschlichkeiten und Unmenschlichkeiten ausführlich zu schildern – das werden, glaube ich, kompetentere Schreiber in Hülle und Fülle tun. Einige typische Begebenheiten werde ich als Augenzeuge schildern. Für mich selbst war „das Erlebnis Schlacht bei Smolensk“ von grundlegender Bedeutung. Das möchte ich hier jetzt vorstellen, bevor ich zum „beruhigten“ Kampfplatz zurückkehre.

* * * * * *

Der Kaiser teilte mir noch im Verlauf der Schlacht mit, dass er mehere Wagen voller medizinischer Artikel wie Verbände, Pflaster, Mullbinden, Tücher, Salben, Medikamente in Pillenform und zum Trinken und so weiter geordert habe.
„Ihre Ankunft ist angekündigt“, sagte er, schaute mich merkwürdig an und fuhr fort, „außerdem habe ich zu Ihrer Entlastung zwei meiner Leibärzte herbeordert, die auch, wie Sie es vorhaben, lieber Docteur, bei der allgemeinen Betreuung der Verwundeten aushelfen sollen – Sie bleiben mein Arzt, Berater und Seelentröster Nummer eins, Doktor!“
Ich glaubte seinen Versprechungen mit den üblichen Vorbehalten, die Untertanen gegenüber Befehlshabern pflegen sollten.

Ich weiß nicht, welche Versprechungen Napoleon den beiden nun ankommenden Doctores gemacht hat. Jedenfalls stiegen aus der Kutsche zwei distinguierte Herren mit lahmen Füßen, wunden Hintern und hängenden Armen und Köpfen: Dr. Alexandre Urbain Yvan und Dr. Jean-Nicolas Corvisart, „ernannte Leibärzte Ihrer Majestät des Kaisers der Franzosen". Ich nahm sie in Empfang und wies ihnen ihr Wohnzelt an. Voller Entsetzen sahen sie zur Stadt hin, die stark qualmte und aus der noch Schüsse und kleine Explosionen zu hören waren. Weil das Augustwetter nach der Schlacht prachtvoll mittelwarm war und nichts davon ahnen ließ, was es in Russland veranstalten konnte, hatten alle Feldschere, Barbiere, Arzthelfer und sonstwie Behandelnde ihre Arbeitsplätze ins Freie verlegt. Neben dem Gesang von Singvögeln, dem Krähen von Krähen, Elstern und Raubvögeln hörte man das Krähen, Heulen, Wimmern, Mamarufen, Stöhnen und Fluchen der zu verarzteten Verwundeten.
„Willkommen in Russland!", rief Napoleon und umarmte seine Ärzte.
„Willkommen – Bienvenue docteur!", riefen Soldaten.
„Doktor, mein Bauch ist kaputt – mon estomac est cassé!", rief ein Soldat nahebei.
„Doktor, hast du mir ein neues Bein mitgebracht – vous m'avez apporté une nouvelle jambe?", rief ein Unteroffizier aus Bayern.
Unser gesamtes diensttuendes Personal war froh, praktische Helfer zu bekommen und nun endlich Verbandsmaterial und, - sehr wichtig -, eine Anzahl der neuen feinen Knochensägen zur Hand zu haben.

Am Nachmittag lernte ich noch einen Leibarzt kennen, der wie ein russischer Tramp daherkam und mich ansprach, als ich einen italienischen Husaren behandelte. Er, dieser Doktor, schien es darauf abgesehen zu haben, dass nie-

mand mithörte beziehungsweise das Gehörte nicht verstand.
„Doktor Wilhelm Rohdich?“
Ich nickte den Verwundeten verbindend.
„Ich habe Sie an Ihrem weißen Kittel mit dem roten Kreuz erkannt, Doktor.“
„So? Dann ist diese Kombination doch eine gute Idee. Sagen Sie mir Ihren Namen bitte.“
„Johann Peter Frank.“
„Aha“, tat ich überrascht, „der Arzt des Zaren?“
„In der Tat.“
„Aha, eine Konspiration wohl?“
„In der Tat, Doktor. Ich muss es kurz machen, damit ich nicht auffalle.“
Ziemlich unauffällig, ich hatte den Verwundeten inzwischen hinter ein Gebüsch in den Schatten gezogen, wo uns auch kein Spektivbewaffneter beobachten konnte, zog er ein Dokument aus der Innentasche und überreichte es mir: Es war ein Passport mit den Unterschriften von Marschall Kutusow, General Bagration, Barcley de Tolly und einem General York, dessen Name mir unbekannt war. Dieses Dokument, wenn ich es annahm und es bei mir entdeckt würde, käme einer Erschießung gleich. Es sollte mir freie Reise durch russisches Gebiet sichern. Als ich es einsteckte, ohne dass der verwundete Italiener es sah, war mein Besucher untergetaucht wie ein Maulwurf im Garten.

* * * * * *

Bei einem Kontrollgang mit Dr. Alexandre Urbain Yvan durch das brennende Smolensk lernten wir das ganze Grauen eines modernen Krieges kennen.
„Lohnt das alles den ungeheuren Einsatz?“, fragte er.
Die Anwort „müssen Sie den Kaiser fragen“ verkniff ich mir.

„Was wollen Sie eigentlich hier?“, fragte plötzlich wie aus dem Hinterhalt ein Russe, der sich später als Doktor vorstellte und nicht einmal ein Skalpell kannte, „und wo kommen Sie her?“
Es war müßig, ihm die politischen Zusammenhänge zu erklären.
„Wenn Sie Arzt sind“, sagte ich stattdessen, „dann helfen Sie ihren armen Landsleuten, die verwundet sind und deren Bleibe von Ihren Leuten angesteckt wurde.“
„Ich kann kein Blut sehen“, antwortete er und zog vondannen.

„Meine Kinder, meine Kinder!“, schrie eine Frau, die von ihren Nachbarn daran gehindert wurde, ins brennende Haus zu stürzen.
„Meine Kühe, meine Kühe!“, schrie ein alter Bauer.
„Meine Schweine, meine fetten Schweine!“, schrie ein anderer.
„Mein Geld, mein Geld!“, brüllte ein Kaufmann vor seinem brennenden Laden und holte einen Eimer Wasser vom Brunnen.
Denen es wirklich schlecht ging und denen wir schnellste Hilfe versprachen, sagten nichts, klagten nicht und sahen doch dankbar in den Himmel: Maria, Josef, Jesus und der Zar erschienen vor ihrem inneren Auge und machten das Sterben zu einem Vergnügen - „ja, sagte ich zu Alexandre, gläubig müsste man sein und nicht gebildet...“

Wir beeilten uns nun, zum Hauptverbandsplatz zu kommen. Mich nahm sofort einer der Adjutanten Napoleons beim Wickel und sagte:
„Der Kaiser möchte wissen, mit wem Sie dort oben“, sein Kopf ruckte in die Richtung, „gesprochen haben?“
„Hoppla!“, dachte ich, „da geht das Theater schon los!“ So schnell wie ich das dachte fiel mir auch die probate Lüge

ein. (Warum kommt kein Mensch, verdammt noch mal, ohne Lügen aus!)
„Der Mann ist“, log ich also, „ein hiesiger Arzt und wollte wissen, ob er uns im Feldlazarett aushelfen könne.“
„Und?“
Der Ton des Adjutanten verriet mir, dass der Kaiser mir grollte.
„Nun“, antwortete ich, „ich habe ihn natürlich abgewiesen und gesagt, Frankreichs Ärzte seien die besten der Welt und könnten von Russen nichts lernen.“
„Sehr gut, Docteur, der Kaiser freut sich immer über spontane und schlagfertige Antworten.“

Als ich wenig später mit Napoleon den Verbandsplatz inspizierte, verlor er kein Wort über die Angelegenheit, während mein Passport in der Innentasche der Joppe zu rotieren schien. Da wagte ich einen Einwand, als er brutal befahl, alle Amputierten müssten sofort auf Karren geladen und in die Etappe transportiert werden. Dazu lagen auf schmutzigen Strohmatten bereit: Frisch Operierte, die noch nicht aus der Ohnmacht erwacht waren; ähnliche Fälle, bei denen die Nachblutung noch im Gange war; Blinde, denen eine explodierende Granate beide Augen verbrannt hatte; hoffnungslose Fälle, welche der Feldscher abgehakt hatte – nur Platzmachen schien hier die Devise zu sein.
„Sire“, sagt ich, „wenn wir diese Verwundeten über Russlands Straßen karren, sind sie nach zehn Meilen hinüber.“
„So oder so“, antwortete er murrend.

Vor uns lag ein Haufen menschlicher Leiber und Gliedmaßen, welche russische Hilfswillige mit Hilfe von Öl, Spiritus, Stroh, Reisig und blutverschmutzter Kleidung in Brand zu stecken versuchen.
„Docteur“, sagte Napoleon, „Sie sind ja nicht nur Arzt sondern auch ein Schreiberling – werden Sie über das, was

Sie in meiner Begleitung erleben dürfen, auch niederschreiben?“
„Später, Sire, ja.“
„Wenn ich tot bin?“
„Wenn mir selbst, Sire, vorher der Griffel aus der Hand fällt, nein.“
„Na, schon wieder eine echt Rohdich‘sche Antwort!“
Ich konnte heute historisch feststellen, dass „Kaiser und Arzt“ sich doch bestens vertrugen und den Stoff für eine Beethoven-Oper abgeben konnten.

Borodino

Der Marsch- oder Schlachtweg nach Moskau war noch nicht frei. Trotz seiner großen Verluste bei Smolensk und entgegen seiner Erkenntnis, dem Kaiser der Franzosen in Sachen Strategie und Taktik unterlegen zu sein, suchte Marschall Kutusow eine neue Schlacht. Sein Gedanke, jetzt alles riskieren oder abdanken zu müssen und auch die Gewissheit, dass den Feind zehntausend Gefallene mehr schadeten als ihn selbst fünfzigtausend, mochte ihn das Wagnis eingehen lassen.
„Wenn unsere Soldaten eine neue Schlacht schlagen“, sagte Kutusow seinem Generalstab, „stehen sie mit dem Rücken zu Moskau und werden sich, verlieren sie, so teuer verkaufen, dass der Feind es sich hundertmal überlegt, hier in Russland zu überwintern.“
„Wir sollten ihn“, warf Barclay de Tolly ein und dachte an die vielen toten Soldaten, „in Moskau einziehen und bis zum Januar überwintern lassen. Wenn dann die französischen und deutschen Soldaten sich richtig eingelebt haben und über unsere Belagerung spotten, stecken wir die Stadt an und verbrennen alles und alle in ihr. Das haben die alten Römer früher auch gemacht.“

De Tolly fand keinen Fürsprecher, weil alle glaubten, der Zar würde so etwas nie verzeihen, aber eine militärische Niederlage gegen Napoleon doch.

Während diese Konferenz tagte und zu dem Entschluss kam, es noch einmal mit einer Schlacht zu versuchen, konferierte Napoleon mit seinen Marschällen über eben die zu erwartende Schlacht. Das Dorf Borodino liegt 100 Kilometer vor Moskau und hat kaum eine militärische Funktion, aber Kutusow hatte sich dort aufgestellt und erwartete den Angriff der Großen Armee. In einem Aufruf nannte er seine Soldaten „Brüder und Waffengefährten", sehr schmeichelhaft für Bürger, die zu Hause in Friedenszeiten wie Sklaven behandelt wurden. Kutusow appellierte an ihre natürliche Frömmigkeit und schimpfte Napoleon einen Tyrannen, der ihre Altäre mit Blut besudele und entweihte. Die Allmacht Gottes natürlich auch angerufen. Aus dem bedruckten Blatt, das die französischen Soldaten mir brachten, will ich hier nur die letzten Zeilen zitieren:
„...in diesem Glauben will ich schlagen, siegen und sterben, überzeugt, dass meine brechenden Augen den Sieg sehen werden. Soldaten! Tut eure Schuldigkeit, denkt an das Opfer eurer in Flammen aufgegangenen Städte, an eure Kinder, die euch um Schutz anflehen, denkt an euren Kaiser, Euren Herrn, der euch als den Nerv seiner Kraft ansieht, und morgen, bevor die Sonne untergegangen ist, werdet ihr euren Glauben und eure Treue mit dem Blut des Angreifenden und seiner Krieger auf den Boden eures Vaterlandes gezeichnet haben."
Die französischen Grenadiere lachten und meinten, „denen muss das ja vorgelesen werden, sie können weder schreiben noch lesen."

Napoleon sagte nur „Soldaten!" und sprach von einer Schlacht, „die ihr herbeigesehnt habt", aber auch von der Notwendigkeit guter Winterquartiere und genug zum Essen im zu erobernden Moskau. Aber etwas stimmte mit ihm nicht. Er wurde verschlossener als sonst und wenn er früher nach langem Brüten und Grollen immer wieder in seine Normalform zurückkehrte, war er nun schon zweimal vom Hell- bis Dunkelwerden nicht ansprechbar. Ich wurde angesprochen: „Was ist mit ihm los?“, „Hat er Schmerzen?“, „Sagen Sie ihm, so kann man kein Feldherr sein“ und „Er muss das Vorbild seiner Soldaten bleiben!“ und „Kennen Sie, Doktor, den Grund seiner langen Depressionen?“ Auf diese letzte Frage hätte ich antworten können: „Er ist maßlos enttäuscht“, aber nicht den normalen Soldaten, sondern nur in der Runde der Marschälle und anderer hohen Herren.

Also: „Warum ist der Kaiser so enttäuscht, dass es ihm an die Nieren geht, Doktor?“

„Er ist enttäuscht von seinem Vetter.“

„Sein Vetter?“

„Nun“, erklärte ich, „hohe Fürstlichkeiten pflegen sich auch dann so familiär anzureden, wenn keine Verwandtschaft besteht. Und der Vetter ist in diesem Fall der Zar.“

„Wenn sie so freundschaftlich miteinander reden?“, fragte Dr. Corvisart, „warum bekriegen sie sich dann?“

„Das sollten Sie ihn selbst fragen.“

Dann erklärte ich der Gesellschaft, was der Kaiser mir „gestanden“ hatte:

„Wenn eine von zwei Parteien offiziell einen diplomatischen Weg einschlägt, muss man antworten, so oder so. Aber der Zar schweigt zu allen Anfragen Napoleons und empfängt nicht einmal seine Sendboten und Gesandten.“

„Das ist schon ein starkes Stück. Und warum tut er das nicht?“

(So dumm konnte auch nur ein Familienmitglied der Bonarpartes fragen!) Sollte ich diesen Herren klarmachen, dass der alte europäische Hochadel, zu dem ja Alexander als ein Romanow zählte, sich nicht mit bürgerlichen Emporkömmlingen und Kaisern nicht von Gottes, sondern nur eigenen Gnaden unterhalten mögen? (Ausnahmen bestätigten die Regel.)

Es konnte aber auch möglich sein, dass Napoleon den ganzen Feldzug insgeheim als gescheitert ansah: Er verfügte noch, wie er behauptete, über 120.000 Mann, was in Mitteleuropa durchaus eine imposante Zahl war, aber hier in den Weiten des Kontinents, der sich zum Herbst anschickte, wenig bedeutete. Der Hohe Rat, dem ich inzwischen angehörte, diskutierte soeben über die anstehende Schlacht, als ein Adjutant meldete, bei den Russen stünde ein Unterhändler mit weißer Fahne.
„Er bittet, vorgelassen zu werden, Sire."
„Soll herkommen."
Napoleons Laune besserte sich schlagartig, denn er glaubte, den seit langem erwarteten Unterhändler des Zaren vor sich zu bekommen.
„Sehen Sie", sagte er zu uns, „man muss nur Geduld haben in der hohen Politik."
Oh, welche Enttäuschung stand an! Denn der Bote galt mir!
„Majestät", sagte er, ein Oberst der Kavallerie, das weiße Tuch in der Hand haltend, „unser General Bagration ist schwer verwundet und bittet um den Besuch Eures Leibarztes Wilhelm Rohdich."
Seine Augen ließen nach einenm höflichen Blick auf den Kaiser mich nicht los. Und in diesem Moment stach „Dea in temptationem", die Göttin der Versuchung, mir zum ersten Mal den Dolch ins Herz – keine Schmerzen, nichts, nur ein kurzer Herzgalopp. Allgemeines Schweigen, das nur der Kaiser unterbrechen durfte.
„Genehmigt", entschied er, „unter einer Bedingung: Dass Sie einen Brief an Marschall Kutusow mitnehmen."
„Er wird nichts dagegen haben, Majestät."

Und während ich meine Arztsachen fertig machte und meinen weißen Kittel mit dem roten Kreuz darauf und meine neue Arztmütze, auch mit dem roten Kreuz darauf, unter den Arm klemmte, schrieb Napoleon den Brief an den russischen Oberkommandierenden. Er und ich, wir haben nie erfahren, was drinnen stand, auch der Zar nicht, denn, - wie ich später erfuhr -, war dieser fest entschlossen, mit Napoleon weder mündlich oder schriftlich irgendeine Konversation zu führen.

* * * * * *

Der hohe russische Rat aus Kutusow, de Tolly, Ostermann-Tolstoi, Baron Korff, General Uwarow und dem lädierten Pjotr Iwanowitsch Bagration sah mir neugierig-wohlwollend entgegen. Meine simple Erscheinung und den vor Orden in Gold und Silber glitzernden Heerführern war eine bewusste Provokation. Ich begrüßte alle mit Handschlag, wobei Bagration den Gastgeber machte.

Dieser Zeitgenosse, erkannte mein untrüglicher Arztblick, stand schon zur Hälfte seines Körpers im Jenseits. Ein Bein war so schlonterig verbunden, dass der Verband durchnässte und Düfte von sich gab. Vielleicht sollte ich zwischendurch erwähnen, dass „man hier deutsch sprach“. Ich riss das Kommando an mich:
„Heißes kochendes Wasser und ein Bett, auf dem der Patient zu liegen kommt.“
Ich öffnete meinen Instrumenten- und Medizinkoffer und legte zum Erstaunen aller Anwesenden alles auf einem kleinen Beistelltisch parat.
„Exzellenz“, fragte ich Kutusow, „soll nicht einer Ihrer eigenen Ärzte mit dabeisein?“
Er schüttelte verneinend den Kopf.
„Dann brauche ich vier kräftige Männer zum Festhalten,“

Diese, der Holzbohlentisch, ein Öfchen und das kochende Wasser darauf wurden bereitgestellt, dazu kam eine weibliche helfende Hand mit einem Ballen frisches Leinen.
„Ick sein Krankenschwester und kann gutt helfen, Doktor Rohdick."
„Nun gut, Schwester, nehmen Sie den Verband ab, wenn der General auf dem Tisch liegt."
Pjotr Bagration hatte höllische Schmerzen, wollte sich aber nichts anmerken lassen, als der angeklebte Verband von der Wunde gelöst wurde. Diese sah, um mit einem Berliner zu reden, „zum Kotzen" aus und ich musste im Ruckzuck entscheiden: Bein ab und weiterleben oder Bein dranlassen und krepieren.
„Wollen Sie uns alle, Marschall?", fragte ich Kutusow, „nicht lieber allein lassen? Hier geht's gleich hoch her."
Er verneinte. Ich gab den vier starken Männern einen Wink, den Patienten gut festzuhalten und goss das siedende Wasser auf die Wunde. Bagration verdrehte die Augen, bäumte sich auf und sackte wieder in sich zusammen. Noch einen kochenden Guß in die Wunde, die ein Granatsplitter bis aufs Schienbein gerissen hatte. Es stank wie in der Küche eines Kannibalen. Aber aller Eiter der Wunde war abgeschwemmt, so dass ich abtupfen und trocknen konnte. Der Knochen des Schienbeins war nur angscheuert, er war nicht das Problem – das Problem war das angefaulte Fleisch.
„Ist der Patient ein starker Trinker?", fragte ich.
„Antialkoholiker", war die Antwort.
„Dann her mit dem stärksten Schnaps, den Sie auftreiben können."
Er hieß „Vodka sibirika" und sollte, laut Aussage Kutusows, den härtesten Ewenken Sibiriens mit vier Schluckins Jenseits befördern. Nun, Bagration bekam drei Schluck und schlief lustig ein. Da brannte ich ihm mit einer glühenden Pinzette die angefaulten Fleischstücke weg. Dann

noch einmal das Wundinnere trockenputzen und mit Jod bestreichen – da zuckte sein Körper noch einmal zusammen und versank in einer wohltuenden Ohnmacht.
„Nun, Schwester, können Sie das Bein stramm verbinden. Für einen Tag so lassen und morgen den Verband erneuern. Nach der Schlacht können Sie mir Nachricht geben, ob er's überlebt hat."
Die kokette Krankenschwester schaute mich bevölkerungspolitisch an und hüpfte nach draußen. Die vier starken Männer sagten „So einen Doktor könnten wir hier auch gebrauchen" und schoben das Bett mit dem Patienten aus dem Raum.
„Wird er durchkommen?", frage Kutusow und überreichte mir einen klingenden Lederbeutel, „das hat der Patient verfügt, ob er nun wiedererwacht oder nicht."
(Der Beutel enthielt dreißig Maria-Theresien-Taler, die uns später sehr zustatten kamen.)
„Er wird durchkommen", antwortete ich fest und fügte hinzu, „aus der Schlacht sollten Sie ihn aber fernhalten, Marschall."
Dann zog ich Napoleons Brief aus der Tasche und überreichte ihn sozusagen als Botschafter des Friedens.
„Der Kaiser lässt grüßen", erfand ich, „und wünscht nichts mehr als den Frieden. Er lässt auch fragen, warum der Zar auf keine seiner Botschaften antwortet."
„Hat er Ihnen das zu fragen befohlen, Doktor?"
„Hat er nicht, Marschall."
„Dann will ich Ihnen, Doktor, die Frage rein privat beantworten."
Und er zerriss den Brief ohne ihn gelesen zu haben.
„Unser Herr, der Zar Alexander", sagte er ohne jegliche Betonung, „hat einen Schwur getan: Nie wieder weder mit dem Korsen zu sprechen, schriftlich zu verkehren oder ihn in persona zu sehen. Ist das deutlich genug, lieber Doktor?"

„Und er wird weder ruhen noch rasten, bis er ihn abgesetzt, erschossen oder durch die Engländer auf eine ihrer zahlreichen Inseln, zum Beispiel Pitcairn oder Falkland isoliert hat.“
„So glauben Sie, Marschall, dass Sie ihn besiegen werden?“
„Absolut, und ich erkläre es Ihnen.“
Dann entwarf er auf einer Karte das Szenarium, „wie dieser Usurpator untergehen“ wird. Und zwar so:
„Selbst wenn er hier aus unserem heiligen Russland einigermaßen ungeschoren davonkommt, sind wir nicht besiegt und werden ihn mit Großbritannien, Österreich, Preußen und den anderen deutschen Staaten bis an den Atlantik treiben, wo er hineinspringen und ersaufen mag. - Auf welcher Seite werden Sie dann stehen wollen, Doktor?“
Diese Frage hatte ich zum Abschluss erwartet und beantwortete sie auch sofort entschieden und mutig, wie ich meinte:
„Ich kann ihn jetzt nicht allein lassen, Marschall Kutusow.“
Dann lobte er mich noch über alle Maßen:
„Ihre Idee, als Berufskleidung für einen Arzt sich weiß einzukleiden und das rote Abzeichen zu tragen, finde ich ausgezeichnet und werde es dem Zaren für die Zukunft vorschlagen. Die Zukunft? Ich hoffe sehr, in den nächsten Schlachten nicht zu fallen, um Sie wiedersehen zu können. Vielleicht haben wir dann Frieden.“
Alle Männer, die noch im Raum waren, gaben mir der Reihe nach die Hand und begleiteten mich nach draußen, wo Fahrer und Kutsche warteten…

* * * * * *

Hätte ich gewusst oder als Zimmermäuschen mitgehört, was und wie Napoleon und seine Mannen zu gleicher Zeit über mich schwadronierten, wäre ich vielleicht sofort auf der anderen Seite geblieben. Ich werde das jetzt nacherzählen.
„Der kommt nicht wieder“, sagte Napoleon.
Seine Zuhörer waren anderer Meinung.
„Warum trauen Sie ihm nicht, Sire?“
„Weil er ein bêcheur (Schlauberger) ist.“
„Er hat alle seine Sachen, außer den medizinischen, hiergelassen.“
„Eben, er ist ein smart Meier (Schlaumeier).“
„Er bekäme von Ihnen, Sire, auch noch Hunderte Francs...“
„Ich sage es ja, er ist chose rusée (Pfiffikus).“
Das war doch alles sehr schmeichelhaft für mich.
„Sie tun ihm unrecht“, sagte Berthier.
„Er ist ein Gewinn für uns alle“, sagte Dr. Corvisart.
„Das bestreite ich nicht“, antwortete Napoleon und rief zum Studium seines Schlachtplans für „Borodino“ auf.

Zu dieser Schlacht hatte ich mich als Berichterstatter der Mitteldeutschen Zeitung auf Anraten meiner Familie zu Hause engagiert und verfasste Berichte aus Russland, die wöchentlich abgedruckt wurden und feine Honorare erbrachten.
„Das Schlachtfeld, das Kutusow sich ausgesucht hatte, lag bei beim Dorf Borodino, bot große Vorteile und bildete eine zu den Russen hin ansteigende Fläche. Am Fuß befand sich eine tiefe Schlucht, in der die Kaluga floss. Das Terrain war eine Stunde breit und wurde auf dem rechten Flügel von der Moskawa und ihren steilen Ufern begrenzt. Auf dem rechten Flügel bildete Borodino, das durch seine inselartige Lage und durch Kerntruppen geschützt war. Weniger geschützt war das Gelände, das sich vom Dorf

zum Wald hinzieht, wo der Mittelpunkt der Stellung war. Kutusow hatte die Fläche stark befestigt und Schanzen aufwerfen lassen. Sie waren mit Geschützen bestückt. Alle Schanzen standen in Verbindung und konnten sich gegenseitig unterstützen."

Am Abend vor der Schlacht konnten die russischen Beobachter und alle russischen Soldaten, die freies Blickfeld hatten, ein interessantes und seltenes Schauspiel erleben: Über hundert brennende Lagerfeuer bei uns, und riechen durften sie auch, wenn der Wind zu ihnen stand.
„Was machen die da?", soll Kutusow gefragt und ein paar seiner Leute mit Spektiven näher herangeschickt haben. Sie kamen zurück und berichteten, dass den Russen das Wasser im Mund zusammenlief:
„Sie braten Hirsche, unsere Hirsche am Spieß, und es fehlt ihnen nicht am Wein, weil heute jede Menge Nachschub hergekommen ist."
Das mit den Hirschen war so: Eine Patrouille der Franzosen, die nach Süden ausschwärmte, entdeckte in einem Forst ein Hirschgehege, das der Besitzer vor seiner Flucht geöffnet hatte, damit das Wild sich vor den Franzosen in Sicherheit bringen könnte. Tat es aber nicht, es kannte die Freiheit nicht und war es gewohnt, von Menschen sattgefüttert zu werden. Weil die männlichen Hirsche bereits jetzt schon mit der Brunft (Fortpflanzung) begonnen und laut geröhrt (geschrien) hatten, wurden sie alle von den Franzosen entdeckt. Das gab ein lustiges Halali (Jagd), als die ahnungslosen Tiere die Soldaten bis auf zwanzig Schritt herankommen ließen und abgeknallt wurden. Nun wurden sie, vom Hirschkalb zur Hirschkuh bis zum „Hirschbullen", am Drehspieß knusprig geröstet.

Ein Nachspiel zu unseren Ungunsten hatte die Sache noch. Wie wir erfahren haben, fiel bei dem Bericht an Marschall Kutusow das Wort „Nachschub".

„Donner und Doria!“, rief er seinen Generalen schimpfend zu, „warum haben Sie als Verantwortliche nicht daran gedacht, den Nachschub der Insurgenten anzugreifen!“
Das geschah jetzt leider, so dass der Kaiser immer weniger kampferprobte Kompanien zur Abwehr der Angriffe hinter der Front abstellen musste. Zumal Kutusow die immer streifenden Kosaken darauf aufmerksam machen ließ, dass dort Beute zu holen sei.

* * * * * *

Ein Schlachtgeschehen meiner Zeit, ich gestehe es offen, kann auch ein ästhetischer Anblick sein – wenn man sich außerhalb der Schusszone befindet. Napoleon hatte seine Position auf einer Anhöhe hinter einer Schanze bezogen und wir waren ihm natürlich gefolgt. Die kaiserliche Garde stand hinter ihm aufgereiht. Napoleon, heute lässig aufgelegt, hockte umgekehrt, also die Lehne zum Auflehnen vor sich, auf seinem historischen Feldstuhl und genoss die sich entwickelnde Szenerie. Berthier und Bessières sowie Offiziere, Ordonnanzen und Adjutanten standen dienstbereit hinter ihm. Als die französischen Geschütze das Feuer eröffneten und die russischen es erwiderten, schien sich die Hölle aufzutun.

Die meisten aufgestellten Truppen, Franzosen wie Russen, kamen schon unter Beschuss, ehe sie vorgingen und ins Handgemenge gerieten. Ich stelle noch einmal vor, wie und was damals geschossen wurde. Drei unterschiedliche Arten von Geschossen fielen auf die Soldaten herab: Vollkugeln, gefüllte, von uns Granaten genannte Hohlkugeln und so genannte Kartätschen. Alle diese Mordgeräte waren von klugen Spezialisten nur darum erfunden und gebaut worden, um soviel Menschen wie möglich umzubringen.Die Vollkugeln im Gewicht von drei bis zwanzig Pfund sah der Soldat oft in einem Bogen durch die Luft fliegen, wenn er so aufmerksam gewesen wäre, aber Ausweichen und in Deckung gehen waren nicht möglich , weil es als Feigheit galt. Im ebenen Gelände zielten die Kanoniere flacher, weil dann die Vollkugeln auf den Boden prallten und wie übergroße Frösche weiter aufs Ziel zuhüpften. Eine Granate bestand aus einem starken Stahlgehäuse, das mit Sprengstoff gefüllt war und das gezielt zur Explosion gebracht werden konnte. Dann flogen die Sprengstücke den Soldaten nicht nur um die Ohren. Kartätschen wurden nur im Nahkampf abgeschossen, wenn also ein Trupp oder eine Kompanie feindlicher Soldaten auf die Stellung zumarschierte. Die Kartätsche, eine Art mit Metallstücken oder Blei gefüllter Blechkasten, flog nach Austritt aus dem Rohr auseinander und streute ihren tödlichen Inhalt unter die feindlichen Soldaten - ein Hagel von Eisenkugeln überschüttete sie.

Wie wir wussten, befanden sich unter den russischen Infanteristen viele Neulinge, die kaum ausgebildet waren und unter unserem Gewehrfeuer in Panik gerieten. Ich habe mir als Schlachtbeobachter ein paar Notizen gemacht, die ich der Nachwelt nicht vorenthalten möchte:
„Die altgedienten russischen Soldaten standen gelassen da und schauten zu , wie unsere Kanonenkugeln herankamen. Sie lachten über ihre neuen Kameraden, die sich wegduckten und heranrollende Kugeln mit dem bestiefelten Fuß aufzufangen. Da wurde manchem ein Bein abgerissen, was im Fernrohr spektakulär aussah. Da sah ich zum ersten Mal wie diesem Mann der Kopf abgerissen und ein anderer in zwei Stücke zerlegt wurde. Ich muss bemerken, dass die alte Lineartaktik, welche der große Fritz so beherrschte, nicht mehr angewandt wurde: Weder standen die Verteidiger in Reihe und Glied, - eben linear -, noch kamen die Angreifer derart anmarschiert. Es durfte sogar in Deckung gegangen und liegend aufgelegt geschossen werde. Jeder Fachmann, wie ich einer war, der die vergan-

gene Strategie studiert hatte, erkannte in der Gesamtsicht, die man ohne Fernglas ja hatte, dass die Artillerie dabei war, Schlachten zu beherrschen."

Nichtsdestoweniger, - eine neue Wortschöpfung dies -, bestand der Sinn einer örtlichen Schlacht darin, den Gegner vom Platz zu werfen. Nicht neu ist auch die Methode, einen zum Laufen gebrachten Feind mit der Kavallerie zum Rennen zu bringen. Das hieß „Einhauen von oben her mit dem Säbel" und Überreiten der Flüchtigen. Die Pferde sind vorher in gründlicher Ausbildung darauf vorbereitet worden. Obwohl ich von solchen Vorgängen wusste, kamen sie mir als Vergrößerung im Fernglas doch außerordentlich grausam vor. Dem stimmte der Kaiser zu:

„Der beste Soldatentod ist immer noch der, den man nicht spürt – ein Rauschen im Kopf, der Anflug ungeheurer Schmerzen vielleicht noch – dann Dunkelheit und nichts mehr."

Der Kaiser konnte richtig lyrisch sein. In einer Essenspause, - Moskowiter Wildschweinbraten mit Borodiner Bratkartoffeln -, berichtete er mir von „einem lustigen Vorgang", der ihm gestern von den zwei betroffenen Musketieren erzählt worden sei.

„Sie waren mir auf dem Verbandsplatz aufgefallen und vorgestellt worden, weil dem einen das linke, dem anderen das rechte Ohr fehlte. Ich sprach sie drohend an, ob sie sich etwa einen Heimatschuss beigebracht hätten, was todeswürdig sei. Nein, Sire, empörten sie sich und berichteten mir folgendes Seltenes: ‚Wir fuhren Nachschub nach vorne und saßen nebeneinander auf dem Bock. Da kam eine heiße Kugel geflogen und zischte zwischen unseren beiden Köpfen nach hinten weiter. Hatte aber die beiden Ohren, Sire, die uns jetzt fehlen, ratzeputz glatt von unseren Köpfen rasiert. Majestät, Ihre Befehle hören wir dennoch einwandfrei - vive l'empereur!' Ich überreichte je-

dem hundert Francs - pour les nouvelles oreilles, camarades – für neue Ohren, Kameraden."
Oh, der Kaiser konnte so menschlich sein!

* * * * * *

Schanzen! Sie sind meist aufgehäufte Erdhügel und sollen Verteidiger vor direktem Beschuss schützen. Angreifer kommen mit ihnen in die verteufelte Lage, sie ersteigen, erstürmen zu müssen. Dabei können sie wie Wild bei einer Treibjagd abgeschossen werden.
„Sehen Sie sich das an, Doktor", sagte Napoleon, „da sind diese Erdwälle dort schon ein dutzendmal von meinen Grenadieren erstürmt und ebenso oft von den Russen rückerobert worden."
Ja, Marschall Kutusow, im Geheimen „ein alter Freund von mir", ging aufs Ganze. Drei Garderegimenter, drei Kürassierregimenter, acht Bataillone Grenadiere und 36 Kanonen rückten an. Kurz danach noch einmal 100 Kanonen und ein Infanterieregiment; also 30.000 Mann mit 300 Kanonen. Dem stellte Napoleon 40.000 Mann und 200 Geschütze gegenüber."
„Sehen Sie, Doktor, unsere Männer haben keine Zeit zum Nachladen mehr und gehen mit dem Bajonett auf den Feind!"
Bajonett? Das ist ein nach der französischen Stadt Bayonne genanntes Messer, welches auf das Gewehr gesteckt werden kann. Dadurch wird dieses zu einer Art von Sauspieß, mit dem früher wilde Eber abgestochen wurden.
„Ich habe", sagte General Rapp, Adjutant des Kaisers, am Ende des Tages, „solch ein Gemetzel wie hier vor Borodino noch nicht erlebt. Ich werde darüber später schreiben müssen," und er fügte hinzu, „Doktor, werden Sie das auch tun, wenn Sie mal im Ruhestand leben?"
„Ganz gewiss, General."

Am Abend wussten sowohl Napoleon als auch Kutusow, dass niemand gewonnen hatte.
„Noch so ein Sieg“, sagte Napoleon, „und wir können heimkehren.“
Das war sehr zweideutig dahergeredet.
„Noch einmal solch ein Sieg“, soll Kutusow geäußert haben, „und der Zar wird kapitulieren.“
Das war eindeutig formuliert. Napoleon, der den ganzen Tag über seltsam unbeteiligt erschienen war, lebte am Abend auf, als sein Zeugmeister die verschossene Munition meldete:
„Sire, Ihre tapferen Fußsoldaten haben eine Million fünfhunderttausend Gewehrschüsse abgegeben, Ihre unübertreffliche Artillerie hat die stolze Summe von über neunzigtausend Kugeln verschossen. Das soll uns einmal einer nachmachen!“
Napoleons Zahlmeister, ein Rechenkünstler ersten Formats, griff sogleich zu Stift und Papier und ergänzte, „Sire, das macht über den großen Zeh gerechnet über zweitausend Kugeln jeder Größe in einer Minute.“
„Und die Gefallenen?“, fragte der Kaiser.
„Können wir heute nicht mehr berechnen, Sire.“
Diese „Unterhaltung“ habe ich mir berichten lassen, nachdem ich gegen Mitternacht von meiner ärztlichen Tätigkeit zurückgekehrt war und mehr als todmüde aufs Feldbett fiel. Als ich eben schon das linke Auge geschlossen hatte und das rechte schließen wollte, stand plötzlich Napoleons erster Adjutant vor mir und fagte:
„Seine Majestät lässt grüßen und danken und muss nur eines heute noch wissen, ehe er selbst schläft: Wer ist Ruth Rohdich, Doktor?“
„Meine Schwester in Weißenfels“, stammelte ich und befand mich in Morpheus zarten Armen.

Kann man nach einem solchen Tag träumen? Ja, warum nicht! Ein so genannter Traumdeuter hat herausbekommen, dass ein Traum, der uns nach dem Erwachen eine Länge von Stunden, Tagen oder gar Jahren vorgaukelt, immer ein Sekunden-Bruchteil-Traum ist. Träumte ich davon, was ich fast den ganzen Tag getan hatte: Operieren, Beine, Füße, Hände und Finger amputieren, Augen zudrücken, Bäuche verschließen, vorher die Gedärme hineinstecken, Feldscher und Sanitäter kommandieren, die Einwohner Borodinos trösten, Listen Gefallener abhaken und zwischendurch Kasch und Bortsch essen, das mitfühlende Russen mir und den Verwundeten reichten. Nein, träumte ich nicht. Aber ich träumte, der orthodoxe Pope Borodinos hätte mir gesagt, der Zar habe nun die Nase voll vom Morden auf Mütterchen Russlands heiligem Boden und wolle alle Wünsche des Kaisers erfüllen.

Dies sagte ich Napoleon, als ich auf seinen Wunsch am Frühstück teilnahm. Der Septembermorgen war mild und die Stechfliegen und dicken Brummer Russlands belästigten uns nicht – weil sie draußen auf dem Feld genug Opfer zum Stechen und Saugen fanden. Hinter uns am Innenrand des Zeltes stand eine starke Kiste aus hellem Fichtenholz der Art, wie ich sie von zu Hause kannte. Wir frühstückten Eier mit Senfsoße, Zwiebelmettwurst und Weißbrot mit seltsamer Butter und köstlicher Marmelade aus Blaubeeren, die mich an zu Hause erinnerte – Zuhause!

„Sire, woher haben Sie diese Marmelade?"

„Von zu Hause."

„Hat die Kaiserin sie gekocht?"

„Ja, Kaiserin Ruth."

Alle Teilnehmer der Frühstücksrunde lachten so laut, dass die mithörenden Hofhunde Borodinos aufheulten.

„Ihre Schwester Dr. Ruth Rohdich", erlöste mich der Kaiser, „hat diese Kiste dort geschickt, die allein schon diesen Feldzug wert macht."

Das Frivole dieser Bemerkung überhörte ich, sprang auf, hob den Deckel der Kiste ab und erstarrte mit einem Senfei noch zwischen den Zähnen.
„Da steckt etwas drin“, sagte Napoleon, „das mehr Geschichte machen wird als unser Treiben hier in Russland.“
Ach, wie historisch-menschlich dieser Potentat sein konnte!

„Lesen Sie den Lieferschein vor!“, befahl Napoleon seinem Frühstückskoch. Das tat dieser, mit lauter Stimme sein Deutsch betonend: „Fleischwürfel, Suppenwürfel, Trockenfleisch, Margarine, eingemachte Hühnersuppe, kandierte Früchte, Erbswurst, gekochter Schinken, Marmelade in Dosen, Leber- und Blutwurst in Blechschachteln.“
„Und wie ist dies alles unverdorben hier angekommen?“, fragte ich laut- und fassungslos.
Das stellten wir mit Erstaunen nun fest. Alle Dosen und Blechschachteln waren hermetisch geschlossen worden, vermutlich von einem Schmied mit Blei oder dergleichen. Die melierte Erbsenmasse, fein gemahlen, steckte in einem Darm, der keine Luft hereinließ. Alle anderen mehr oder weniger offenen Sachen wie die Früchte und das Trockenfleisch „frei nach Indianerart“ war fest in Leder eingeschnürt.
„Damit fängt eine neue Epoche im Essen und Trinken an“, sagte Napoleon.
Für ihn persönlich hatte meine Schwester einen verschließbaren Porzellantopf mitgeschickt, der schwarzes Lakritz in Brocken enthielt und, wie sie schrieb, „im lauwarmen Wasser aufgelöst zu trinken ist und des Kaisers Magen beruhigen wird“.

Die Pflicht des Krieges rief. Napoleon versprach, meine Schwester „gehörig“ zu entlohnen und sie bei seiner Rückfahrt und Einkehr zur „Gräfin von Weißenfels“ zu

erheben. Das Erstere fand statt, das Zweite nicht, weil er da anderes im Kopf hatte als solche Bagatellen. Keine Bagatellen waren die Abschlusszahlen zu Borodino. 130.000 Mann auf französischer, 120.000 auf russischer Seite hatten teilgenommen. Die Franzosen benutzten 587, die Russen 624 Geschütze. Die Verluste der Franzosen betrugen 35.000 Mann, darunter 47 Generäle und 480 Offiziere, die Russen verloren 45.000 Mann, darunter 23 Generäle und 211 Offiziere; auf beiden Seiten starben zusammengerechnet 35.000 Pferde.
„Pyrrhos I.“, zitierte Napoleon sein historisches Wissen, „war König von Epirus. Und soll nach einem Sieg über die Römer 279 vor Christus gesagt haben: ‚Wenn wir die Römer in einer weiteren Schlacht besiegen, werden wir gänzlich verloren sein.‘“

Ich kann nicht umhin, mich nun noch einmal gründlich den Verwundeten zuzuwenden. Habe ich schon erwähnt, dass nach der Schlacht mehr Männer starben als während der Kämpfe? Ganz klar: Es gab mehr Verwundete als Tote! Und während diese eingesammelt und teilweise ihrer Habe inklusive der Uniformen beraubt und dann in eine ausgehobene Grube gelegt wurden, hofften die Verwundeten auf Feldscher, Bader, Sanitäter, Arzt und vor allem Chirurg. Es gab in der französischen Armee allgemein, - durch Versäumnisse des Kaisers -, zu wenig Chirurgen, ein Teil von ihnen war weit hinter der Front in den Lagern und Lazaretten hängengeblieben – verständlich, dort sausten keine Kugeln mehr durch die Luft und es ging alles geruhsamer zu. Dr. Roos, ein Deutscher, klagte darüber, dass nach Operationen die Verwundeten auf die nackte Erde gelegt wurden und neben sich die Haufen der amputierten Arme und Beine in die Höhe wachsen sahen.
„Ich hatte Glück“, sagte mir ein Hauptmann, „weil mein braver Bursche, der mich nicht verließ, meine Wunde rei-

nigte, bis ein Arzt kam, mich verband und für Wasser und Nahrung sorgte."

Wir Chirurgen arbeiteten bei Kerzen-, Fackel- und Lagerfeuerlicht bis Mitternacht durch und gingen nur deshalb zum Drei- oder Vierstundenschlaf davon, weil wir wussten, sonst zusammenzubrechen. Da hatte jeder von uns schon einem Dutzend Kameraden mitteilen müssen:

„Wenn wir dich nicht amputieren dürfen, weil du sonst wie am Spieß steckend schreist, wirst du unweigerlich sterben. Wähle selbst."

Dr. La Flise gab mir einen Brief zu lesen, den er nach Hause seiner Frau schrieb:

„Unbeschreiblich ist das Heulen und Zähneknirschen, das jemand loslässt, der einen schweren Schuss erhalten hat, wenn wir ihm in die Haut stechen, den Muskel zerschneiden und dann den Knochen durchsägen. Eine Kanonenkugel hat ihm das Knie zertrümmert."

Helfer und auch Freiwillige aus Borodino und einem Kloster in der Nähe hatten inzwischen viele Verwundete unter Dach und Fach gebracht, in Klostersäle, Scheunen, Schuppen und Stuben, wo sie meist auf nacktem Boden liegen mussten: Denn schon in den Vortagen hatte die Kavallerie alles Stroh der Umgebung an sich gerissen.

„Die Nacht nach der Schlacht", sagte mir am Morgen des 8. September ein völlig übernächtigter Gardeoffizier, „war mehr als schrecklich. Wir verbrachten sie in Dreck, Schmutz und Scheiße, ohne wärmendes Feuer, mitten unter Toten und Schwerverletzten."

Es gab natürlich eine Organisation, die vorsah, Verwundete noch vom heißen Schlachtfeld auf Bahren nach hinten zu tragen, - dafür trug ich ja meinen weißen Kittel -, aber da gab es einige Mogelei, wenn ein paar te" Kämpfer sich aus Feigheit oder weil sie durchdrehten, sich selbst abkommandierten und nach hinten mitgingen. Gab es bis zum Abend, was vorkam, nirgendwo Platz mehr für die „Blessierten", so vergaß man sie; am anderen Morgen hatte sich ihr Problem gelöst.

Um verletzte und tote Pferde kümmerte sich die Bevölkerung. Der Kaiser hatte es aufgegeben, das zu verbieten und strafrechtlich zu verfolgen. Wenn sich diese Plünderer erst an die toten oder gar noch lebenden Pferde heranwagten, nachdem die Truppen weitergezogen waren, war das eine ekelhafte Angelegenheit: Die einen waren scharf aufs Fleisch, das kaum noch genießbar schien, die anderen auf das Lederzeug. Oft fanden diese Leute auch noch den toten Reiter unterm Pferd – da machten sie doppelte Beute.

Über die Bewertung der Schlacht machten Freund und Feind natürlich unterschiedliche Bemerkungen. Ein am nächsten Tag gefangen genommener russischer Spion, der uns auszuhorchen gedachte, berichtete:

„Alle meine Kameraden waren von einem Glücksgefühl berauscht. Weil sie tapfer gekämpft hatten, dass die Feinde sich am Rand einer totalen Niederlage befanden, kam ihnen der Gedanke einer eigenen Niederlage gar nicht in den Sinn. Sie wussten, dass dieser scheinbar unüberwindbare Napoleon gesiegt hatte, aber sie empfanden sich als ungeschlagen."

Marschall Kutusow schien bereit zu sein, morgen einen Gegenangriff durchzuführen, als ihm aber seine Adjutanten nach der Frontinspektion meldeten, dass er höchstens noch 45.000 zur Verfügung habe, blies er diesen sogleich ab.

Inzwischen hatte ich nach zwei Gläsern Champagner, der mit dem Nachschub geliefert worden war, dem auch schon angeheiterten Kaiser meinen Traum geschildert. Das hätte ich nicht tun sollen, meinte ich später. Denn wie es schien, war Napoleon zum Entschluss gekommen, nicht auf Moskau zu ziehen, sondern in Smolensk zu überwintern.

„Da sind unsere Pioniere und Handwerker schon dabei, die Stadt wieder aufzubauen und für die Überwinterung von 200.000 Menschen herzurichten. Dort wäre der richtige Ort, den Zaren zu empfangen."
Jetzt, wo ich ihm meinen Traum erzählt hatte, kippte er um: „Les rêves sont des mousses – Träume sind Schäume", zitierte er einen Dichter oder Weisen, „da darf ich mich drauf verlassen, Docteur, auch wenn Sie kein Weiser sind."
So blieb es dabei: „En route pour Moscou – Auf nach Moskau!"

Vor Moskau

Das war nicht so einfach, wie der Herr Kaiser sich das gedacht haben mochte! Er hatte wohl weniger als sonst Aufklärung betrieben und fühlte sich seltsam siegessicher. Also: Er meinte, dass noch eine Schlacht zu schlagen sei, ehe man in Moskau einziehen könnte. Er konnte natürlich nicht wissen, wie Fürst Kutusow entscheiden würde und welche Wortkämpfe dieser mit seinen Generälen und Truppenführern auszufechten hatte. Ich wusste es, ebenso natürlich, auch nicht und habe es erst später direkt von Kutusow erfahren. Ich greife vor und berichte jetzt, wie bei den Russen die Lage aussah, ehe Napoleon endlich auf Moskau losmarschierte.

* * * * * *

Kutusow hatte am Abend seine Verteidigungslinie zurückgezogen und wunderte sich, dass die Franzosen nicht nachrückten. In seinem Auftrag streifende Kosaken bestätigten, dass sie auch keine Vorposten unterhielten und dort kampierten, wo sie die Schlacht beendet hatten.
„Aus dem Verhalten des Feindes entnahm ich", sagte Kutusow mir, „dass auch er, wie wir, stark geschwächt und

froh war, in Ruhe gelassen zu werden. Können Sie das bestätigen, Doktor?"
Konnte ich.
„Sie sind ein gebildeter Deutscher", sagte er wohlmeinend, „und können gewiss meinem Gedächtnis ein wenig aufhelfen, das seit meiner Schulzeit einiges vergessen hat: Wie nennt man eine Schlacht, die für beide Seiten so verlustreich war, dass sich keiner als Sieger bezeichnen sollte?"
„Pyrrhus-Sieg", antwortete ich, „nach einem gleichnamigen König von Epirus lange vor unserer heutigen Zeitrechnung."
Alle Anwesenden bewunderten mein Wissen. Kutusow also fühlte sich mutig und befahl, alle Vorkehrungen zu treffen, den Feind im Morgengrauen zu überfallen. Alle verantwortlichen Offiziere eilten voller Vorfreude zu ihren Mannschaften, welche diese Nachricht mit Begeisterung aufnahmen.

Ich war noch mit Kutusow gegen Mitternacht zusammen, als die zwei Adjutanten, die er zur Kontrolle der ruhenden Truppen beordert hatte, zurückkamen und die von mir schon erwähnte Feststellung berichteten, dass für einen allgemeinen umfassenden Angriff auf Napoleons Aufstellung nicht mehr als 45.000 Mann zur Verfügung standen.
„Da hat der Marschall gekniffen", flüsterten mir später die beiden Adjutanten zu, „er hat nie vorgehabt, die Schlacht fortzusetzen."
Mir sagte er jetzt, dass der Zar ihn damals ermahnt habe, die Armee nicht wegen einer unwichtigen Stadt, und sei sie noch so groß und ehrwürdig, aufs Spiel zu setzen. Moskau, habe der Zar hinzugefügt, werde den Feind aufsaugen wie ein Vampir seine Beute auszusaugen pflegt.
„Und er gab mir noch einen Befehl", fügte Kutusow hinzu, „welcher die Gemüter späterer Historiker zum Kochen bringen wird, nämlich: Es ist wirkungsvoller, diese Stadt

anzustecken, wenn sich der Feind in ihr befindet, als sie unter hohen Verlusten verteidigen zu wollen."

Als wäre das seine Idee gewesen, sagte Kutusow abschließend zu mir:

„Ich beschloss, Napoleon mit seiner Armee abzuschütteln und vorerst nach Moskau zu marschieren. Ihm aber die Stadt zu überlassen, wenn er sie haben wollte. Das war wohl, muss ich, mich selbst vor der Geschichte lobend, eine meiner besten Entscheidungen – Napoleon ist eine Sturzflut, die man fluten lassen muss, bis sie sich irgendwo verläuft. Habe ich Recht behalten, lieber Doktor?"

„Voll und ganz, Exzellenz."

Dies ist das Ende meiner vorgezogenen Berichterstattung…

* * * * * *

Moskau, wie es sich 1812 allen Besuchern präsentierte, sollte einigermaßen gründlich vorgestellt werden. Dass es voll und ganz verbrannte, ist eine Mär. Ich beschreibe Moskau jetzt, nachdem ich es ausgiebig erkundet, nach Plänen studiert, teilweise zur Zeitmessung abgeschritten, in alten Papieren besichtigt und vom Hörensagen kennengelernt habe. Vorab kann ich sagen, dass viele Bewohner der Stadt sich mit der kurzzeitigen Besatzungsmacht befreundet und ihren Schnitt gemacht haben.

„Schade", haben mir viele Kaufleute und Hausbesitzer anvertraut, „dass die Stadt nicht ganz und gar verbrannt ist wie die beiden biblischen Städte – der Wiederaufbau verschönert eine Stadt nicht nur, sondern macht auch Freude."

Moskaus Flächenraum war nur teilweise mit Gebäuden bebaut. Wie bei anderen europäischen Großstädten meiner Zeit gab es Grün- und Wasserflächen, Teiche, Gräben, Friedhöfe, Gärten, Ackerland, Ställe, Scheunen und Kotten jeder Art und Größe, wie ich sie schon in Berlin, Dresden und Leipzig gesehen hatte. Winters wie sommers unterschied sich die Einwohnerzahl um hunderttausend, je nachdem, ob der zahlreiche und kopfstarke Adel in der Stadt war oder nicht. Nicht nur die allbekannte Moskwa schlängelte sich kurvenreich durch die Stadt, sondern auch kleinere, die im Sommer zu Rinnsalen wurden: Neglina, Tousa und Senitschka. Eine solche Metropole, sollte man denken, müsste ihre befestigten Pracht- und Verkaufsstraßen haben – weit gefehlt das! Es waren auch hier jene Straßen und Wege, die wir schon im Hinmarsch kennen- und hassen gelernt haben: staubig-trocken im Sommer, schlammig im Herbst und eisig-hart im Winter.

Nun etwas Statistisches: Die Anzahl der Straßen wurde mir damals mit 500 bis 600 angegeben, die der Häuser etwa 11.000, dazu kämen über 800 Kirchen und 30 Klöster. Beeindruckend die Zahl der Türme, gleich 1.500, weil jede Kirche mit einigen ausgestattet war. Vom Sperlingsberg aus habe ich, im Schutz einer bewaffneten Eskorte natürlich, das abendliche Panorama Moskaus gesehen: Lichter, Feuer, Qualm und der Dunst einer emsigen Einwohnerschaft. Der Mittelpunkt der Stadt ist natürlich der Kreml, die erste Fassung von 1300 wurde längst durch einen Bau aus Stein ersetzt. Der Kreml beherrscht die Stadt von einer Anhöhe aus und hat die Gestalt eines Dreiecks. Einst gebaut, um Angriffe der Mongolen aus dem Osten Trutz und Schutz zu bieten, heute wird er einem Bombardement französischer Geschütze keinen Widerstand bieten können. Die heutige Stadt ist entstanden, wie viele andere in Europa auch, indem sich die neu zuziehenden Völker, vor allem Kaufleute und Handwerker, rund um den Kreml ansiedelten. Hier wohnte zur Zeit auch der Adel, der die Auflage, nicht aus Holz bauen zu dürfen, finanziell erfüllen konnte.

Es ist eine alte Regel, dass eine neue Siedlung , kaum dass sie Bestand hat, neue Siedler anzieht. So kam es, dass viele Bauern woanders ihre Höfe aufgaben und ins Umfeld Moskaus zogen, weil die Stadt oder Burg erstens Schutz bot und zweitens dort viele Menschen lebten, die auf landwirtschaftliche Produkte angewiesen waren.
„Dieser Umstand ist für uns wichtig“, stellte Napoleon fest, „denn meine Soldaten wollen ernährt werden.“
Die Hungersnöte des ersten Vormarsches gab es so nicht mehr, denn wir waren so rasch vorangekommen, dass die Landleute weder flüchten noch ihre Erzeugnisse verstecken konnten. Außerdem hatte Napoleon das regellose und nur Hass verursachende Plündern verboten und angeordnet, dass bei den Bauern korrekt zu bezahlen sei. Auch die Landplage „Kosaken“ war zu Ende, denn nur noch kopfstarke Beschaffungstrupps durften losziehen. Sie schützten als Nebenwirkung die sesshaften Bauern vor den Kosaken: Diese machten, einmal von der Leine gelassen, bei Räubereien, Vergewaltigungen und Morden keinen Unterschied zwischen Freund und Feind.
„Sie sind jedermanns Feind“, sagten die Grenadiere, Kavalleristen, Trossleute und Pioniere, „und müssen abgeknallt werden, wo man sie findet.“
Die Russen selbst kannten dieses Problem und fingen jetzt jeden Kosak ein, den sie fangen konnten. Das veranlassten die Kollegen, sich hier nicht mehr sehen zu lassen.

* * * * * *

Zu der Zeit, als wir anrückten und Moskau bedrohten, war Graf Fedor Rostopschin Stadtkommandant und Statthalter Moskaus. Es besaß viel Freiheiten zum Reagieren, denn St. Petersburg war weit und es dauerte Wochen, bis Weisungen und Befehle ihre Adressaten erreichten. Obwohl die Bewohner Russlands, besonders diejenigen, welche keine

Sklaven mächtiger und überreicher Grundbesitzer waren, aus der Sicht der Obrigkeit eine Horde aufsässiger Querulanten. Aber jetzt, wo unter den Gebildeten die Warnung „Napoleon ad portas“ umging und die Hochgebildeten gar vor einem neuen Hannibal sprachen – ja, jetzt begannen sich die meisten Russen ihrer Würde und kulturellen Abstammung zu besinnen und wie ukrainische Kletten aneinander zu kleben.

Ich habe hier unter unserer Vielvölkerarmee einen Italiener kennengelernt, der, wie er sagte, in seinem alten Römer-Bauernhof ein Eichenbrett gefunden haben will, das kaum deutlich lesbare lateinische Buchstaben aufwies, die folgendermaßen entziffert wurden:
„Si foris hostem non solum, conveniunt scriptor - Kommt der Feind von draußen rein, lasst uns alle einig sein – Si l‘ennemi vient de l‘extérieur, nous sommes tous d‘accord.“

Mitglieder einiger adeliger Familien, welche mit den Zaren seit zwei, drei Generationen in Fehde lagen, betätigten sich als Überläufer und warnten Napoleon, der sie wider Erwarten gut aufnahm, vor der Heimtücke der Moskauer und besonders ihres Statthalters Rostopschin. Napoleon überwand seine tagelange Lethargie und vergaß die vielen Gefallenen und an ihren manchmal leichten Wunden Verstorbenen.
„Blass sitzt der Kaiser auf seinem Feldstuhl“, schrieb ich nach Hause, „starrt auf die Leichenfelder, schaut den nach rückwärts abfahrenden Wagen mit haufenweise Verwundeten nach und isst und trinkt nichts anderes als Deinen, Ruth, warmen Lakritzsaft. Nach dem kann er pupen und pinkeln nach Herzenslust.“
Da meldeten von vorn kommende Boten, „die Vorhut, Majestät, kann die Kuppeln Moskaus sehen“. Er genas in Nullkommanix, forderte seine Umgebung auf, desgleichen

zu tun und „mir und meinem Pferd nach Moskau zu folgen – endlich, endlich“, fügte er hinzu, „ich bin am Ziel meiner Wünsche und werde hier meine Gesetze erlassen, wie ich es in Kairo, Paris, Berlin und Wien getan habe.“
Einer der russischen Überläufer seines Gefolges sagte mir leichthin aber für andere unhörbar:
„Er nix wissen von russische Seele, capito Docteur?“
Ich begriff, ehe ich dem Kaiser folgte.

Später erfuhren wir, dass der Adel, kaum dass unsere Vorhut von Moskau aus sichtbar geworden war, sie nach Osten, Nordwesten und Süden verließ, während die normalen Bürger von Rostopschin zurückgehalten wurden. Er ließ einen Aufruf verbreiten, - nicht alle Moskauer konnten lesen -, in dem er behauptete:
„Der Fürst (Kutusow) hat die Absicht, unsere Stadt zu verteidigen, mit seinem letzten Tropfen Blut und dass er bereit sei, sich in den Straßen und engen Gassen zu schlagen.“
„Bewaffnet euch mit Äxten, Piken und dreizinkigen Heugabeln – ein Franzose ist nicht schwerer als ein Heuhaufen und eine Getreidegarbe.“
Als ich Napoleon den erbeuteten Aufruf vorlas, lachte er erst so richtig korsisch, wurde dann aber ernst und kommentierte:
„Man sollte nicht meinen, dass diese Halbasiaten schon soviel gelernt haben, dass sie derartige Aufrufe ans Volk verfassen können – hätten Sie das gedacht, Doktor?“
„Sire“, antwortete ich, „die russischen Adeligen sind höher gebildet als mancher dieser Oberklasse in Mitteleuropa. Ihre und meine Landsleute, Sire, sind die Lehrmeister gewesen.“
Diese Feststellung gefiel ihm nicht und mir gefiel seit einiger Zeit nicht, wie er mich manchmal ansah und regelrecht „beäugte“.

* * * * * *

Bevor wir uns auf den Weg nach Moskau machten, muss ich schildern, dass auch einige der von Napoleon gepressten deutschen Offiziere „die Schnauzen voll hatten", weiter nach Osten zu ziehen. Ich kann ein paar dieser Aufsässigen namentlich nennen: Oberleutnant Heinrich von Brandt aus Baden; Trompeter Carl Schehl aus Krefeld; Leutnant Christian von Martens aus Württemberg; General Ferdinand von Funck aus Sachsen und Major Wilhelm von Loßberg aus Westfalen. Sie monierten unter anderem und ohne aufgebracht zu sein, folgendes:

„Wir sehen, Majestät, in diesem Unternehmen keinen Sinn mehr und fordern, es abzubrechen – Sie haben uns, Sire, damals, als Sie uns anwarben, nicht gesagt, dass es bis Asien gehen soll – Schon jetzt betragen die Verluste an einfachen Soldaten, Exzellenz, über siebzig Prozent – Die einfachen Soldaten, kaiserliche Hoheit, bekommen nicht immer ihren Sold und sie hungern fast ständig – Dass viele von ihnen, Sir, desertieren, wird auch Ihnen bekannt sein."

Napoleon winkte ab und erhob sich. Er steckte zweifellos in der Klemme, ein Vorgang, den er von seinen eigenen Soldaten und bei vorigen Schlachten nicht kennengelernt hatte. Ich half ihm nicht weiter, so dass er versuchen musste, sich mit den Männern zu arrangieren.

„Es wird keine Schlacht mehr geben", sagte er übertreibend, „es sieht seit heute aus, als wenn die Russen Moskau nicht verteidigen werden. Sie werden einziehen, meine Herren Offiziere, und dort den Winter über besser leben als viele von Ihnen zu Hause. Einheiten und Offiziere, die sich besonders hervorgetan haben, können Weihnachten schon wieder daheim sein – ich danke Ihnen und fordere Gehorsam, bis der Krieg beendet ist."

Als ich Napoleon bei dieser ganzen langen Unterhaltung beobachtete wie ein gründlicher Arzt seinen Patienten – ja, da stimmte ich meinem Kollegen Heinrich von Roos zu, der nach des Kaisers Abgang sagte:
„Le soleil d'Austerlitz s'est couché – Die Sonne von Austerlitz ist untergegangen."
Hier für alle, denen der Name Austerlitz nicht geläufig ist: Bei Austerlitz feierte am 2. Dezember 1805 Napoleon seinen größten Sieg über den Zaren, Michail Kutusow und den österreichischen Kaiser. Ja, dachte auch ich: Dieses Kaisers Zeit beginnt abzulaufen - „Rette sich, wer kann!"

* * * * * *

Napoleon hatte es mit dem Nachrücken nicht eilig. Er besuchte noch das Schlachtfeld von Borodino und wollte von seinen Offizieren wissen, „woran die 30.000 Soldaten gestorben sind?" „Von der Artillerie erledigt", war die Antwort. „So müssen wir in Zukunft", entschied der Kaiser, „mehr Wert auf sie legen. Schreiben Sie an Minister Tallyrand, dass man sofort damit anfängt."
Am Morgen des 9. September konnten die französischen Kräfte Kutusows Truppen aus Mosaisk werfen – und hier offenbarte sich uns der ganze Schrecken eines solchen „totalen" Krieges: Hier hatten die Russen 10.000 Verwundete zurückgelassen, „weil wir sie nicht wegschaffen konnten", wie bei ihnen verbliebene Sanitäter aussagten. Das war ihr Todesurteil! Denn Napoleon konnte nicht anders, „als sie aus den Unterkünften hinauszuwerfen, um die eigenen Verwundeten nun endlich unterzubringen".
„Wir können ihm keinen Vorwurf machen", meinten alle seine Ärzte, ich eingeschlossen, „er musste es tun, wenn seine Soldaten, die sonst treue Garde eingeschlossen, ihn nicht zum Teufel jagen sollten."
Vielleicht wäre das die beste Lösung gewesen!

Die französischen Verwundeten kamen vom Regen in die Traufe: Es fehlte an allem! Sie hatten jetzt zwar ein Dach überm Kopf, - die Nächte begannen arg kühl zu werden -, aber es gab nicht einmal Stroh, kein Leinen für Verbände, keine Medikamente und Lebensmittel waren auch noch nicht nachgekommen. In einer Scheune fanden wir 500 Verwundete, um die sich seit Tagen niemand gekümmert hatte. Wie leicht angreifbar unsere so genannte Armee war, erfuhr ich am nächsten Tag, als ich Napoleon fast ununterbrochen wegen Schwermut, Unpässlichkeit und Magengrimmen behandeln musste.

„Wo soll das hinführen?“, fragte Dr. Roos, „wenn die Spitzen unserer Truppen vor Moskau stehen und der Schwanz noch bei Borodino verweilt?“

„Kutusow“, antwortete ich, „ist ein Narr, uns nicht in die Flanke zu fallen.“

Unsere Flanke! Es jetzt erfuhr ich von abkommandierten Soldaten, dass an unserer rechten Flanke, also im Süden, die Österreicher unter Schwarzenberg mit vorgingen und dass im Norden sich die Preußen auf Riga zubewegten. Das war gar nicht schlecht ausgedacht, wurden so doch sonst freie Kräfte der Russen abgelenkt – freilich mochten dann hier vor Moskau die eigenen Verbände fehlen.

In Moskau

Das nun Folgende erfuhr ich hauptsächlich durch Hörensagen. Weil Napoleon noch zögerte, notfalls die Stadt zu stürmen, schrieb Marschall Kutusow einen Brief an seinen Zaren, in dem er mitteilte, Moskau kampflos dem Feind überlassen zu wollen. Sein Rückzug begann sofort. Die Bevölkerung fühlte sich vor den Kopf gestoßen, hatte sie doch nach ihrer Meinung einen Kampfwillen bekundet, der ausreichen müsste, den Feind in verlustreiche Gefechte zu verwickeln.

„Denkt immer daran“, hatte man den Bürgern gesagt, „dass nur jeder tote Franzose ein guter Franzose ist und dass der Kaiser Schwierigkeiten hat, seinen Nachschub an Menschen und Material aufrecht zu erhalten. Jeder tote Feind zählt!“

Am Abend sahen die Bürger ihre Artillerie aus der Stadt rollen, Infanterie und Kavallerie folgten, die Bürger standen wie bei einem Leichenbegängnis am Straßenrand.

„Bittere Wut allein verhinderte“, berichtete ein Überläufer, „dass die Ordnung zusammenbrach, noch bevor die Truppen die Stadt verlassen hatten.“

„Klar“, meinte Napoleon, „dunkle Elemente warteten darauf, plündern und rauben zu können. Mir wäre am liebsten gewesen“, fügte er hinzu, „und ich hatte das auch gehofft, als friedliche Besatzer in die Stadt zu kommen, ohne einen Schuss oder Kanonenschlag.“

„In eine leere Stadt einzuziehen“, warf Murat ein, „ist auch nicht schlecht.“

„Sire“, sagte der Überläufer dringend, „man hat vorher an vielen Stellen der Stadt leicht brennbares Material wie Öl, Reiser, Stroh und Tücher versteckt. Das soll ein Deutscher namens Schmidt vorgeschlagen haben. Mehr weiß ich nicht.“

Wenn wir gewusst hätten, was sich nun in Moskau abspielte, hätte der Kaiser gewiss ein berittenes Regiment hineingeworfen. Die abrückenden einfachen Soldaten wurden von der Bevölkerung nur beschimpft, wie das beim Pöbel und Mob seit Jahrtausenden üblich ist, aber ihre Offiziere mussten sozusagen die Suppe auslöffeln und wurden wie die Adeligen aus ihren Kaleschen und Kutschen gezerrt und ausgeraubt.

„Steine und Flüche wurden geschleudert, Verletzte wurden daran gehindert, die Stadt zu verlassen und aus den Wagen geworfen, in die man sich selbst setzte. Wo man hinhörte

und sich umschaute: Geschrei, Gejammer, Hilferufe von Kindern und alten Leuten, denen man die letzte Habe aus den Händen oder von den Schultern riss."
Es geschah genau das, was Napoleon hatte verhindern wollen und was ihm den Aufenthalt in der Stadt vergällte: Soldaten drangen in die Seitenstraßen und Gassen vor, weil die nach Osten führenden Hauptstraßen hoffnungslos verstopft waren, und fanden so Häuser vor, die noch bewohnt und natürlich nicht ausgeplündert waren.

* * * * * *

Napoleon nahm mich vor und wollte wissen, ob der Kreml feuersicher sei. Ich wusste, was diese Frage bedeutete: Dort sollten unsere verwundeten unterkommen. Ich konnte nicht konkret antworten und schlug ihm vor, den erwähnten Überläufer zu befragen und ihn eventuell als Kremlführer in Dienst zu nehmen.
„Ich mag keine Verräter", murrte Napoleon.
„Ich auch nicht, aber der Zweck heiligt bekanntlich die Mittel."
Empfindlich wie er für die eigene Person war sah er mich missbilligend an. So nahm ich mir den Mann vor und fragte ihn aus:
„Kennen Sie den Kreml?"
„In- und auswendig, Doktor."
„Der Kaiser wollte Sie eigentlich erschießen lassen", sagte ich, „und ich stelle Sie als meinen Gehilfen ein, wenn Sie einigermaßen mit Verbänden und Pflastern umgehen können. Wie ist Ihr Name?"
„Igor Pjotr Kubizek, Doktor."
„Wir wollen zeitgleich mit unserem Einmarsch unsere verwundeten Soldaten aus den umliegenden Zelten, Lazaretten und Gehöften in den Kreml bringen. Ich denke, Sie

sind meiner Meinung, dass sie dort nicht verbrennen können."
„Nur wenn man gezielt vorginge, Doktor, nicht, wenn's rundum nur brennt."

Nun kam es doch anders, als Napoleon geplant hatte, aber eben nicht schlecht. Ein russischer örtlicher Befehlshaber, dessen Namen ich vergessen habe, arrangierte sich mit Marschall Murat, der beinahe Moskau genommen hätte, während die letzten russischen Truppen noch in der Stadt waren. Dieser Befehlshaber ließ Murat wissen, dass er bereit sei, Moskau kampflos zu übergeben, wenn er ihn und seine Soldaten abziehen lasse.
„Wenn nicht, Marschall", soll er gedroht haben, „werde ich Moskau anzünden lassen. Dann werden Sie sehen, wie Sie hier zurechtkommen."
So stellte sich eine Art von Waffenstillstand von selbst ein, den unser Militärarzt Heinrich von Roos so erlebte:
„Auf den Straßen wimmelte es von Hunderten russischer Nachzügler, die den Anschluss verpasst hatten oder kaum benachrichtigt worden waren. Ich verband einigen russischen Offizieren ihre Wunden und auch sonst gab es zahlreiche Szenen von Verbrüderungen - ‚ist der Krieg aus, Doktor?', wurde ich gefragt und konnte doch nicht antworten."
„Russlands letzte Tage sind gekommen!", riefen viele Soldaten und desertierten. Zahlreiche wohnten in der Nähe oder waren in den Dörfern ringsum zu Hause - „ab zu Muttern!"

* * * * * *

Nun endlich setzten sich die französischen Marschkolonnen in Bewegung, um „kampflos", wie einige Hitzköpfe

klagten, „eine der schönsten Städte der Welt als Eigentum zu nehmen“.
Warum Hauptmann Fantin diese Stadt „wie eine Ausgeburt der Fantasie und als Erscheinung aus Tausendundeiner Nacht ansah“, war mir allerdings schleierhaft und er wusste es auch nicht. Habe ich schon erwähnt, dass unsere Soldaten in einer Beziehung „bittere Not“ litten? Lockere Damen gehörten zu jeder Armee damaliger Zeit und ich glaube, dass sich darin in Hunderten von Jahren nichts ändern wird. Aber wer aus stundenlanger Schlacht mit Trommelfeuer der Geschütze, pausenlosem Geknatter der Musketen und Vorbeizischen von Kugeln abends zur so genannten Ruhe kommt, ist nicht nur körperlich ausgelaugt, sondern will nach dem Abendessen nichts anderes als „allein“ schlafen. Ich bin öfter mit der Frage angegangen worden, „wie hat du‘s denn damit?“ und habe immer geantwortet:
„Wenn ich eine dieser Dirnen hier stolzieren sehe, muss ich an meine liebe und hübsche Frau in Weißenfels denken, und dann kann ich nicht mehr...“
Andere Soldaten, meist gebildete wie Leutnant Julien Combe, bekamen handfeste Vorstellungen, als sie von weitem das Stadtpanorama in der Herbstsonne blinken und leuchten sahen:
„Dieser großartige, unvergessliche Blick auf die Stadt übertraf an Pracht alle meine bisherigen Erwartungen. Glockentürme an Türme, vergoldete und bunt bemalte Kuppeln, leuchtend gelbe Kreuze auf ihnen, die wir natürlich als golden im rötlichen Schimmer der Sonne ansahen, beherrschten das einmalig-unvergessliche Bild. Da juckten die Finger und Fäuste notorischer Spitzbuben, zu denen auch unser Kaiser gehörte: Wieviel Francs, Dukaten, Doublonen, Taler und andere Geldstücke werden sich aus dem Moskauer Gold und Silber prägen lassen!“

Napoleon hockte auf seinem treuen „Emir“ und war maßlos enttäuscht, dass niemand gekommen war, ihm den Schlüssel der Stadt zu überreichen.
„Manchmal meine ich“, murmelte Dr. Roos, der neben mir ritt, „er hatt‘se nicht alle richtig im Kopf. Wir sind doch nicht mehr im Mittelalter oder in der Antike, wo solche Artigkeiten wie Schlüsselübergabe oder Brot und Salz ausreichen, Voraussetzung für die Milde eines Eroberers waren.“
So ernannte der Kaiser einige seiner Beamten in die Stadt, um eine Persönlichkeit zu finden, mit der zu verhandeln war. Murat schickte jetzt einen Adjutanten, der Napoleon warnen sollte:
„Ich habe ein ungutes Gefühl“, ließ er übermitteln, „ein Hauch von Verrat liegt in der Stadt und kann nicht darüber hinwegtäuschen, dass viele Einwohner kooperativ und sogar hilfsbereit sind.“
Aus der Stadt hörten wir ein paar Schüsse aus Gewehren und leichten Geschützen, bis ein Bote kam und meldete, dass der Kreml erobert sei:
„Da waren Banden schon dabei, ihn auszuplündern oder die eingelagerten Vorräte zu vernichten.“
Napoleon gab sofort Befehl, starke Kräfte um den Kreml zu legen und wies mich an, „Sie sind jetzt Oberbefehlshaber des Kremls“, mich sofort an Ort und Stelle zu begeben.
„Das hat mir gerade noch gefehlt“, knurrte ich innerlich wütend, äußerlich gehorsam, und ließ mir von Murat, der von der Innenstadt hereingekommen war, eine Kompanie Garde anweisen. Diese Leute mochten mich alle besonders gern und innig und waren froh, voraussichtlich ein paar ruhige Tage in der Moskauer Burg verbringen zu können.

* * * * * *

Napoleon verblieb zunächst am Stadtrand und beobachtete intensiv durch das Fernglas jede Bewegung in der Stadt und die hervorstechenden Gebäude. Caulaincourt, der die Stadt zu kennen schien, wusste jede Frage zu beantworten, fragte dann aber selbst:
„Sire, warum rücken wir nicht ein?"
„Ich warte noch auf einen Bevollmächtigten."
Er konnte die Missachtung seiner Person kaum verwinden und, - das sah ich sofort -, da begannen auch seine Magenschmerzen. Die konnte er nun freilich vergessen, als ein Adjutant in Begleitung eines in Moskau ansässigen französischen Händlers auftauchte.
„Sie müssen doch Bescheid wissen, Mann, was hier los ist", fauchte Napoleon ihn an.
„Ja, Majestät, das weiß ich auch: Man hat Ihnen die Stadt überlassen, ohne sie offiziell zu übergeben. Niemand, auch Kutusow nicht, wollte diese Entscheidung übernehmen, denn ein Donnerwetter des Zaren kann mehr als tödlich sein."
„Diese Barbaren!", rief Napoleon empört aus und starrte Caulaincourt an, „wollen uns die Stadt bedingungslos preisgeben? Kann das möglich sein? Was denken Sie dabei?"
„Dass ein Trick dahinter steckt. Ich schlage vor, Majestät, dass Sie heute nicht mehr einziehen. Morgen werden wir weitersehen."

Inzwischen war ich mit Begleitung am Kreml angekommen und konnte die Einlieferung unserer Verwundeten beobachten. Ich sagte nichts, als ich auch zahlreiche russische Soldaten unter ihnen sah – eine Völkerverständigung, für die Napoleon kaum Verständnis aufbrachte. Mein Gehilfe Igor Kubizek war dabei, meine Wohnung einzurichten und ein richtiges Arztzimmer dazu. Er hatte auch schon seine Hand auf die Lebensmittelvorräte im Keller

und im Dachboden gelegt, indem er die Schlüssel zu diesen Räumen beschlagnahmte.
„Was ist“, fragte er zwischendurch besorgt, „wenn mich der Kaiser sieht und fragt, warum ich so gut französisch spreche?“
„Ganz einfach“, antwortete ich, „du bist der Sohn eines hiesigen Händlers, der eine Französin geheiratet hat.“
Sein braves Gesicht strahlte wie ein russischer Vollmond, aber er hatte noch ein Problem:
„Nehmen Sie mich mit, Herr Doktor, wenn Sie Russland verlassen, mit nach Wei-ßen-fels?“
„Zugesagt und abgemacht.“

Nachdem die Verwundeten eingeliefert und auf die vorhandenen Räume aufgeteilt waren, machten Igor und ich Visite. Da rissen die Verwundeten, sofern sie noch zwei Augen besaßen, diese sperrangelweit auf: Zwei Männer in weißen Kitteln, eine weiße Kappe auf dem Kopf und mit einem roten Kreuz bekreuzt – da wähnten sich viele schon im Vorhimmel des Überlebens. Murat hatte alle entbehrlichen Feldschere, Barbiere und Sanitäter hierher beordert und unter mein Kommando gestellt, so verfuhr er auch mit der Truppe, die, unter einem Chefkoch stehend, für Speise und Trank zuständig war. Sie waren besonders zufrieden, dass sie nun endlich einmal in Ruhe, nach Herzenslust und unabhängig vom Wetter ihrer Arbeit nachgehen konnten.
„Wer es bis hierher überlebt hat“, sagte Igor, „wird auch geheilt werden und, so Gott will, nach Hause kommen.“
Plötzlich zuckte er zusammen und sah mich an, ich sah ihm an, dass sein Gehirn zu rechnen anfing.
„Doktor“, fragte er, „wir haben jetzt beinahe Mitte September. Ehe diese armen Kerle hier transportfähig sind, wird es Mitte Oktober sein. Und ehe es dann endlich losgehen kann, Ende Oktober. Sie alle müssten mitten in den russischen Winter hineinfahren oder gehen...“

Wir kamen nicht weiter, dieses Malheur zu Ende zu diskutieren, denn eine Wache meldete mir einen Besuch, indem er mir die Visitenkarte desselben überreichte: „Dr. Wassili Stassow, Chirurg“, stand darauf. Ich ließ bitten und wusste sofort, - es gibt halt Intuitionen, die manchmal zutreffen -, dass er nicht wegen der vielen Verwundeten hier aufkreuzte. Auch Igor schien eine Ahnung zu haben, denn er verließ den Raum. Ich schwieg abwartend. Und in der Tat, der Besuch befand sich in Zeitnot.
„Doktor“, sagte er deutsch, „ich habe unten eine Notlüge gebraucht, um vorgelassen zu werden. In Wirklichkeit schickt mich Marschall Kutusow und lässt im Namen des Zaren ausrichten, dass Sie, Doktor, sich hier bereithalten sollen, abgeholt zu werden. Wenn Sie sich jetzt nicht vom Napoleon trennen, bleiben Sie ihm ewig verhaften und werden wahrscheinlich auf der Flucht von hier umkommen.“
„Flucht von hier?“
„Ja. Von Sodom und Gomorrha, Doktor. Feuer tötet nicht nur, es schafft auch neues Leben.“
Dr. Stassow erhob sich und war schneller aus dem Raum, als es eine verfolgte Hausratte geschafft hätte.

* * * * * *

Der Kreml! Die Vorgängerbauten des großen Palastes dienten den Zaren lange Zeit teilweise als Residenz. Erst Zar Peter der Große änderte 1703, als er St. Petersburg gründete und den Zarensitz dorthin verlegte. Ungenutzte Gebäude pflegen zu verfallen, das ist nun einmal so, der hölzerne Teil fiel Bränden zum Opfer, der und jener Trakt wurde anders genutzt. 1749 dann ließ Zarin Elisabeth, die große Gegnerin des Alten Fritz, einen Teil ihrer Gemächer abtragen, um einen repräsentativen Palast zu errichten. Mit seiner Ausführung beauftragte sie den allseits bekannten

Italiener Bartolomeo Rastrelli, der den neuen „Winterpalast“ schuf; einige Jahre später den Palast gleichen Namens in St. Petersburg. Jetzt saßen die Franzosen hier und im Auftrag Napoleons Italiener, Deutsche, Spanier, Portugiesen, Niederländer, Belgier und „andere Völker“ Europas und wollten es sich gut sein lassen.

Eine Überwinterung vorm russischen Winter, der mindestens von Oktober bis April andauern würde. Wie hat der Eroberer sich das vorgestellt? Der Nachschub zum Beispiel? Wenn das Land nichts mehr hergibt, wie er das Anfang 1812 noch fest einkalkuliert hatte, muss alles von Preußen, Bayern, Hessen, Westfalen und Frankreich herantransportiert werden.

„Wie kommen wir an die hier in Moskau versteckten Lebensmittel und Schlachttiere heran?“, fragte Napoleon, ohne seine Leute anzusehen. Jedem fiel natürlich die altbewährte Methode des Folterns ein, doch ein Folterknecht wollte niemand werden.

„Man kann um die Ecke herum foltern“, sagte Napoleon und schlug Berthier, Junot und Murat vor, den Huren Moskaus damit zu drohen, dass man sie in den Winter jagen würde, wenn sie nicht die ihnen bekannten Vorratslager verraten würden. Das zog.

Erst aber sollte Napoleon in die Stadt einziehen, verlangte seine Garde. Er hatte, als ich ihn verließ, die Nacht in einem Holzhaus am Rand der Stadt verbracht , noch immer einen Sendboten des Zaren erhoffend, und war nun am anderen Morgen um 6 Uhr bereit, an der Spitze der kaiserlichen Garde unter den Klängen der Militärkapelle in Moskau einzuziehen. Ich rufe in Erinnerung, dass Napoleon recht hatte, auf eine korrekte Übergabe der Stadt an den Sieger zu bestehen. Denn die internationalen Gepflogenheiten bestimmten, dass der Übergebende für den einziehenden Sieger zu sorgen, also Fourage und Unterkunft zu stellen hatte. Dass dies nicht geschehen war, machte nicht nur Napoleon stutzig – doch er hatte jetzt nur die Wahl, vor der Stadt zu bleiben oder trotz aller Bedenken einzuziehen.

Als Sergeant Bourgogne in unserem Visitezimmer vorstellig wurde, um sich am Fuß behandeln zu lassen, erzählte er über seinen Einzug in unmittelbarer Nähe des Kaisers:

„Wir waren erstaunt, niemanden zu sehen. Das gibt es doch nicht, dachten wir, dass ein Kaiser unter flotter französischer Marschmusik in eine große Stadt einzieht und niemand hört oder sieht zu. Wo blieben die hübschen Mädchen und Frauen, neugierig wie sie sein mussten? Wo auch die vielleicht finster dreinblickenden Jünglinge?"

„Es gibt doch in Moskau", warf ich ein, „eine französische Kolonie von Händlern, Bankiers und Diplomaten. Standen denn sie an der Straße?"

„Nein, Doktor, es war niemand zu sehen. Ihre Läden waren geschlossen und ihr Personal, doch wohl alles Russen, war auch nicht zu sehen."

Napoleon bezog bei uns im Kreml Quartier. Er bekam nicht mit oder wollte es nicht mitbekommen, dass seine Offiziere und Generale nun auf Quartiersuche gingen. Sie wollten standesgemäß wohnen und glaubten natürlich, dass sich dieses Wohnen bis zum Frühjahr 1813 hinziehen würde. Es sei denn, was niemand glaubte, dass der Friede noch in diesem Jahr zustande käme. Sie, diese hohen Soldaten, gingen ziemlich wüst vor: Sie kassierten die vornehmsten Villen und Adelshäuser für sich, deren Besitzer geflüchtet waren, aber ihr Personal hier gelassen hatten. Marschall Berthier berichtete mir schmunzelnd:

„Ich kam an eine Villa, deren Besitzer nicht geflüchtet waren, und an meiner Uniform schien die Besitzerin zu erkennen, dass ich ein hohes Tier sei. Ihr Butler, noch hochnäsiger als ich selbst, fragte nach meinen Wünschen, wen er der Gnädigen melden solle und ob ich eine Stelle wünsche. Ich sagte, dass Krieg sei und Kriegsrecht herrsche. Das war ihm ganz neu und er fragte, wo ich herkäme und wie. Es ist nicht zu glauben, Docteur...“

* * * * * *

Bis zum Abend des 14. war die Unterbringung der verwundeten Franzosen und Russen in den Kreml abgeschlossen. Napoleon bewohnte eine andere Ecke der Burg, natürlich war auch der Kern seiner Garde immer dabei, die auch dafür sorgte, dass die Fluchtwege frei blieben und niemand an die eingelagerten Vorräte herankommen konnte: Getreide, das zu Mehl verarbeitet werden konnte, bereits gemahlenes dabei, Rüben, Kartoffeln, fertige Brote, eingepökelte und geräucherte Schinken, Trockenfleisch, Bier und Wein, Obstsäfte und jede Menge Brennholz und Kohle zum Heizen und Kochen. Im Keller des Kreml befanden sich die Viehställe, wo Schweine, Kühe, Rinder, Schafe und Ziegen hausten und nie das Tageslicht sehen konnten. Die Burg besaß eigene Brunnen. Wie lange sie bei einer Belagerung autark sein könne, das festzustellen hatten wir keine Zeit mehr.

Bevor Napoleon nach einem derben Abendessen voller schwerem Wein und fettiger Schweinebraten zu Bett ging, sah er bei mir nach dem Rechten. Da hatte ich Gelegenheit und fasste den Mut, ihn zu fragen:

„Sire, was geschieht mit den Verwundeten, wenn wir einmal belagert werden oder flüchten müssen?“

„Das Wort flüchten möchte ich von Ihnen nicht hören, Doktor. Wie auch immer, Doktor, ich befehle hiermit, dass, wenn ich zum Beispiel nach St. Petersburg aufbrechen müsste, Sie unter allen Umständen mitkommen. Ich habe mir sagen lassen, dass der Zar Sie namentlich kennt und es wäre bei eventuellen Verhandlungen von Vorteil, wenn Sie als mein Leibarzt, wenn's nötig werden sollte, sich um seine Gesundheit kümmern könnten."

Die Engländer kennen, wie ich erfahren konnte, für sich den Begriff „Pokerface" - er soll wohl ein undurchdringliches Gesicht bezeichnen; dies machte ich jetzt. Er deutete es falsch:

„Machen Sie sich um die Verwundeten keine Sorgen, Doktor, die meiste Arbeit vollbringen doch sowieso Ihre Helfer."

Dann fiel ihm noch etwas ein:

„Sie haben sich einen Gehilfen zugelegt, ganz richtig das. Er müsste mitkommen zum Zaren und Sie beide werden großes Aufsehen erregen, wenn Sie in weißen Kitteln und dem roten Kreuzzeichen auftreten. Übrigens werde ich nach glücklicher Heimkehr in Paris eine Organisation schaffen, mit einer Nebenstelle in Weißenfels, die sich beruflich und staatlich um die Kriegsversehrten kümmern wird. Mit Ihnen, lieber Docteur, als wohlbestallter Präsident. Sind das keine Aussichten?"

„Große und gewaltige, Majestät."

Eine halbe Stunde später fand in meinen Räumen eine „Konferenz" statt, wie sie niemals wieder würde zusammentreten können: Marschälle, Generäle und Militärchirurgen waren die Teilnehmer. Ihre Sorgen galten erstrangig den Verwundeten.

„Diese Männer", sagte Berthier, „sollten so schnell wie möglich heimwärts geschickt werden, Doktor."

„Wenn hier etwas passiert", sagte Junot, „sind sie uns ein Klotz am Bein, der verderblich werden kann."

„Stellen Sie sich vor, Doktor", sagte Murat, „wir haben keine Lebensmittel mehr. Wer wird dann am ehesten verhungern?"

„Wir möchten Sie bitten, Doktor“, sagte der neu ernannte Gouverneur von Moskau, Marschall Mortier, „dass Sie sich beim Kaiser dafür einsetzen, dass die einigermaßen auskurierten Verwundeten mit requirierten Kutschern, Wagen und Pferden vorerst nach Smolensk ausgelagert werden. Ist das zuviel verlangt?“
„Keineswegs“, antwortete ich, „das habe ich dem Kaiser bereits vorgetragen, aber er ist der Auffassung, dass im nächsten Frühjahr die meisten von ihnen als geheilt angesehen und wieder in Dienst genommen werden können.“
„Nächstes Frühjahr?“
Ich weiß nicht, wer diesen Zweifel aussprach.
„Im übrigen“, sagte ich bewusst betont, „sind Sie alle bei mir an der falschen Adresse: Der Kaiser hört weniger auf mich als Sie vielleicht meinen und mein Stern scheint zu sinken - er traut nun einmal allen Deutschen nicht. Habe ich das richtig läuten hören, dass sich in Preußen und auch anderswo Kräfte rühren, die am Ast, auf dem der Kaiser sitzt, zu sägen beginnen? Wenn ja, meine Herren, kann ich nur sagen ‚rien de tel loin d‘ici – nichts wie fort von hier!‘“
Zwar Zustimmung, aber keine freudige!

Als wir Schluss machen wollten und uns schon erhoben, kam ein atemloser Leutnant als Bote für Marschall Mortier und verkündete:
„Marschall, unsere Kontrollkompanie erfuhr durch Einwohner und stellte dann selbst fest, dass die Russen, wie es heißt auf Befehl Kutusows alle Feuerspritzen aus der Stadt geschafft oder unbrauchbar gemacht haben...“
Da gab es unter uns bedenkliche, unfassbare, zornige und deprimierte Gesichter.
„...und“, fuhr der Berichterstatter fort, „wir haben ein paar Täter erwischt und gehörig vorgenommen, so dass sie gestanden, dass man ihnen die Wahl zwischen Erschießen

und Überleben gelassen habe. Sie sagten dann aus, dass sie nur ein Vortrupp seien, der vorab ein paar kleine Häuser anstecken solle. ‚Die Hauptsache kommt noch, ihr Franzosen!', rief einer der Männer und wollte türmen. Ein Schuss in den Rücken..."

Trotz der späten Stunde gingen wir einen der zahlreichen Türme hinauf und überblickten die Stadt: Ja, ein paar örtliche Feuer loderten in der Ferne, die auch Lagerfeuer der Einheimischen oder unserer Soldaten sein konnten. Nicht genug mit dieser Feststellung, kam nun ein ebenso atemloser Bote für Marschall Berthier:

„Sire, der Kommandant meiner Division schickt mich mit einer wichtigen Nachricht für Sie und den Kaiser. Wir haben eine unauffällige Erkundung in Richtung Rjasan gemacht und erfahren, dass dort Marschall Kutusow mit seiner ganzen Armee steht, geschätzt 50.000 Mann stark. Unsere Offiziere meinen, dass Sie und der Kaiser verständigt werden sollten."

Da entstanden wieder die von mir schon geschilderten Gesichter. Mortier erbot sich, Napoleon zu informieren, kam aber deprimiert und wüst schimpfend zurück:

„Denkt euch", knurrte er vernehmlich, „der Kaiser darf nicht geweckt werden. Er hat sich einige Garde-Grenadiere vor die Tür stellen lassen und gedroht. Jeden, der ihn vorm Hellwerden weckt, erschießen zu lassen. Nun denn, lasst uns auch schlafen gehen, ‚demain est un autre jour – morgen ist auch noch ein Tag'".

* * * * * *

Morgen? Heute also! Als Napoleon am Morgen erwachte, sah er vom Kreml aus die zahlreichen senkrecht aufsteigenden Rauchsäulen und dachte sich nichts Schreckliches dabei; in einer so stark rückständigen Großstadt brennt es immer einmal.

„Auch in Paris“, sagte er, „aber wir haben ein exzellentes Löschsystem. Sollte das hier nicht existieren, nun denn, dann haben die Russen viel aufzubauen, wenn wir mal fort sind.“
Frühstück! Viele Herrscher liebten es, bei dieser netten Tätigkeit nette Leute um sich zu haben, mit Vorliebe natürlich nette Frauen, aber hier durften es auch die Marschälle Mortier, Berthier, Murat und der Leibarzt Wilhelm Rohdich sein.
„Sie haben ihre eigene Stadt angesteckt“, sagte Mortier.
„Und alle Löscheinrichtungen zerstört oder mitgenommen“, sagte Murat.
„Unten vorm Tor heulen und jammern Frauen und Mädchen“, sagte Berthier, „weil das Spital brennt, wo sich noch 10.000 russische Verwundete aufhalten sollen. Sie verlangen, dass wir sie retten.“
„Lasst sie verbrennen“, antwortete Napoleon jetzt, „qui joue avec le feu, peut périr en elle – wer mit Feuer spielt, kann darin umkommen.“
Was da vor sich ging, wurde mir am Abend berichtet.

Napoleon hatte nun die Sorge, ob der Kreml abbrennen könne oder nicht.
„Wir haben schon alles vorbereitet“, sagte Mortier, „zwar lagern hier jede Menge Pulver und Munition, aber wir bewachen die Bestände. Dennoch schlage ich vor, Sire, dass Sie die Stadt verlassen und Quartier im Schloss Petrowskoje eine Fahrstunde vor der Stadt beziehen.“
Napoleons Personal und ich mussten mitkommen. Als ich versuchte, mich mit der Bemerkung „meine Verwundeten“ dem zu entziehen, wurde er giftig und zeterte, „dass wir in ein paar Tagen, wenn die Stadt ausgebrannt ist, zurückkommen werden“.

Von diesem zaristischem Schloss aus war das brennende Moskau schön und schaurig zugleich zu bestaunen. Die

Feuer loderten so hell und stiegen so steil in den Himmel, dass man die Orkane im Inneren knistern und fauchen hörte. Explosionen knallten, der Wind trug Funken vor sich her, artete zum Sturm aus und fachte sich selbst an. Ich schrieb nach Hause, von wo der Bericht an die Weißenfelser Zeitung ging:

„Die ganze Stadt brannte, überall stiegen Flammengarben in allen Farben des Schreckens empor, der Rauch machte den Horizont unsichtbar und das Feuer ermöglichte uns, dabei zu lesen. Die Wucht war so stark, dass Blechdächer hochwirbelten und in die Menge der Helfer und Neugierigen prallten."

Dass auch Rotten von Plünderern unterwegs waren, die sich sowohl aus Einheimischen als auch aus unseren Soldaten zusammensetzten, verschwieg ich wohlweislich; schließlich stand auch meine geliebte Heimatstadt unter französischer Kontrolle. Ich schrieb weiter:

„Ungeheuerlich Szenen spielten sich ab, als die Flammen das erwähnte Spital mit den russischen Verwundeten von Borodino erreichten. Da hörte man sie vor Angst laut brüllen und sich lieber aus den Fenstern stürzen als zu verbrennen. Und eine lichterloh brennende Stadt, die zudem noch vom größten Teil ihrer Bevölkerung verlassen ist, reizt auch sonst gutwillige Soldaten zum Plündern."

Einige dreiste Brandstifter, die erwischt wurden, machte die Menge der Bewohner sofort nieder, zwei wurden, schon schwer verprügelt, Napoleon vorgeführt.

„Wer hat euch befohlen, die Stadt anzustecken?"

Schweigen, ein Pistolenschuss krachte, der Mann fiel um.

„Also, wer hat dir befohlen, die Stadt anzustecken?"

„Rostopschin, Herr Kaiser. Wer nicht mitmachen wollte, wurde erschossen."

„War Marschall Kutusow dabei, als das beschlossen wurde."

„Nein, Herr Kaiser."

„Du kannst gehen, scher dich fort!“
Keine Strafe, nichts? Doch: Kaum war der arme Kerl in der Menge untergetaucht, als wir seinen Todesschrei hörten.

* * * * * *

In der Nacht vom 15. auf den 16. September vermehrten sich die Feuer so, dass sie eine zusammenhängende Fläche bildeten. Napoleon hatte nun seine Meteorlogen, von den Soldaten „Wetterfrösche“ genannt, zu sich bestellt und befragte sie nach der wahrscheinlichen Wetterlage der nächsten vier Wochen. Diese Schelme waren echte Scharlatane und bauten ihr Wissen darauf, wie alte Landwirte es seit Jahrtausenden tun:

„Machen sich die Störche auf die Reis‘,
kommt bald der Winter mit Schnee und Eis“
„Viele Eicheln im September – viel Schnee gibt‘s im Dezember“
„Sitzen die Birnen Anfang September fest am Stiel,
bringt der Winter Kälte viel“
„Oktoberhimmel voller Stern, hat warme Öfen gern“

„Hoher Herr“, sagte ein zahnloser halbtauber „Russki“ von mindestens 85 und ließ es übersetzen, „haben deine Soldaten keine Winterkleider dabei?“ Als Napoleon ihn stehen ließ, um seine Wetterfrösche zu befragen, murmelte der Alte kopfschüttelnd im Weggehen:

„Hat Martini einen weißen Bart, wird der Winter lang und hart“

„Wir haben uns schlau gemacht mit dieser Gegend hier, Majestät“, sagte der Obermeteorloge, „und können Ihnen nur mitteilen, dass es in diesem Teil des europäischen Russland nur harte Winter gibt, an unseren mitteleuropäischen Verhältnissen gerechnet. Er fällt im Oktober ein und endet erst im April. Dazwischen kann es durchaus Tauwetter geben, aber was bedeutet Tauwetter, wenn der Schnee bauchhoch liegt!“

Napoleon war nun so unleidlich geworden, dass niemand wagte, ihm irgendwelche Ratschläge wie „jetzt zurück nach Smolensk“, „Zurück nach Preußen“ oder gar „Auf nach St. Petersburg“ zugeben. Das Feuer brannte am 17. und 18. noch, flackerte am 19. und erlosch praktisch am 20. September. Der durch seine Ringmauer geschützte Kreml war unversehrt geblieben. Die ersten Verwundeten waren gehfähig geworden und konnten mithelfen, die anderen Kameraden zu versorgen. Jetzt schickte Mortier dreißig Mann starke Suchtrupps los, die in den nur leicht angebrannten Häusern und solchen mit Kellern Lebensmittel, Getränke und andere wertvolle Sachen aufstöbern und beschlagnahmen sollten. Das chinesische Viertel war weniger als andere betroffen, die Bewohner waren uns freundlich gesonnen und so konnte man dort mehr kaufen als durch Raub und Diebstahl zu bekommen gewesen wäre. Dennoch war die Lage der Besatzer kritisch einzuschätzen.

In diesen Tagen tagte im Hauptquartier Kutusows der militärische Rat. Ich erfuhr davon erst später, teile jedoch das Ergebnis jetzt mit: Der Marschall lehnte alle Ratschläge ab, Napoleon überraschend zu überfallen, weil er erstens keine Order dazu vom Zaren erhalten hatte und zweitens auf General Winter hoffte, „dem die Usurpatoren zum Opfer fallen werden“.
„Wir dürfen nicht übersehen“, sagte er, „dass die fremden Soldaten sich trotz der Flammen erholt haben, kampffreudig sind und Nachschub bekommen haben.“
„Den könnten wir abfangen“, sagten die Generale, „und überhaupt die Stadt so zernieren (abschnüren), dass keine Ratte mehr raus- oder reinkommt.“

„Der Zar hat das letzte Wort", antwortete Kutusow verlegen.

* * * * * *

Der Zar! Es wird Zeit, dass ich ihn vorstelle. Alexander, 1777 geboren, ist der Sohn des Zaren Paul I. und seiner zweiten Frau, der deutschen Prinzessin Sophie Dorothee von Württemberg. Schon früh soll seine Bereitschaft bestanden haben, alles Unbequeme zur Seite zu schieben und ihm auszuweichen. Was allerdings bei einem solchen Vater in Herrscherhäusern keine Seltenheit sein soll. Paul I. war, was die Berliner als „fieser Mops" zu bezeichnen pflegen und behandelte seinen Sohn misstrauisch und äußerst willkürlich. Für Alexanders weichen Charakter mag beigetragen haben, dass er schon mit 15 gezwungen wurde, zu heiraten, ohne je irgendwie auf Brautjagd gegangen zu sein: die 14-jährige Deutsche Louise von Baden. Zar Paul I. wurde am 24. Oktober 1801 ermordet – in Russland damals nichts Besonderes!

Mit einigen Idealen bewaffnet machte sich Alexander an die Regierung. Es galt, die zerrütteten Finanzen des Reiches zu ordnen, die Bildung zu fördern und das Los der Leibeigenen zu mildern. Um alle seine Reformen durchsetzen zu können, bemühte er sich, den üblichen kriegerischen Auseinandersetzungen Europas fernzubleiben. Das Preußen Friedrich Wilhelm III. gefiel ihm sehr, so dass beide Herrscher dem Freundschaftsbund von 1802 treu blieben. Die so genannte Hohe Politik griff weiter aus, ob Alexander wollte oder nicht: Denn Europas großer Unruhestifter Napoleon trat auf den Plan. Aus erster Freundschaft noch mit dem ersten Konsul der Republik wurde Feindschaft, als Alexander im Bund mit Österreich aufs falsche Pferd gesetzt hatte. Doch dann kam der Frieden von Tilsit 1807, nachdem Preußen von Napoleon in einer

Doppelschlacht vollkommen geschlagen worden war. Der Bund mit Frankreich wurde 1808 erneuert, wobei einige diplomatische Versprechungen und Zusagen gemacht wurden. Wie es dann zum nächsten Bruch mit Frankreich kam, der zum jetzigen Feldzug führte, habe ich vorher schon angedeutet: Napoleons gegen England gerichtete „Kontinentalsperre“ konnte Alexander nicht einfach hinnehmen, er ließ Truppen in Litauen aufmarschieren und das Unheil nahm nun bis September 1812 seinen Lauf.

* * * * * *

Manches Unheil, die Geschichte scheint das zu lehren, begann mit Übermut. Diese Behauptung möchte ich erklären. Nachdem die Feuer erloschen und in sich zerfallen waren, bot Moskau einen neuen schrecklichen Anblick. Auf diesen Trümmern richteten sich die einfachen Soldaten der Armee, - noch immer ein Völkergemisch Europas -, auf ihre Weise ein. Nach wie vor wurden Weine und andere Alkoholika gefunden und trüb-fröhlich ausgetrunken: Vergessen, vergessen und nicht an zu Hause denken! Auch Sachwerte lockten in den aufgebrochenen Kellern, man sah Soldaten aus silbernen Bechern trinken und ihren einfachen Brei, meist jetzt ohne Fleisch, von chinesischen Tellern essen. Ganz schlaue unter ihnen schauten und dachten vorwärts: Nichts mitnehmen, das doch unterwegs fortgeworfen würde, aber eine Pelzjacke, ebensolchen Mantel und eine dazu passende Mütze nebst Handschuhen – das waren Sachen, die Leben retten konnten. Denn dass es zurückging in Eis und Schnee, Sturm und Eisregen, schien ausgemacht zu sein.

Ich habe weiter oben von den Pferden geschrieben, die auf dem Hinweg umgekommen waren. Trotz allem, so berichtete ein Kavalleriegeneral Napoleon, „haben wir noch 30.000 eigene Pferde der Artillerie und Kavallerie in

der Stadt, gar nicht zu zählen diejenigen, die meine Leute vor den hungrigen Soldaten und Einwohnern versteckt halten.“ Dass Napoleon selbst nicht zu Fuß den Rückmarsch antreten und nur selten reiten würde, galt als selbstverständlich.
„Für alle nicht vorhersehbaren Fälle“, sagte mir Napoleon, „bestehe ich darauf, dass Sie mit mir oder kurz nach mir mit Ihrem eigenen zweispännigen Wagen zu folgen haben. Wie soll ich ohne Sie durchkommen, wenn mir die Knochen knacken und die Gelenke knirschen?“
Das fragte er mich, als er bäuchlings vor mir auf dem Tisch lag und ich ihn mit meinen Händen, die sehr zart sein konnten, die Wirbelsäule und den ganzen vom Nacken bis zum kaiserlichen A…. massierte.
„Was werden Sie tun, werter Doktor, wenn Sie wieder zu Hause in Weißenfels sind?“
Ich antwortete nicht gleich und fragte keck dagegen:
„Was werden Sie dann tun, Sire?“
„Nun, erst einmal regieren und wohl einige Sauställe ausmisten, dann mich der Kaiserin und dem König von Rom widmen.“
„Nie wieder Krieg, Majestät?“
„Plus jamais la guerre!“
Jetzt schwieg der stolze Kaiser unter meinen knetenden und walkenden Händen, und als ich ihm im Anschluss an diese Behandlung eine ziemlich heiße Smolensker Moorpackung auflegte, stöhnte er leise auf und schlief augenblicklich ein. Seine „Burschen“ sahen mich bewundernd an, ich gab ihnen das Rezept zu der Anwendung und verließ diese fast romantische und menschliche Szenerie. Würde ich es übers Herz bringen, „ihm“ untreu zu werden?

Unten vorm Kreml, wo ich mich im Schutz meines Igors eine Weile ergehen wollte, wurde ich Ohrenzeuge eines Generalstreits. Ein General, den ich nicht kannte, schilder-

te zeternd dem anderen General, der mir ebenfalls unbekannt war, sein „haarsträubendes, nach Rache dürstendes Erlebnis“:
„War ich doch gestern mit meinem Burschen und ein paar vorsorglich Bewaffneten in der Straße der Wagner (Wagenhersteller), um mir einen stabilen Vierrädner für die Heimreise auszusuchen und meinen Namen zur Kontrolle darauf anzubringen und sogar im Voraus zu bezahlen. Ein paar andere unserer Offiziere handelten ebenso. ‚Wir kommen morgen mit den Pferden, sie abzuholen‘. Und was ist heute? Die ganze Firma mitsamt der fertigen Wagen, Karren und Kutschen ist abgebrannt!“
Die beiden hohen Herren waren ganz außer sich und gingen fort, eine Strafexpedition zu organisieren. So kommt es, dachte ich, dass Hass Hass sät und sich weiter fortpflanzt.

* * * * * *

Napoleon gab nun Anweisungen, die tatsächlich auf ein Überwintern in Moskau schließen ließen – noch schlimmer: die den Eindruck erweckten, diese Stadt für immer erobert zu haben und sie einem französischen Großreich anzugliedern: Er ernannte einen Gemeinderat und teilte Moskau in zwanzig Wohnviertel ein, deren jedes einen französischen Kommandanten erhielt.
„Das ist den Kaisers Ordnungssinn“, kommentierte Mortier.
Napoleon erließ eine Verordnung mit der Aufforderung an die Bevölkerung, zurückzukehren und beim Wiederaufbau der Stadt zu helfen. Dieser Befehl ging ins Leere, teils weil die Bevölkerung wusste, dass in Moskau der Notstand am Nötigsten herrschte, teils aus „Vaterlandsliebe“. Wer sich jetzt im weiteren Umfeld der Stadt aufhielt, zum Beispiel in Rjasan, Tula und Kaluga, würde wohl nicht

eher zurückkehren wollen, „bis die Feinde weg waren". Immerhin: Napoleon kümmerte sich auf meinen Rat hin um die Spitäler und andere Unterbringungsmöglichkeiten für verwundete und kranke Russen, „was", wie ich argumentierte, „einen guten Eindruck auf die Leute macht". So kamen, weil unsere Räume im Kreml nicht mehr voll belegt waren, viele Russen unter meine Pflege – ein Umstand, der wenig später für mich lebensrettend wurde.

Inzwischen setzte außerhalb unseres Wirkungskreises eine Hetzkampagne gegen Frankreich allgemein und speziell auf Napoleon gerichtet ein, die uns sehr schadete und nur von England gesteuert sein konnte. Noch waren russische Zeitungsleute nicht so weit, dass sie Hetzkampagnen von Format loslassen konnten. In London schrieb eine Zeitung, - was ich natürlich erst später erfuhr -, den lakonischen Befehl „nap to Nap", was mit „Napoleon fangen" übersetzt werden kann. Durch die britische Presse erfuhr Europa von den Gräueltaten der Franzosen in Moskau und unterwegs, diese Taten sprachen sich in Deutschland flüsternd herum, gelangten auch nach St. Petersburg und von da zurück nach Moskau und Umgebung.
„Das ist höchst unfair", grollte Napoleon und versprach, nach seiner Rückkehr ordentlich aufzuräumen und, wenn möglich, doch noch zum bösen England militärisch überzusetzen.

Rückkehr? Ich wagte dieses Thema nicht mehr anzuschneiden. Doch Napoleons Marschälle, allesamt bereits mit hoch bepackten Wagen und voll geladenen Kutschen in Wartestellung, trieb es heim.
„Ist Napoleon", begann ich zu überlegen, „nun ein genialer Feldherr oder nicht? Oder nur ein genialer Staatsmann im augenblicklichen Zustand eines Feldherrn? Seine Marschälle, - solche Zeitgenossen leben vom Krieg -, waren unterbeschäftigt, denn bis zum 22. September verwandte

Napoleon keinerlei Aufmerksamkeit auf die entschwundenen russischen Streitkräfte unter Marschall Kutusow. Erst am 22. folgte Napoleon meinem und dem Rat Murats, den Aufenthalt der russischen Armee nachzuspüren. Diese Aufklärung führte zur Erkenntnis, dass Kutusow nicht so weit abgezogen war, dass er Moskau nicht bedrohen konnte. Unabhängig davon begann nun russische Kavallerie die Straße zwischen Smolensk und Moskau zu beunruhigen, was Napoleon nicht hinnehmen konnte.

Napoleons „bewaffnete Aufklärung" veranlasste den „bänglichen" Kutusow, sich noch weiter von Moskau abzusetzen, und endlich konnten wir erfahren, warum er sich passiv verhielt: Gefangene, „auf die wir alle scharf waren", sagten etwas von „der Friedensliebe des Zaren" und dass seine deutschen und preußischen Berater, - Karl Freiherr vom Stein, August Neidhardt von Gneisenau und Karl Robert von Nesselrode zum Beispiel -, auf Frieden drängten, aber beim wankelmütigen Zaren nicht damit durchkamen. Gerhard von Scharnhorst, ein anderer Preuße, bestand darauf, Napoleon durch General Winter in Moskau aushungern zu lassen. Aber auf Ausländer, waren sie noch so notwendig und beim russischen Hof beliebt, war der russische Hochadel nicht gut zu sprechen. Und auf ihn war das Zarentum traditionell, - wie fast alle europäischen Höfe -, mehr angewiesen als auf emigrierte Berater. Vor allem der Moskowiter Adel hatte jeden Anlass, speziell auf „den Korsen" seinen Hass zu werfen, weil ja sein Vermögen zur Zeit arg gerupft wurde. Da musste Alexander fest bei seinem ersten Entschluss bleiben:
„Keine Verhandlungen, solange noch ein Feind auf russischem Boden steht."

* * * * * *

Daran schien der Kaiser nicht gedacht zu haben, als er am 4. Oktober, - der Winter nahte „mit Grausen -, seinen ehemaligen Gesandten Lauriston an Kutusow abgehen ließ. Er überbrachte nicht nur einige Friedensvorschläge für die weitere Zukunft, sondern auch einen Entwurf zum Waffenstillstand, den Napoleon besonders favorisierte. Sein Hintergedanke daran war, dass er während einer Waffenruhe die Versorgung seiner Armee mit Lebensmitteln, Medikamenten, medizinischem Zubehör und Brennmaterial vorantreiben konnte. Und siehe und höre da: Während der Verhandlungen wurden alle kriegerischen Aktionen eingestellt. Napoleon triumphierte in unserem kleinen Kreis, lächelte verschmitzt und hob das Glas:
„Il faut être sophistiqué! - raffiniert muss man sein!"
Das dachten auch der Zar und seine Berater! Und Napoleon tappte in die Falle!. Als ich wenig später mit Marschall Kutusow bei Tisch saß, zeigte er mir einen Brief, den er an Alexander während der so genannten Verhandlungen geschrieben hatte:
„Hier, Docteur, lesen Sie, das ist etwas für Ihre Memoiren."
Ich las und zitiere jetzt vorab:
„Das feindliche Heer, Majestät, wird von seiner Verwirrung gehindert, uns zu stören. Die von uns Gefangenen bestätigen, lange Zeit nichts als Pferdefleisch gegessen zu haben, dass an Brot ein Riesenmangel herrsche und überhaupt keine Zukost mehr zu erlangen ist. Diese Zustände werden die feindliche Kavallerie vollkommen vernichten… Die traurigen Überreste des Feindes, in unserer Stadt eingeschlossen, leiden den fürchterlichsten Mangel. In dieser höchsten Verlegenheit kann der Feind an keine anderen Anstrengungen denken, als seine Zufuhren zu sichern. Fast kein Tag geht vorüber, wo unsere Truppen auf den Straßen von Mosaisk, St. Petersburg, Kolomna und Serpuchow nicht dreihundert und mehr Gefangene

machen. Selbst unser Landvolk der Gegend beunruhigt den Feind regelmäßig und tut ihm Abbruch. Russland brennt vor Eifer, Majestät, Ihren Thron zu verteidigen und fremdes Unrecht zu rächen. Wächter lauern auf allen Kirchtürmen und Hügeln, ob sich ein Feind nähert. Dann erschallen die Lärmglocken, viele Vaterlandsverteidiger, die sich versteckt gehalten haben, eilen herbei und bekämpfen die feindlichen Räubertrupps und gewinnen so Waffen und Munition. Man geht folgerichtig gegen Verräter und Miesmacher in den eigenen Reihen vor, es gibt noch Bäume, an denen sie aufgehängt werden können. Ihro Majestät sollten sicher sein..."

Zurück zur Gegenwart! Der Waffenstillstand und die „Einstellung des kleinen Krieges", wie der Fachmann sagte, trug wesentlich dazu bei, Napoleon in Sicherheit zu wiegen. Von Tag zu Tag und schließlich alle Stunde ließ er Ausschau nach zaristischen Unterhändlern halten, die nie kamen.

„Meine Sprache", sagte Igor Kubizek und meinte natürlich die russische, „hat viele Umschreibungen für das, was nun mit Napoleon veranstaltet wird. Darf ich Ihnen, Doktor, ein gutes Dutzend nennen?"

Durfte er, ich übersetze sie hiermit: Hinters Licht führen; hinter eine Fichte führen; für dumm verkaufen; an der Nase herumführen; aufs Glatteis führen, jemanden linken; auf den Leim locken; aufs Kreuz legen; Katz und Maus mit jemandem spielen; zum Affen machen; übertölpeln und jemanden foppen.

„Es wäre zum Lachen", kommentierte ich, „wenn es nicht so traurig wäre:"

„Haben Sie Angst, Doktor, vor dem Kommenden?"

„Ja, wenn unser Absprung nicht glückt, hängen wir gemeinsam am Baum oder werden füsiliert."

„Was ist füsilieren, Doktor?"

„Von französischen Füsilieren erschossen zu werden."
„Oh, recht unangenehm, Doktor. Haben Sie ein Mittel dagegen?
„Ja, Schnauze halten!"

Der Kaiser sprach noch immer vom „Frieden diktieren". Und er sagte seinen Getreuen, darunter auch ich, einen markanten Satz, der in die französischen Geschichtsbücher eingehen sollte:
„Unsere Adler werden für immer auf dem Kreml horsten (nisten), wenn man meinen Zorn nicht bald beschwichtigt."
Und er fügte hinzu:
„Seht den Himmel an! Jetzt haben wir Oktober, wo es in Frankreich schon ruppig sein kann, und hier strahlt der Moskauer Himmel azurn wie schon früher bei Austerlitz, Friedland und Eilau."
Das stimmte. Wenn auch die Nächte schon kommende Kälte ahnen ließen. Abends gab's neuerdings Unterhaltung für gelangweilte Soldaten: Aus Wilna hatte der Kaiser eine Gruppe Schauspieler hergerufen, die französische Bühnenstücke aufführen musste – „oh, wärd ihr doch dort geblieben!" Von ihnen kam, wie ich später erfuhr, niemand nach Paris zurück!

* * * * * *

Bei der nächsten Massage und Moorpackung, an die sich Napoleon allmählich gewöhnte, war ich Ohrenzeuge zweier Berichterstatter, die zur Rechts- und Linksflanke der Hauptarmee, also Süd- und Nordarmee geschickt worden und nun zurückgekommen waren, um Rapport zu erstatten (Militärsprache). Wir alle hier im Zentrum Russlands hatten scheinbar vergessen, dass auch woanders in Russland gekämpft wurde. Im Norden waren kaiserliche

Truppen, hauptsächlich Preußen unter Ludwig Graf Yorck zu Wartenburg, bis Riga vorgerückt, es zu belagern. Aber hier, „wo der Chef fehlte“ und die Kriegsbegeisterung ziemlich kümmerte, zeigten sich die Russen an Zahl, Tapferkeit und Strategie ebenbürtig. Ein Sturm auf St. Petersburg war heuer (dieses Jahr) nicht mehr möglich, aber wenigstens wurden russische Kräfte gebunden und konnten nicht bei Moskau eingesetzt werden.

An der Südfront, welche die rechte Flanke der Großen Armee zu decken hatte, standen für Frankreich Österreicher und Sachsen im Kampf – muss ich besonders betonen, dass es auch ihnen an Kriegsbegeisterung fehlte? Während Napoleon die Moorpackung genoss, die meine Schwester Fango nannte, konnte ich mich verdrücken und darum will ich das etwas langweilige Thema „Flankendeckung“ nicht weiter ausarbeiten.

Der Anfang vom Ende

So wie Wortbrüchigkeit, Täuschung und Verrat von Anfang an diesen Krieg begleiteten, so wurde er auch fortgeführt. Napoleon beschäftigte sich mit dem Theatre Français, Kutusow besichtigte neu eingetroffene Reserven und studierte die Meldungen seiner Spione und Spitzel über die Aufstellung der französischen Belagerungsfront. Schließlich verkündete Napoleon, nachdem er eine Antwort aus St. Petersburg nicht mehr erwarten konnte, dass „mein Geduldsfaden gerissen ist“. Er wusste, dass sein Fußvolk sich gut erholt und sich durch Genesende um 10.000 Mann verstärkt hatte, dass es zwar an Geschützen und Pferden mangelte, aber die berüchtigte Kampfeslust der Franzosen wieder auferstanden war. Es mangelte auch an warmer Kleidung, wie ich schon erwähnt habe, „aber die holen wir uns von den Russen“. Die erste Lederverteilung fand am 17. Oktober statt, aber um aus diesem Material Winterbekleidung zu machen, hätte man ein paar Wochen Zeit haben müssen. Der Winter nahte mit mächtigen Schritten und ließ nachts den ersten Frost entstehen. Jetzt galt es: vor oder zurück?

Die Russen gaben die Antwort, und nun wurden aus Aktiven Passive und umgekehrt.

„Sie haben angegriffen", verkündete Murat am 18. Oktober.

„Aber es ist noch Waffenstillstand", warf Napoleon ein.

Das klang kläglich und Murat und seine Kollegen begannen an Napoleons Genie zu zweifeln. Für mich war der Beginn der Kampfhandlungen vorteilhaft, wie ich unumwunden gestehen muss, denn nun kamen wieder Verwundete in den Kreml und benötigten meine Anwesenheit als Arzt. Sonst wäre ich, bei einem friedlichen Abmarsch, vielleicht arbeitslos geworden und Napoleon wäre es gelungen, mich mitzunehmen. Murat, der Kutusows Angriff abzuwehren hatte, kam noch einmal davon, verlor aber 500 Gefangene, 1.000 Tote, 300 Verletzte, die sofort in den Kreml transportiert wurden, und über 30 Geschütze. Da wurde auch Napoleon klar, dass Russen kein Kanonenfutter mehr waren und ein Vernunftfrieden mit dem Zaren nicht mehr zustande kommen würde.

„Ich werde ab morgen", sagte er mir zum vorläufigen Abschied, „mit insgesamt über 120.000 Mann, auch Weiber dabei, den Rückmarsch antreten und alle Geschütze, etwa 500 Stück, mitnehmen. Wenn ich vorausfahre oder reite, hat das mit Flucht nichts zu tun, Doktor, und so kann es sein, dass wir uns vorläufig nicht wiedersehen. Ich befehle, dass Sie den Kreml und die Verwundeten verlassen und sich mit Ihrem Gefährt in der Mitte der Armee halten. Ich habe Anweisung gegeben, dass Sie wie einer meiner Marschälle zu behandeln seien und hoffe auf ein Wiedersehen in Deutschland oder Frankreich - Merci docteur, vive bien et Dieu avec toi - vielen Dank, Doktor, leben Sie wohl und Gott mit Ihnen!"

Ich habe Napoleon Bonaparte nie wiedergesehen!

1

2

3

4

5

6

7

8

9

10

11

12

15

16

17

18

19

20

21

22

23

24

25

Zum „Feind“ übergegangen

„Doktor, werden wir hiergelassen?“
„Ja, was sonst.“
„Doktor, lassen Sie uns allein?“
„Jetzt nicht, Soldaten, aber wenn die Russen mich mitnehmen?“
„Sie werden uns massakrieren, Doktor.“
„Sie werden euch als Kriegsgefangene gesundpflegen und beim Kaiser gegen russische Gefangene austauschen, spätestens beim Friedensschluss mit Frankreich. Seid froh, nicht mit fortziehen zu müssen.“
„Warum, Doktor?“
„Die Wetterfrösche haben den Ausbruch des Winters prophezeit. Ihr könnt nicht ahnen, was russische Schneestürme bei Dauerfrost mit Menschen anrichten können. Vielleicht denkt ihr später an mich, wenn ihr die Zahlen der wirklich heimgekommenen Kameraden erfahren habt.“
Kaum tröstende Worte das, aber die einzigen, die ich von mir geben konnte. Es gab, wie schon erwähnt habe, viele russische Verwundete in unserem Lazarett, die dank meiner und anderer Ärzte Pflege das Schlimmste überstanden und mich nun beknieten, für immer hier in Moskau zu bleiben.
„Bald kommt der Zar in unsere Stadt“, schwärmte der Sprecher dieser Leute, „und wenn wir ihm sagen, was Sie für uns getan haben, wird er Sie zum Obersten Generalarzt des russischen Kaiserreiches ernennen. Ist das nichts?“
„Sehr viel sogar. Aber ich habe zu Hause Eltern, Geschwister, Frau und bald Kind, die auf mich warten.“
Da sahen diese guten Menschen ein, dass ich nicht hierbleiben könnte. Diese letzten Tage in Moskau gab es keine Minute, in der Igor Kubizek nicht um mich war, selbst vorm Lokus hielt er Wache.
„Sie könnten sich auch Feinde gemacht haben, Doktor, da muss ich aufpassen.“

Während wir unten auf der Straße den Abmarsch der ersten Einheiten beobachteten, stand er stets neben mir, die mit einem Schlagring versehene Rechte in der Hosentasche. Den Mitgliedern einer italienischen Kompanie, die vorbeizog, war die Begeisterung für den Abmarsch wie mit Tinte in die Gesichter geschrieben.

„Alles ist in Bewegung“, sagte ein Leutnant, der sich von mir verabschiedete, „uns bekümmert nur, dass wir Kameraden zurücklassen müssen, die nicht laufen und gehen können. Wir können sie auch nicht tragen und Fahrzeuge sind uns nicht zugeteilt. Addio, dottore, e Dio con te – Leben Sie wohl, Doktor, und Gott mit Ihnen!“

Da erschien völlig überraschend James, der Zahlmeister der Armee, dem ich einmal ein dickes Eitergeschwür am Hintern verödet und weggemacht hatte, und lächelte geheimnisvoll.

„Ich weiß nicht, Herr Docteur“, sagte er, „ob der Kaiser Sie entlohnt oder das als alter Geizkragen vergessen hat. Hier sind tausend Franc in Assignaten, Docteur, die Sie überall in Europa, sogar in Amerika, zu Geld machen können. Sehen Sie zu, sie nicht zu verlieren und au revoir à paris!“

Auf die Nachricht vom Abmarsch „der Franzosen“ explodierte das Moskauer Leben. Jetzt zeigte sich, wieviel Menschen tatsächlich in der Stadt verblieben waren – Freunde wie Feinde. Die einen hatten zu fürchten, vom Mob gelyncht zu werden, die anderen hatten geduldig auf die Gelegenheit gewartet, im Trüben zu fischen. Auf eigene Initiative waren ein Paar Dutzend Petersburger Damen nach Moskau gekommen, den französischen Soldaten das Dasein zu versüßen, jetzt liefen sie Gefahr, als Besatzerflittchen massakriert zu werden.

Am anderen Morgen standen Igor und ich an einer der Ausfallstraßen, wo uns niemand kannte, und sahen zu, wie sich die große Schlange in Bewegung setzte.
„Der Kaiser ist schon durch“, sagte ein Mann neben uns, „schade, ich hätte ihm gern einen vorn Latz geknallt.“
„Hättste eher aufstehen sollen“, antwortete Igor.
„Ging nicht, musste erst die französische Nutte, die mich nicht gehen lassen wollte, ein wenig abmurksen.“
Jetzt kam ein Regiment disziplinierter französischer Grenadiere vorbei, aber alle Soldaten waren überladen wie Pariser Möbelpacker. Wir konnten erkennen, was ihre prall gefüllten Tornister enthielten: Zucker, Reis, Brot, Zwieback, Likör, Gold- und Silberwäsche, chinesisches Porzellan, zwei Paar Ersatzschuhe und Wollsocken.
„Der trägt wenigstens was Vernünftiges mit“, sagte Igor, „und wird vielleicht überleben. Aber sehen Sie den da, Doktor!“
„Der da“ trug ein goldenes Kruzifix statt seinem Karabiner, statt Munition goldene Medaillons, außer Verpflegung eine antike Goldkrone und eine Neptun-Figur mit vergoldetem Griff.
„Wenn er es schafft, heimzukommen“, höhnte Igor, „wird er ein reicher Mann werden.“
Hinter mir sagte plötzlich ein Soldat, der vor ein paar Tagen das Gehen wieder erlernte und in unsere Mannschaft im Kreml gehörte:
„Herr Doktor, da ist ein Mann, dem ich den Arzt an der Nase ablese, in den Kreml gekommen und fragt nach Ihnen. Ich hab ihm gesagt, dass ich Sie suchen und herbringen werde und wenn er Ihnen was tun sollte, ich ihn mit meinem Hammer erschlagen werde. Er versicherte aber, Sie zu kennen und eine freudige Nachricht zu überbringen habe.“
„Führ mich und Igor so an ihn heran“, befahl ich, „dass wir ihn unauffällig beobachten können.“

Das gelang und ich erkannte im Besuch jenen Dr. Wassili Stassow wieder, der mich schon einmal heimlich aufgesucht und von Napoleon abzuwerben versucht hatte. Ich winkte ihm nun per Augenblick zu, mir zu folgen, und er ging mit, seinerseits gefolgt von Igor. Igor spielte auch den Küchenchef, als wir in meinem Zimmer angekommen waren und uns in Erwartung des Mittagessens an den Tisch gesetzt hatten.
„Viele Grüße von Marschall Kutusow, Doktor Rohdich."
„Danke, Doktor Stassow."
„Ich kenne Ihren Namen von Berlin und Potsdam her, Doktor."
„Da kann es sich nur um den General Friedrich Wilhelm von Rohdich handeln, der in Potsdam Stadtkommandant war und jetzt auf dem Berliner Invalidenfriedhof ruht."
„Genau den. Sind Sie verwandt mit ihm?"
„Um ein paar Ecken herum, wahrscheinlich."

„Wenn Sie es erlauben", sagte Dr. Stassow, „möchte ich Sie bis morgen, wenn wir abfahren, durch eine Kompanie Donkosaken, die mir ergeben sind, hier im Kreml schützen lassen."
„Wer sagt", fragte ich, „dass wir morgen abfahren?"
„Stellen Sie Ihre Bedingungen, Doktor."
„Es gibt nur eine: Dass den napoleonischen Verwundeten hier, Franzosen, Bayern, Sachsen, Westfalen, Italienern und Gott weiß welche noch nichts geschieht, dass sie nach Genesung Kriegsgefangene und nach Friedensschluss nach Hause entlassen werden."
„Vom Zaren bereits zugesagt. Er ist immer froh, Menschlichkeit üben zu dürfen. - Es ist bis nach St. Petersburg gedrungen" fügte er hinzu, „dass Sie hier im Kreml auch russische Soldaten gepflegt und verpflegt haben, Doktor. Alle Achtung."
(Da sage einer, gute Taten fänden nie ihre Belohnung!)

* * * * * *

Die letzte Nacht in Moskau. Überall brannte es, aber es waren Lager- und Freudenfeuer. Die kalte, aber bis in die Morgenstunden frostfreie Nacht wurde von Tausenden durchgefeiert, von Hunderten zum Plündern, von einigen zum Morden und durch wenige zum Beten genutzt. Niemand schien zu bemerken, dass meine gefüllten Koffer bereit standen und von Igor, der nichts besaß als das, was er auf dem Leib trug, - freilich dabei die ihm von mir verabreichten zehn Maria-Theresien-Taler -, bewacht wurden. Eine Kiste war mit meinen medizinischen Instrumenten, eine andere mit meinem Samuel-Hahnemann-Arzneikoffer und Büchern über ärztliche Kunst gefüllt. Diese Sachen mussten letzten Endes mit nach Weißenfels kommen, wenn ich dort als Arzt weitermachen sollte. Ich habe noch nicht erwähnt, dass Igor ein richtiger „Eleve" geworden war, der es in Weißenfels, - „ich werde mitkommen, Doktor, so oder so" -, mindestens bis zum Sanitäter bringen würde. (Ich teile erst später mit, dass er mehr wurde als Sanitäter!)
Diese letzte Nacht in Russlands alter Metropole! Wir waren vollkommen sicher vor den herrschenden Unsicherheiten. Denn Marschall Kutusow hatte ein Regiment Garde in die Stadt geschickt, die speziell den Kreml bewachen sollte. Es knallte, krachte, rumorte, brodelte und schrie an allen Ecken und Enden, während Napoleons Große Armee, nicht mehr ruhmvoll und sozusagen geschlagen, in einer Marschkolonne scheinbar ohne Ende zum westlichen Stadttor abmarschierte. Ein Nordostwind hatte sich aufgemacht und trieb feinen Schneestaub vor sich her. Schon jetzt froren einige Soldaten so, dass die meisten russischen Straßenzuschauer ihr Spottgeschrei unterließen und heimliches Mitleid zu den Todgeweihten unterdrückten. Hier

und da sah man ein so genanntes Liebchen im Arm eines Grenadiers - er mochte ihr ein himmlisches Dasein in Paris versprochen haben.

Abschied von Moskau

Um das Bauwerk des Kremls herum hatte das russische Garderegiment einen Kordon gezogen, so dass wir bis zum Morgen ungefährdet schlafen konnten. Oberst Stofanow kommandierte die Einheit und machte beim Hellwerden seinen Antrittsbesuch. Ich wusste und ahnte nicht, womit ich das Wohlwollen, übrigens ein ganz und gar ehrliches, aller Russen verdient hatte.
„Herr“, wusste Igor zu sagen, „Ihr seid nicht nur ein guter Arzt, sondern auch ein guter Mensch. Wie Ihr die vielen Verwundeten und Sterbenden aus aller Welt und jeglicher Konfession behandelt, kuriert und geachtet habt – alle Achtung! Man muss nämlich wissen, Herr, dass auch der blödeste Kosak, der dümmste Kirgise, der simpelste Mongole oder brutalste Tatar ein Herz in der Brust und genug Gehirn im Kopf hat, um gute und schlechte Menschen unterscheiden zu können. Und die Herrschaften, Herr, die ich gerade aufgezählte, haben in ihrem kargen Leben meist nur schlechte Menschen kennengelernt. Kann es sein, Herr, dass ich recht habe?“
„Ja, du hättest Schulmeister werden können.“
„Mein Vater war Schulmeister, Herr.“

Oberst Stofanow besichtigte nun die bettlägerigen Verwundeten allerlei Nationen und teilte ihnen mit, dass sie nicht unversorgt bleiben würden, „wenn ich den deutschen Doktor jetzt mitnehme. Zwei Ärzte, vom Zaren nominiert, werden noch heute eintreffen. Wenn heute Abend der letzte Besatzer unsere Stadt verlassen hat, werdet ihr morgen in noch unversehrte Spitäler in der Umgebung Moskaus verlegt. Und nun ruft alle gemeinsam: Alles Gute, Doktor - Аллес Гут, Доктор фИлосФИИ!“

Dann rauschten zwei Luxuskarossen auf der breiten Straße nach St. Petersburg dahin, beide erwärmt von den praktischen russischen Stövchen, die angenehme Wärme erzeugten. In der vorderen saßen Oberst Stofanow, Dr. Wassili Stassow und ich, in der zweiten Igor Pjotr Kubizek und drei Unteroffiziere zur Bewachung und Sicherung. Natürlich waren auch alle meine genannten Habseligkeiten mit an Bord.

„Beim ersten Halt“, sagte der Oberst, „werden Sie einen alten Bekannten treffen und sich wundern, wie Sie ihn kuriert haben. Er hatte sich damals schon aufgegeben.“

Ich wusste, dass es sich um General Bagration handelte und fragte nun, welche prominenten Deutschen ich am Zarenhof sehen würde.

„Da ist als erster der Freiherr vom Stein zu nennen, der vor Napoleons Schikanen geflohen und der bei dessen Fall den preußischen König zu bearbeiten hat, sich gegen Napoleon zu erheben.“

„Was, glauben Sie“, fragte ich, „wird Napoleon unternehmen, wenn er heil durch den Krieg kommt?“

„Sofort einen neuen anfangen müssen, denn Preußen und die anderen deutschen Staaten werden sich erheben, vielleicht auch Italien, wo man die napoleonische Clique satt hat. Und das ist ja noch der spanische Krieg, wo die Engländer die Franzosen gehörig verprügeln. Großbritannien scheint entschlossen zu sein, die Ära Napoleon gewaltsam zu beenden und den Korsen, so man ihn fängt, auf eine Insel zu verbannen.“

„Ja“, antwortete ich, „Könige und Kaiser untereinander, da hackt keine Krähe der anderen die Augen aus.“

Dann berichtete mir der Oberst von den Plänen des Zaren, wenn Napoleon am Boden liegen sollte.

„Eines ist mir“, sagte er, „an der ganzen großen Politik unbegreiflich: Die beiden europäischen Nationen, welche Russlands Vorbilder sind und die Kultur und Wissenschaften an den Zarenhof getragen haben und tragen, sind Deutschland und Frankreich. Was ist los in Europa, dass wir gegen diese Länder Krieg führen müssen?“

„Deutschland ist kein zentralisierter Staat wie Frankreich“, entgegnete ich, „sondern ein Konglomerat einzelner Fürstentümer von Lippe-Detmold bis Bayern und Schleswig-Holstein. Diese sind von Napoleon gezwungen oder bestochen worden, Soldaten gegen Ihr Land zu stellen, Oberst. Wissen Sie, dass der Korse ganze landwirtschaftliche Gegenden von Pferden entblößt hat, die jetzt nicht wieder zurückkommen werden? Wer soll dort Äcker und Felder bestellen – Frauen wieder vor die Pflüge?“

* * * * * *

Als wir die erste Tagesetappe erreicht hatten, waren wir uns einig: „Napoleon muss weg!“ Dann wurde ich gefragt, warum ich den Rückzug nicht mitgemacht habe. Ich wollte diesen Männern, die ich nicht genügend kannte, die volle Wahrheit nicht erzählen, so antwortete ich:

„Als wir in Moskau ankamen und es verlassen und unverteidigt vorfanden, habe ich Napoleon gesagt, jetzt entweder zurück oder auf nach St. Petersburg. Beides wollte er nicht, weil er verrannt darauf war, dass der Zar mit ihm verhandeln würde, ja müsste. Und später, als es klar wurde, dass ein Rückmarsch unweigerlich in den Winter fallen würde, habe ich mir gesagt, dass ich diesen Rückzug nur unter ungewöhnlich günstigen Umständen überleben würde. Ja, und dann kam das Angebot von Ihnen.“

Am nächsten Tag, da wir immer weiter nach Nordwesten an die Ostsee kamen, waren es nur unsere prächtigen, wohlgenährten und ausgeruhten Pferde, welche die steigende Kälte nicht spürten. Ihre Körper dampften, die Glöckchen an ihren Köpfen bimmelten, dass kein russischer oder baltischer Wolf eine Verfolgung wagte, zumal Igor im zweiten Wagen auf jede verdächtige Bewegung schoss.

Mich interessierte, je näher wir St. Petersburg kamen, der mächtige Zar aller Reußen mehr als seine Wölfe. Dr. Stassow fing selbst an, über ihn aus der Sicht des Arztes zu reden:

„Er ist zwar kein Hypochonder, aber manchmal doch sehr quengelig und von sich eingenommen. Seinen Rückenschmerzen konnte ich bisher nicht beikommen, vielleicht haben Sie, Doktor, ein Geheimrezept dafür. Sonst hat er all jene Leiden, die sich Leute, die von Fete zu Fete und Feier zu Feier eilen und dort mehr essen, trinken, rauchen und lieben als ein Petersburger Saufbruder und Freudenhäusler."

„Einmal hatten wir Militärs ihn soweit", fiel Oberst Stofanow ein, „mit der Armee nach Süden zu stoßen und die große Armee von ihrem Nachschub abzuschneiden. Die Vorhut marschierte schon den Preußen des Generals Yorck zu Wartenburg entgegen, um sie hoppzunehmen. Erste Kanonenkugeln flogen her und hin, hüben wie drüben. Wir hätten die Preußen bis Königsberg jagen können - ‚das Ganze halt!' Des Zaren Podagra (Gicht) gab sozusagen dieses Kommando."

Erst in Rybinsk wurde mir die angekündigte Überraschung serviert: General Pjotr Bagration stand an der Relaisstation und erwartete mich. Zwar auf drei Beinen, aber immerhin lebendig. Aktiv konnte er vorläufig nicht werden, aber ich war ärztlich hoch interessiert, seine Wunde zu begutachten, die, - habe ich ihm damals nicht gesagt -, Anlass zu höchster Sorge gegeben hatte. Ihm zu Gefallen wurde hier eine Tag- und Nachtpause eingelegt, die ich im Haus des Generals verbrachte.

„Wo mag Napoleon jetzt sein?“, fragte Bagration an einem Tisch, der sich vor lauter Fressalien in der Mitte durchbog. „Über Borodino wollte er in Smolensk eine Pause machen“, antwortete ich, „denn er hatte berechnen lassen, dass dann erst die letzten Einheiten seiner Armee Moskau verlassen haben würden.“
„Ich habe mir berichten lassen“, sagte der General, „dass die Donkosaken unter ihrem Hetman die Armee auf eigene Rechnung angreifen, um Beute und Gefangene zu machen und dann auf der Krim einen Kosakenstaat einzurichten. Wenn ich sie nur mit einem Regiment angehen und zu Paaren ins Schwarze Meer treiben könnte...“
Vorm Zubettgehen zeigte er mir sein Bein. Es sah etwas wie ein gebratenes Hühnerbein aus, war aber vollkommen ausgeheilt, wenn ich vom Umstand absah, dass es eine Drittel Handbreit kürzer bleiben würde.

Noch sechs Tage Fahrt und über Nowgorod kommend fuhren wir in St. Petersburg ein. Ich werde nicht, das teile ich vorab mit, am Lotterleben dieser Stadt teilnehmen. Dazu wollten mich der Zar, seine tanz- und liebesfreundlichen Damen und andere verlockende Zeitgenossen beiderlei Geschlechts verführen – aber ich fand ein Argument, das sie alle anerkennen mussten:
„Ich kann einfach nicht, Majestät, hier herumtanzen oder mich andersartig verlustrieren, wenn allein in Petersburg zehntausend Verwundete liegen, in Moskau eben soviel und auf dem Rückmarsch der Großen Armee noch einmal hundert- oder achtzigtausend Menschen umkommen werden.“
Das sah der manchmal philantropische Zar ein, verbreitete meine Aussage in ganz Petersburg und in seiner Armee und verschaffte mir damit ein Ansehen, welches mir das Leben hier erträglich machte. Ich teile schon jetzt mit, nachdem es im Dezember auch hier Abschied nehmen

hieß, dass er mir Tausend Rubel, ebenfalls in Assignaten, zukommen ließ. Und dass es mir glückte, diesen ungeheuren Reichtum nach Weißenfels durchzubringen.

* * * * * *

Weil ich Arzt bin und in erster Linie meinen Mitmenschen Erleichterungen zu bringen habe, werde ich jetzt meinen Aufenthalt in St. Petersburg bis zum Abmarsch nach Preußen (Ostpreußen) mit Berichten über meine ärztliche Tätigkeit an allerlei verschiedenen Personen schildern. An erster Stelle stand natürlich der Zar.

„Oh, mein Rücken, Doktor...!“

Er sprach ein einwandfreies Deutsch, das seine Mutter ihn gelehrt hatte.

„...meine Wirbelsäule scheint eine Schlange zu sein.“

„Schlangen und Bandwürmer“, antwortete ich, „die hier in Frage kommen, bewegen sich stets vollkommen lautlos.“

Mit dieser kecken Antwort wollte ich seinen Humor testen. Ich horchte seinen Rücken ab und konnte keine Knirsch- und Reibgeräusche feststellen. Sollte dieser 35-Jährige schon echten Verschleiß haben oder eine verschobene Bandscheibe? Ich wandte meine neu erdachte Methode der Schmerzsuche an, als Alexander bäuchlings vor mir auf einer Bahre lag, und begann mit einem kleinen Holzhammer seinen fahlen Rücken abzuklopfen. Erst sachte, dann stärker, aber nie so, wie man einen Nagel einschlägt! Nichts, keine Schmerzen, kein Zusammenzucken. Dann nutzte ich die neue Erfahrung meiner Hände aus. Ich hatte bei Hahnemann gelesen und in der Charité erfahren, dass es Ärzte gebe, die „das gewisse Etwas“ in ihren Händen und Fingern haben:

„Entweder“, hieß es da, „strömen heilende oder wohltuende Kräfte von ihren Fingern in den Körper des Untersuch-

ten beziehungsweise Kranken, oder von diesen strömen sie in die Hände des Arztes."
„Schnickschnack, Larifari, Firlefanz und Scharlatanerie" waren Ansichten und Ablehnungen. Ich versuchte es heute auf dem kaiserlichen Rücken zum ersten Mal. Der Besitzer dieses Rückens fing an zu stöhnen und seufzte vor Vergnügen.
„Doktor, welch ein Gerät benutzen Sie, dass solche Wärme in meinen Rücken fließt?"
„Meine zwei Hände, Majestät."
Das gute Ende vom Lied war, dass ich jeden Tag einmal dem Kaiser eine warme Moorpackung auf den Rücken „klaschte", sie mit wollenen Tüchern zudeckte und neue, nur wenig ablassende Wärme über erhitzte Ziegelsteine nachführte.
„Der Erfolg", schrieb mir der Zar später nach Weißenfels, „hat bis zum Untergang des Korsen angehalten."
(Arztherz, was willst du mehr?) Ehe Alexander ging, fiel ihm noch etwas ein:
„Ich habe Sie noch gar nicht gefragt, Doktor, ob Sie einen Wunsch haben, den ich Ihnen erfüllen kann?"
„Ja, einen bescheidenen: Nämlich ob es Ihnen, Majestät, möglich ist, meine Familie in Weißenfels benachrichtigen zu lassen, dass ich aus Moskau wohlbehalten zurück bin."
„Wo liegt Weißenfels?"
„In Sachsen, nicht weit von Halle, Leipzig und Dresden."
„Das geht selbstverständlich in Ordnung."

Während dieser unpolitischen kaiserlichen Behandlungen gab es auch kaiserliche politische Unterhaltungen: Über die Kriegslage und ob Napoleon erledigt sei, wenn er nach Paris durchkomme.
„Es sind Meldungen eingetroffen", sagte Alexander, „dass in Paris eine Erhebung stattgefunden und man den Kaiser abgesetzt habe."

„Wenn das wahr ist“, ulkte ich, „und Napoleon eines nachts in Paris ankommt, - bis Mitte Dezember könnte er das schaffen -, dann wird die Guillotine viel zu tun bekommen – wann Majestät“, schob ich die Frage nach, „schätzen Ihre Militärs ein, dass er Preußen, Polen oder Litauen erreicht?“
„Anfang Dezember haben sie errechnet. Es ist aber möglich, dass er die Beresina nicht queren kann, weil sie noch nicht zugefroren ist, schwere Eisschollen treiben, wir die Brücken abgebrannt haben und Marschall Kutusow darauf lauert, ihn in die Hände zu bekommen.“
„Nun“, warf ich ein, „wie ich ihn kenne, wird er mit Hilfe seiner Garde allen Verfolgern ein Schnippchen schlagen.“
Das geschah dann auch. Der Zar teilte mir dann mit, „dass ein gewisser preußischer General Ludwig Yorck über unseren Generalleutnant Hans Karl von Diebitsch anfragen lässt, ob man einen Waffenstillstand abschließen könne. Er würde eine solche Konvention ohne Rücksprache beim preußischen König in Berlin abschließen – auch wenn es seinen Kopf koste.“
„Das ist ja fabelhaft, Majestät, und könnte der erste Schritt zur Erhebung Preußens gegen Napoleon sein.“
„Nur langsam an und Butter bei die Fische, wie man in Berlin sagt“, antwortete Alexander, „ich kenne den König und weiß, dass er ein arger Zauderer sein kann. Schließlich hat er mit dem Korsen einen Vertrag geschlossen.“

* * * * * *

Ich vertat meine Petersburger Zeit aber nicht nur mit kaiserlichen Gesprächen und Behandlungen, sondern auch mit solchen in Häusern des Adels, der Kaufleute, in Spitälern und auf offener Straße. Wenn in St. Petersburg die Sonne über Newa, Paläste und Buden scheint, ist es immer wunderschön und sogar im November mollig warm. Da

lockte ein Marktspaziergang in Begleitung von Dr. Wassili Stassow und Igor Kubizek. Der Doktor führte zwei Spitäler, eines für reiche, ein anderes für arme Leute. So kannte er allerlei derselben.
„Na Olaf, was machen die eineinhalb Beine?“
Fischhändler Olaf humpelte hinter seinem Stand hervor und ließ sich begrüßen. Sein rechtes Bein war unterhalb des Knies abhanden gekommen, „bei Austerlitz, verdammt nochmal!“, und wurde durch eine Krücke ersetzt. Ich zog den Doktor beiseite und fragte ihn, ob er Rubelmillionär werden wolle, was er mit Vorbehalt bejahte.
„Dann vertraue ich Ihnen an, was ich immer vorgehabt, aber aus widrigen Gründen nie habe ausführen können...“
Er zögerte mit dem Zuhören.
„... nämlich Verwundeten neue Beine machen, Doktor, Prothesen genannt, welche schon von altgriechischen Ärzten und antiken Römern hergestellt wurden.“
Davon wusste er nichts und ich erklärte:
„Sie brauchen einen Handwerker, der hölzerne Beine machen kann, die mit einem Lederschurz ans Restbein oder am Oberschenkel befestigt werden müssen.“
„Feuer und Flamme“ ist ein ungenügender Ausdruck für die Erregung, die Wassili nun ergriff und ihn und mich in eine entsprechende Werkstatt führte. Dort machte ich eine grobe Zeichnung, welche der Meister sofort begriff und das Produkt als machbar beurteilte. Kurze Rede – langer Sinn: Ehe ich St. Petersburg verließ, liefen schon ein Viertel Dutzend arme Schlucker und ein halbes Dutzend reiche Leute hier mit Holzbeinen herum.

Ein Handelsherr, der vom Ural bis an den Atlantik feine Kundschaft mit Luxusgütern und unwichtigem Krimskarm belieferte, hatte aber noch keinen Weg gefunden, seinen 14-jährigen Erstsohn und Erben Serge-Iwan „von einem baumelnden rechten Arm“ zu befreien, der bei einer Prü-

gelei entstanden war. Ein Bilett lockten Igor und mich an die Newa, die zuzufrieren begann. Es war wohl eines der schönsten Häuser hier, so gelegen, dass man einen Umzug von Weißenfels in Erwägung ziehen konnte.
„Das ist mein Boxarm, Doktor“, sagte Serge grimmig, „was bin ich wert, wenn ich nicht mehr boxen kann!“
Ja, der rechte Arm schlackerte am Körper, starb zwar nicht ab, war aber zu nichts mehr nutze.
„Ausgekugelt“, sagte Igor auf deutsch, „Doktor, das ist ja nicht unser erster Arm, den wir einkugeln werden.“
Wir brauchten uns nicht abzusprechen, wie das ja zwischen Ober- und Unterarzt üblich ist. Igor nahm den Knaben in seine Krakenarme, ich tat, als wollte ich seine Beweglichkeit erproben und „donnerte“ ihn mit einem Kraftakt sondergleichen in seine angestammte Halterung zurück. Serge hielt erst die Luft an, dann schmetterte er einen Schmerzensschrei ins Haus, wie ihn ein Brontosaurus von anno dazumal nicht lauter hätte von sich geben können – allen Zuschauern, die halbe Familie natürlich, kochte der Ohrenschmalz. Serge riss sich los, verhoffte (abwartete) wie ein Elefantenbulle im Zoo und stürzte dann mit erhobenen Boxarm auf mich los:
„Warte nur, du erbärmlicher Doktor, dir knall ich...“
Er erstarrte abermals, rief lauter als vorhin „Mamma, Pappa, ich kann wieder boxen“, warf sich vor mir zu Boden und küsste meine Stiefel.
„Doktorherz – was begehrst du mehr!“
Igor Kubizek durfte einen Beutel „schwerer Rubelchen „ in Besitz nehmen.

Während der „Franzosenzeit“ in Deutschland weilten viele namhafte Deutsche am Zarenhof, ich habe den Freiherrn Karl vom Stein schon erwähnt. Dazu kam Karl von Clausewitz, ein Militärstratege des Theoretischen, der mit mir zusammen den Fluchtweg Napoleons genau verfolgte.

Dazu waren wir in der Lage, weil der Zar und seine Militärberater ein lückenloses System der Nachrichtenübermittlung aufgebaut hatten: Im Stundentakt kamen und gingen rasende reitende Boten hin und her und erstatteten Meldung:
„Napoleon in Borodino, Wjasma, Smolensk, Krasnyi, Dubrowna, Orscha, Tolotschin, Studenka, an der Beresina."
Da wurde es Zeit, St. Petersburg zu verlassen.

Dem Zuhause näher

Wie es der großen Armee zwischen dem Abmarsch aus Moskau und der Ankunft am Ufer der Beresina erging, habe ich ja nicht erlebt und werde ich vom Hörensagen her an anderer Stelle beschreiben – obwohl es eigentlich unbeschreiblich ist! Alexander hatte bestimmt, dass ich zu seiner persönlichen Begleitung gehöre und natürlich auch Igor Kubizek, den der Zar wegen seiner wörtlich zu nehmenden Schlagfertigkeit schätzen gelernt und zu meinem lebenden Schutzschild ernannt hatte. Am 21. Dezember trafen wir in Wilna ein. Dort zeigte sich der Zar von seiner besten Seite. Es galt jetzt, wo Europas Öffentlichkeit aufhorchte, - die einen äußerst schreckhaft und die anderen hoffnungsvoll -, und ein gewisses Völkererwachen nicht zu übersehen war, als zivilisierter und nicht autokratischer Kaiser in Deutschland einzuziehen und alle Deutschen gegen Napoleon zu aktivieren.

Alexander, der lange gezögert, auch seine Marschälle an langer Leine gehalten hatte, war nun bestrebt, alle Kräfte gegen Napoleon zu mobilisieren. Da war zunächst dieser Preußenkönig Friedrich Wilhelm, der mobilste nicht, der zwar den allgemeinen Wohlstand seines Volkes zu fördern gedachte, aber wenig davon hielt, es mitbestimmen zu lassen. Nun, Alexander hatte gerade St. Petersburg verlassen, als die Nachricht kam, dass Napoleon dabei war, ein großes Heer auf die Beine zu stellen. Alexander aber musste erst einmal vor der eigenen Haustür Ordnung schaffen. Er übte jetzt zu meinem Erstaunen Milde und Geduld mit dem litauischen Adel, der sich auf Napoleons Seite geschlagen und hohe Opfer für ihn erbracht hatte – mit einem gedanklichen Federstrich schob Alexander das alles zur Seite. Ob er es später, nach einem endgültigen Sieg der russischen Sache, noch einmal aufrollen wollte, wusste niemand.

Seine nächste Sorge entsprach seinem Charakter, ich half sie auszuweiten: Sie galt den vielen Gefangenen und Verwundeten. Er hatte mich unterwegs in der Reisekutsche gefragt, wie man das nach den Kämpfen verstärkte Ableben von Verwundeten minimieren könnte.

„Das ist ein weites Feld“, antwortete ich, „wir Ärzte wissen, dass sich in den Wunden und inneren Verletzungen der Soldaten geheimnisvolle, noch zu entdeckende Vorgänge abspielen. Auch dass Seuchen und Epidemien sich durch unbekannte Entwicklungen vergrößern können. Was wir heute tun können und wofür ich kämpfe wie ein Berserker, dass ist die absolute Sauberkeit und Reinlichkeit in den Spitälern, der meist blutbefleckten Chirurgen und ihrer Helfer – bisher ist das der bekannte Kampf des Don Quichote gegen die Windmühlen.“

„Die Chirurgen“, verteidigt Alexander seine Ärzte, „und ihr Personal hetzen von einem Verwundeten zum nächsten, müssen hier einen Tod registrieren und dort ein Bein absägen – wie sollen und wollen sie Zeit zum Waschen und Säubern aufbringen?“

Alexander leierte das alte Lied ab, das alle Chirurgen singen.

Alexander besuchte mit mir die verpesteten Räume eines Klosters, das die Verwundeten aller beteiligten Nationen aufgenommen hatte und verteilte Geld, Arzneien und Lebensmittel. Diejenigen Fürsten, die Napoleon unter Zwang mit Soldaten und Pferden gedient hatten, machten es Alexander nach und schickten Unterstützung – besser als nichts, auch wenn jedermann wusste, dass sie ihre Fahnen nach dem Wind richteten.

Hier in Wilna war es, wo Igor und ich die nach Frankreich flüchtenden Reste der Großen Armee wiedersahen. Es hieß, diese Armee sei auf einen Bestand von 40.000 Mann abgesunken, sie hatten die Verfolger unter Kutusow noch immer im Nacken, die Kälte war hier mindestens ebenso hart wie in Moskau und sie hatten, was wohl das Wichtigste war, eben seit Moskau nichts Vernünftiges mehr gegessen. Was sofort beim Durchzug auffiel, war der Umstand, dass keinerlei Pferde mehr zu sehen waren.

„Wo habt ihr eure Pferde gelassen?“, wurde eine Kompanie Husaren höhnisch gefragt.

„Aufgegessen“, war die lapidare Antwort, „die mageren Gäule schmeckten wie gebratene Kacke.“

Eine Gruppe von fünf noch einigermaßen aussehenden Musketieren, die vor uns anhalten mussten, beschloss aufzugeben, als sie erfuhr, dass alle Gefangenen auf Befehl des Zaren „gerecht und human“ behandelt würden.

„Wie habt ihr überlebt?“, fragte Igor.

„Wir blieben zusammen und hielten uns warm, und als ein Kleintrupp von zehn Kosaken uns die Gewehre klauen wollte, haben wir sie niedergemacht und besaßen damit ihre zwar verlauste, aber warme Kleidung und konnten alle drei Tage eines der Pferde schlachten. Deren Fleisch, weil sie nicht unterernährt waren, schmeckte nicht schlecht.“

Eine andere Gruppe hatte dadurch überlebt, dass sie jeden Kavalleristen, der sie überholte oder den sie überholten, vom Pferd rissen und diese als lebenden Proviant und nächtliches Wärmekissen mitführten.

Der Entschluss Kutusows, in Wilna stehenzubleiben, weil auch seine Soldaten nicht weiter konnten und an Seuchen litten, rettete die ärmlichen Reste der französischen Armee. Es war Igor und mir als neutrale Zuschauer klar, dass die Russen nicht mehr daran interessiert waren, Napoleons letzte Reste endgültig zu vernichten. Besaß der Zar im Kopf schon weiter reichende Pläne, die eine neue europäische Ordnung betrafen und welche – vielleicht – ihm von seinen deutschen Beratern eingeflüstert worden waren? Mitteleuropa den Deutschen? Diese aber eingeklemmt zwischen Frankreich und Russland!

Wenn auch Napoleon zum zweiten Mal in seiner Karriere seine Soldaten verlassen hatte, so wollten sich seine Marschälle und Generäle doch nicht gefangen geben. Kowno war eine Stadt, die man verteidigen, wo man überwintern konnte und wo Napoleons Kriegskasse, zweieinhalb Millionen Francs stark, untergebracht war. Murat wollte also Kowno verteidigen. Die Besatzung bestand aus 1.500 Mann deutscher Rekruten mit nur wenigen einsatzbereiten Geschützen. Der Umstand, dass der Njemen, die Memel, fest zugefroren war und einen Übergang erleichterte, rettete viele. Doch die eigenen Soldaten Murats plünderten die Stadt, endlich befreit von Verfolgungen und Hungersnot. Murat marschierte deswegen weiter, am nächsten Tag folgte ihm sein Kollege Marschall Ney, der in Rückzugsgefechte verwickelt wurde. Es war für uns ganz klar, dass Napoleons Soldaten, wie es so schön hieß, am Ende waren und nur noch heim wollten. Deutschland galt ihnen als sicher, denn die französische Besatzungsmacht war noch so stark, dass sie bereits Rekruten und Pferde auszuheben begann.

Noch keine sechs Monate war es her, dass hier vom Njemen aus eine halbe Millionen erstklassige Soldaten in höchster Motivation und vollkommen siegesbewusst aufgebrochen waren. Und wir zählten hier am 14. Dezember eine „Armee“ von 400 Mann Fußvolk und 600 Mann Kavallerie ohne Pferde. Marschall Ney zog sich auf Schirwindt zurück, um von dort Gumbinnen in Ostpreußen zu erreichen. Murat gelangte am 19. Dezember bis Königsberg. Dort war es nicht so eisig kalt, die Verfolgung der Russen blieb vorläufig aus und die ausgelaugten Soldaten, die es bis hierher unter Aufbietung aller körperlichen Kräfte geschafft hatten, hätten sich erholen können. Doch nun brachen sie zusammen und füllten die bereist überbelegten Hospitäler. Es war aber klar, dass Napoleons treue Marschälle Ostpreußen zu verteidigten bedachten.

Ich besprach mit Igor Kubizek, ob wir hier helfend eingreifen sollten.

„Schließlich sind wir Ärzte“, sagte ich, „und solche sind eigentlich neutral, damit sie Freund und Feind helfen können.“

Er riet ab und warnte, dass Napoleons Arm noch lang und in der Lage sei, uns festzunehmen.

„Er wird Ihnen, Doktor, nicht verzeihen, sich davongemacht zu haben. Wir werden selbst, Doktor, noch in Weißenfels, wenn wir es vor Napoleons Untergang erreichen, auf der Hut sein müssen.“

Wie recht er wieder hatte!

* * * * * *

Wir mussten zurück nach Tauroggen, wo am 30. Dezember ein lokaler Waffenstillstand abgeschlossen wurde. Nachdem die zurückweichenden französischen Truppen die kleine Stadt teilweise zerstört hatten, zog Zar Alexander mit seinem Armeestab dort ein und vergaß mich als sein mitreisender Leibarzt nicht. Maßgeblichen Anteil am Zustandekommen des Waffenstillstandes hatte der preußische General von Clausewitz und der schon erwähnte Nesselrode, welche dem noch zögernden Generalleutnant Yorck volle Deckung gegen seinen König versprachen. So kam am 30. 12. in der Poscheruner Mühle nahe Tauroggens die schon erwähnte Konvention zustande – ich konnte mich später rühmen, „dabei gewesen zu sein".

In dieser Konvention erklärten sich Yorcks preußische Truppen solange als neutral, bis der König neue Anweisungen geben würde. Schon ab Mitte 1813 verstanden alle vaterlandstreuen Preußen diesen Tag als den Beginn der Befreiungskriege gegen Napoleon. Doch Friedrich Wilhelm III., höchst erbost über diesen Alleingang eines unteren Generals, brauchte drei Monate bis zur Anerkennung und überwand innerlich nie diese „Subordination".

Mich drängte es in wenigen Tagen nach Hause. York warnte, Clausewitz erhob warnende Einwände, Nesselrode schlug die Hände überm Kopf zusammen, Igor hob die Augenbrauen und Alexander verbot kraft seiner höchsten Autorität.

„Noch sind alle deutschen Staaten unter französischer Kontrolle", sagte er, „und diese Kontrollen werden nun schärfer als je zuvor sein. Denn Napoleon braucht neue Soldaten und wird nicht wählerisch sein, sie irgendwie durch seine Häscher aufzutreiben. Sie können, lieber Doktor", tröstete er mich, „sicher sein, dass mein Bote Ihre Familie erreicht und informiert hat."

Bei der nächsten Sitzung, beziehungsweise „Liegung" zur Massage seiner Rückenmuskulatur vertraute der Zar mir an, was der hohe Rat über Napoleon gestern beschlossen hatte:

„Ich hätte ihn davonkommen lassen, denn ein starkes Frankreich in Europa ist gegenüber einem zu frech werdenden Großbritannien durchaus erwünscht. Natürlich ein Frankreich in den Grenzen von 1805 oder so. Aber dann kam die bestätigte Nachricht, dass er mobil macht und eine neue Armee auf die Beine stellen will. Dies war zuviel für meine Marschälle, Generäle, Minister und Familie. Jetzt haben wir beschlossen: Krieg gegen Napoleon bis zu seinem Tod oder seiner Gefangennahme. Daran ist nicht mehr zu rütteln, Doktor, auch wenn Sie dadurch gehindert werden, nach Hause zu kommen. Schreiben Sie einen Brief, den ich über den König von Sachsen nach Weißenfels bringen lasse."

Alexander wälzte sich wohlig unter meinen Händen.

„Ich werde Sie später sehr vermissen", sagte er, „es sei denn, Sie gehen mit mir quer durch Europa auf Napoleonjagd und später aufs Altenteil mit Ihrer Familie an die Newa."

Er sprang nun auf, zog sich an und entzog mich damit der Antwort. Bevor es von Tauroggen weiter nach Preußen ging, setzte ich mich hin und verfasste nach neuesten Kenntnissen das nächste Kapitel:

Napoleons Heimkehr

Der Kaiser hatte ursprünglich vor, nachdem er die Beresina hinter sich hatte, dem russischen General Tschitschagow eine Niederlage zu verpassen, erkannte aber, dass sich seine Soldaten in den letzten Tagen so verausgabt hatten, dass mit ihnen nichts mehr anzufangen war. Er selbst hatte in seiner innen mit Fellen ausgespannten Kutsche nicht so unter der nun grimmiger werdenden Kälte zu leiden wie sie. Wenn er nachts fuhr bemerkte er nicht, dass einige seiner berittenen Begleiter, die sich trotz des Reitens kaum warm bewegen konnten, vom Pferd fielen und tot waren – er glaubte, sie seien desertiert. Dies tat hier kein Soldat mehr, der noch denken konnte, denn die allgegenwärtigen Kosaken, - „uns geht der Krieg einen Dreck an!" - waren hier auf eine Beute aus, die sie nach ihrem kargen Ermessen, nie wieder würden machen können.

Was den flüchtenden Kaiser besonders erboste, war das Ausbleiben jeglicher Nachrichten, die er sonst durch seinen gut durchorganisierten Stafettendienst laufend erhalten hatte.
„Sabotage, das ist schiere Sabotage!“, zeterte er.
Er fürchtete jetzt, wo er die Kontrolle über Europa zu verlieren schien, von einer Welle der Empörung überrascht zu werden, und „Empörungen muss man in den Anfängen niederdrücken“, beschimpfte er Caulaincourt, den das Los getroffen hatte, ihn zu begleiten. Man muss bedenken, dass die Nachrichten über Napoleons Desaster sich nur „im Schneckentempo“ von hier bis nach Berlin, Kassel, München, Dänemark, Paris und London verbreiten konnten.
„Fahren Sie nach Paris voraus“, befahl Napoleon einem Adjutanten, „posaunen Sie einen Sieg an der Beresina in die Welt, nehmen Sie Beutefahnen mit und machen Sie in Kowno, Königsberg, Berlin und anderen großen Städten Station, um zu verkünden, dass die Gesundheit meiner Majestät nie besser sei als jetzt!“
Diese abenteuerlichen Pläne konnten jedoch nur gelingen, wenn seine Truppen die vorrückenden Russen vor Ostpreußen und Warschau anhalten würden. Das konnten sie zwar nicht, aber Kutusows Soldaten waren so ausgelaugt, dass er ihnen Ruhe verschaffen musste. Die meisten russischen Truppenteile hatten hier schon zwei Drittel ihrer Stärke verloren. Von Kutusows Hauptmacht, mit der er Napoleon verfolgen wollte, waren von ursprünglich cirka 95.000 Mann und 600 Geschützen nur 27.000 Mann und 200 Geschütze übrig geblieben.
„Wir sind vollkommen desorganisiert“, musste er sich sagen lassen, „und wenn Kampf- und Marschpausen eingelegt wurden, waren unsere Infanteristen nicht mehr aus den geheizten Quartieren und gedeckten Tischen der Bauernhöfe fortzubringen.“

Bei Molodetschno verfasste Napoleon am 3. Dezember das 29. Bulletin, in dem er zwar Versäumnisse und Fehler zugab, zugleich aber die später berühmt gewordene Versicherung abgab, die ich oben zitiert habe. Er beschied später seine Kritiker, sich zur Rückkehr nach Paris „durchgerungen" zu haben, was stimmen kann oder auch nicht – jedenfalls wird er froh gewesen sein, der nach Westen immer mehr abnehmenden Kälte zu entkommen. Mein französischer Kollege, Dominique Jean Larrey, Militärarzt und Chirurg, seit 1812 Chef-Chirurg für unseren Feldzug, hat im Winter von 1812 Wetterbeobachtungen und Kältemessungen gemacht, die er mir später zur Verfügung stellte. Danach lag die Temperatur bei Wilna am 4. 12. um minus 15 Grad, erreichte am Morgen minus 25 Grad und fiel in der Nacht auf minus 27 Grad. Dort überlebten von 266 Kavalleristen nur 15 die Nacht. Am 7. 12. wurde es morgens noch kälter, nach sternenklarer Nacht minus 30 Grad. Am 9. 12. kam es noch schlimmer: minus 35 Grad.
„Solche Temperaturen", sagten die im Biwak befindlichen Soldaten im Pariser Straßenfranzösisch, „hält kein Schwein aus."

„Wem kann ich das Kommando übertragen?", soll Napoleon sich selbst und Murat gefragt haben. Es war der König von Neapel, Fürst Eugène, dem Napoleon bescheinigte, dass sein Name noch einen guten Klang in der Armee habe. Berthier bat darum, mit nach Paris zurückkehren zu dürfen, was Napoleon ablehnte. Nun hieß es von seinen Marschällen Abschied nehmen , ohne Gewissheit, sich wiederzusehen, und das geschah am 5. 12. in Smorgonj. Napoleon entschuldigte sich bei ihnen, zu spät in Moskau aufgebrochen zu sein, „was meine Schuld ist". Aber er war immer noch im festen Glauben, dass die Russen bis zum Frühjahr 1813 hier aufgehalten werden könnten. Dann käme er wieder, mit neuen frischen Kräften und Kanonen, „so dass es uns möglich ist, die Russen endgültig zu besiegen. Er erinnerte seine Marschälle daran, dass sie alles verlieren werden, ihre Königreiche und Fürstentümer, wenn er falle.

In der ersten Kutsche fuhren Napoleon und sein Schatten Caulaincourt, die zweite mit Duroc und Mouton folgte, sodann die dritte mit Kammerdiener Constant und einem Sekretär – in einer vierten hätte ich mit Igor sitzen können, überlegte ich, und wir hätten uns Stein und Bein abgefroren. Nur höhere Offiziere sahen ein, dass Napoleons Abreise nach Paris notwendig war, der gemeine Soldat war immer noch des Glaubens, ein Feldherr gehöre zu sein Soldaten – wie Hannibal, Cäsar und Friedrich von Preußen es getan hatten.

* * * * * *

Caulaincourt, der diese Reise „Flucht“ nannte, und Napoleon hatten sich in den nächsten Stunden nicht viel zu sagen. Das Klima in der Kutsche unterschied sich zum Klima draußen nur dadurch, dass der Wind nicht so zu spüren war. Aber als sie Kowno und den Njemen hinter sich hatten und sich somit im Herzogtum Warschau befanden, soll Napoleon unaufhörlich von seiner Armee gesprochen haben, „die ganz gewiss in Wilna bleiben“ und ihre Verluste fürs Frühjahr auffüllen wird. Sie kamen vorwärts, mussten aber wegen der Schnee- und Straßenverhältnisse auf einen Schlitten umsteigen, in dem sie heftig froren. Es ist erstaunlich, dachte ich beim Niederschreiben dieser Tatsachen, dass ein Mensch wie Napoleon, in guten Zeiten oft kränkelnd, diese höllische Fahrt überstanden hat.

Als sie in Warschau eintrafen, gefiel es Napoleon, sich ein Stück bis zum Hotel warmzulaufen und nicht erkannt zu werden – ja, Pelze machen auch einen bekannten Mann zum inkogno! Im Hotel d‘Angleterre, wo er ebenfalls erst nicht erkannt wurde und, - das sollte man bedenken, man noch nichts von einem Untergang der Großen Armee wusste -, bestellte er den Erzbischof und polnische Minister zu sich, um sie zu rügen und „zur Schnecke zu machen“:

„Polen zeigt nicht genügend Interesse an Frankreich. Es hat weder Geld noch Soldaten gestellt und nirgendwo habe ich Ihre Soldaten kämpfen gesehen. Ja, es hat Verluste und Rückzüge gegeben, aber ich habe die Russen in jeder Schlacht geschlagen und werde mit 300.000 Mann zurückkehren.“

Das war kein leeres Gerede und tatsächlich kehrte er ja auch zurück. Zu seinem Großstallmeister Caulaincourt äußerte er sich auch zum neuerlichen Zerwürfnis zwischen Großbritannien und den Vereinigten Staaten von Amerika:

„Da wächst ein junger Staat heran, der sich vom Kolonialismus freigemacht hat, was ein Kolonialstaat verhindern möchte, und wir sollten uns auf seine Seite stellen, wenn wir mit Russland fertig sind.“

Am 14. Dezember glitt der Schlitten auf den Hof des französischen Gesandten in Dresden. Napoleon ließ sogleich König Friedrich August wecken und herbefehlen, während er selbst ein Stunden-Nickerchen einlegen konnte. Der völlig verdatterte König bekräftigte, - wahrscheinlich unter innerem Vorbehalt -, sein Bündnis mit Frankreich und erklärte sich bereit, frische Truppen für Napoleon ausheben zu lassen.

Nur weiter, weiter nach Frankreich! In einem geräumigen Luxusschlitten, den der König gestellt hatte, erreichte Napoleon Weimar und ließ „im Vorbeifahren“ sozusagen, dem dortigen Dichterfürsten Grüße ausrichten. Weiter, nur weiter nach Paris! Ehe die Rheinbundfürsten sich die Krümel aus ihren verschlafenen Augen gerieben und Zeit gehabt hatten, darüber nachzudenken, ob ihnen das Wasser bis zum Hals stehen könnte, rollte der auf eine Kutsche umgestiegene Kaiser der Franzosen in den Hof der Tuilerien ein. Nur weiter, sich von aufgeschreckten Hofschranzen nicht aufhalten lassen! Da, die Kaiserin Marie-Louise, die sich schon im Vorwitwenstand gefühlt hatte, kam aus ihren Gemächern – man fiel sich in die Arme! Und der König von Rom, der einmal Napoleon II. heißen sollte…

„Auf nach Weißenfels!"

„Wir hätten ihn nicht entkommen lassen dürfen."

Sagte ich ganz locker dem Zaren, als wir am 23. Dezember uns endlich in Bewegung setzten und in Wilna einrückten.

„Und wie hätte das funktionieren sollen, mein lieber Doktor?"

„Durch eine berittene Truppe, die alle Stunde ihre Pferde gewechselt und des Kaisers Kutsche oder Schlitten überholt hätte."

„Uns Russen, mein lieber Doktor, können Sie solche Eskapaden, ja Handstreiche nicht zumuten. Hier, noch in Russland hätten wir ihn packen können, aber nur, wenn mein Marschall Kutusow ein Tausendfüßer gewesen wäre."

Mit diesem war Alexander höchst unzufrieden, wie er mir bei einer seiner Rückenmassagen anvertraute:

„Er hat fast nichts davon getan, was er hätte tun sollen, seine Erfolge flossen ihm zu, so wie Napoleon seine Fehler machte. Aber ich kann ihm nichts anhaben, möchte es auch nicht, weil er starken Rückhalt im Adel hat, und so wird er demnächst das Große St.-Georgs-Kreuz verliehen bekommen. Gott würde mich strafen, wenn ich ungerecht gegen den Marschall bin."

Alexander begann in diesen Tagen, wo Entscheidungen über den Fortgang des Krieges gegen Frankreich zu treffen waren, mehr als notwendig von Gott zu reden. Ich war der Meinung, ohne sie verlauten lassen zu können, dass Gott

„eigentlich ab sofort“ äußerst kritisch zu beurteilen sei, „weil er es zugelassen hat“, - so Igor Kubizeks Worte, „dass Hunderttausende meist frommer und gottergebener Menschen elend krepiert sind“.
„Noch mehr regt mich auf“, fuhr Igor wütend fort, „dass mehr als diese Hunderttausende sich am Elend Sterbender und Verwunderter bereichert haben.“
Er strich um mich herum wie ein Jagdhund, der den Geruch von Beute in seine Nase bekommen hat, und platzte endlich mit seinem Anliegen heraus:
„Lieber Doktor und Meister – wann hauen wir ab nach Weißenfels?“
„Warum plötzlich so eilig, Freund?“
Er antwortete und zählte auf:
„Erstens, weil es hier stinklangweilig ist, zweitens weil ich den Russen nicht traue, drittens weil die Nähe zu hohen Tieren stets gefährlich ist, viertens weil ich weiß, wie sehr Sie sich, Doktor, nach Hause sehnen und fünftens weil Sie mir so viel von Ihrer Schwester erzählt haben, dass ich sie kennenlernen muss.“
Das „muss“ betonte er lautstark. Dann bekannte er mir, über zwei Möglichkeiten, von hier unbeschadet fortzukommen, nachgedacht zu haben, und zählte wieder auf:
„Erstens klammheimlich zu verduften oder zweitens den Zaren um Entlassung zu bitten. Er kann Ihnen, Doktor, doch gar nichts abschlagen.“

* * * * * *

War es nun so, dass der Zar selbst gelauscht und einer seiner Spitzel uns belauscht oder Gott eingegriffen und den Zaren erleuchtet hatte – auf jeden Fall bekam er eine seiner zündenden Ideen.

„Dr. Wilhelm Rohdich“, sagte er feierlich, „ich habe eine ehrenvolle Aufgabe für einen tüchtigen Zivilisten und seinen ebenso fähigen Leibdiener.“
(Herz, warum galoppierst du so?“)
„Sie haben eine Art“, fuhr der Zar fort, „Leute nicht nur mit Händen und Augen zu beeinflussen, sondern auch durch die Sprache.“
(Herz, warum flimmern deine Vorhöfe?“)
„Ich kenne“, fuhr der Zar weiter fort, „durch meine Mutter die deutsche Sprache so gut wie die russische und überlege ernsthaft, die lateinische Schrift neben der kyrillischen in Russland gleichberechtigt einzuführen.“
(Herz, beruhige dich doch!“)

Und das tat es prompt, als Alexander seine Idee entwickelte.
„Ich brauche einen Mann, der sich von hier aus nach Breslau durchschlagen kann, wo der preußische König seit seiner Flucht aus Berlin residieren soll. Dort ist er zwar von seinen Leuten ziemlich abgesondert, wie das bei und Herrschern oft der Fall sein soll, aber mit einem Schreiben von mir und den entsprechende Pässen kommen Sie und Ihr Leibdiener gewiss zu ihm vor. In dem Schreiben werde ich Sie, Doktor, als das vorstellen, was Sie sind, nämlich ein fabelhafter Arzt, der von Hühneraugen am Großen Zeh bis zum Haarausfall auf dem Kopf alles kurieren kann, was weh tut, juckt, beißt, zwackt und irgendwie schmerzt. Gleichgültig, was dieser Zauderer mit Ihnen anstellt, eine Audienz gewährt oder sich untersuchen lässt: Grüßen Sie ihn von mir und sagen Sie ihm, dass ich ihn zum heiligen Krieg gegen Napoleon aufrufe und ihn in Breslau oder Berlin aufsuchen werde. Denn ob er mitmacht oder nicht, Doktor, die russische Armee wird auch ohne preußische Unterstützung durch deutsche Länder bis Paris marschieren und den korsischen Löwen in seiner Höhle besuchen.

Schon plänkeln meine Kosaken, nicht die wilden von Smolensk, sondern durchorganisierte brave Einheiten , in Ostpreußen und werden bis Warschau vorstoßen. Wir dürfen die Franzosen nicht ruhen noch rasten lassen, bis sie den Rhein hinter sich haben."

Alexander hatte diesen für seinen sonst gemächlichen Redefluss nicht ohne Pausen hergesagt. Es gab für mich keinen inneren Zweifel, sein Angebot nicht anzunehmen. Noch mehr, als es Freund Igor zu meiner Schwester drängte, trieb mich das Heimweh nach Hause. Wer wusste, wie lange eine Heimkehr noch dauern würde, wenn wir bei den Russen verblieben? Ich sagte also zu und verrate vorab, dass Igor und ich mit jedem Schritt, den wir bei unserer Wanderung machten, jeder Meile, die wir ritten oder in einer Kalesche hinter uns brachten, dem ersehnten Ziel „Heimat" näher kamen. Doch zunächst ist es Zeit, mein Versprechen zu erfüllen, auch noch die Leiden und Malessen von Mensch und Tier während des Rückzuges von Moskau bis Ostpreußen darzulegen – und zwar in einer Sammlung von Abenteuern, die mir bekannt geworden sind.

Ein Intermezzo: Rückzug der Großen Armee

„Mensch und Tier" oder „Tier und Mensch?" Ich entscheide mich hier für „Tier" und meine damit die Pferde. Ich habe ihren Hinmarsch nach Moskau ja schon geschildert, so dass ihr trauriger Rückmarsch jetzt an der Reihe ist: Außer denjenigen Tieren, welche Napoleon und seine nächsten Leute, die wir kennengelernt haben, bei der Flucht halfen, sind sie alle umgekommen. Also zuerst einmal von Moskau nach Smolensk. Auf dem Hinweg hat die Truppe wenig zu transportieren gehabt, jetzt hatte sich jeder einzelne Soldat, ob Reiter oder Fußgänger, mit Beute und Raubgut überladen und suchte nach Transportmöglichkeiten. Mensch und Tier hatten sich in den langen Moskauer Wochen recht gut erholt und es ging erst munter voran. Nun führten die Truppen einen Tross von Tausenden Fuhrwerken mit sich, vom Grenadier über den General bis zu den Marschällen. Der uns schon bekannte Christian von Martens hat bisher alle Widrigkeiten und Kämpfe überlebt und ist nun auch heimwärts unterwegs:

„Der ungeheure Tross von Fuhrwerk aller Art, alle mit Beute beladen, mit Militärbeamten, Dienern, Weibern und Kindern folgte dem Zug der Kanonen und Munitionswagen. Das Gedränge war so groß, dass wir erst mit Sonnenaufgang die äußere Barriere erreichen konnten. Die verschiedenen Korps kreuzten sich in den Straße der Stadt, die Masse der Fuhrwerke hemmte oft das Vorrücken...“

Tatsache ist, dass diese Beute schon nach einer Woche Marsch den Weg links und rechts zu säumen beginnt. Sie lag neben den zusammengebrochenen Pferden samt Reitern und Fahrern, denn inzwischen war der trockene Sommer in einen nassen Herbst übergegangen. Wege wurden Moräste, Bäche zu Strömen. Schon vierzehn Tage nach dem Aufbruch wurde Pferdefleisch gegessen. Neben der Marschstraße war nichts mehr zu erbeuten, denn Bauernhöfe lagen verlassen und bereits ausgeplündert da. Leichen- und Verwesungsgeruch begleiteten die Tragödie. Oberleutnant Christoph von Yelin berichtet, als die Armee Wjasma erreichte:

„Die Pferde nährten sich kümmerlich von Baumrinde und verfaultem Stroh und Altholz, das alles mit Schnee zu Ballen gefroren war. Man nahm der wenigen Kavallerie die Pferde weg, um wenigstens die Artillerie vorwärts bringen zu können. Die Zubereitung eines Pferdebratens war ganz einfach: Hatte man ein Stück Fleisch ergattert, steckte man es auf einen Stecken, aufs Bajonett oder den Degen und hielt es übers Feuer...“

Längst waren aus berittenen Schwadronen Infanteriekompanien geworden, deren Offiziere noch auf Pferden hockten – wie lange noch?

„Ohne den Tod der Tiere abzuwarten", schrieb mir ein deutscher Offizier, schnitt man ihnen den Bauch auf, um an die Leber zu gelangen, oder man riss ihnen die Zunge aus dem Maul."

Als letztes Hindernis lag vor den Flüchtlingen die schon mehrfach erwähnte Beresina. Und wäre sie zugefroren gewesen, wie alle Jahre im November, hätte es für viele Soldaten, - nur wenige Reiter gab es noch -, Rettung geben können. Leutnant Karl Kurz berichtete:

„Reiter stürzten sich in den Strom und versuchten ihn trotz der Eisschollen zu durchschwimmen, die meisten wurden vom Eiswasser verschlungen."

Innerhalb dieses Flussübergangs, der im Großen und Ganzen „gelungen" war, sollen 30.000 Pferde umgekommen sein – von einst 150.000! Und das Sterben der als Nachschub herangebrachten Pferde ging weiter, es sollen allein in Ostpreußen und anderen deutschen Provinzen und Kleinstaaten noch einmal 30.000 gefallen sein!

* * * * * *

Aktuelle Zahlen, die man mir zukommen ließ, besagten, dass Napoleons Armee beim Ausmarsch noch aus etwa 120.000 Mann bestand, dazu über 500 Geschütze und 2.000 notwendige Fuhrwerke. Mochte diese Zahl den Beteiligten horrend erscheinen, so war sie doch nichts gegen abertausend nichtmilitärische Fahrzeuge, die mitfuhren. Obgleich Napoleon die Nachricht verbreiten ließ, man werde nach gewonnener Schlacht zurückkehren, wusste doch jedermann um das Endgültige des Rückzuges. Darum eben schlossen sich jene Privatleute mitsamt ihren Familien an, welche mit den Franzosen sympathisiert und Geschäfte gemacht hatten. Bei jedem Engpass wie Brücken, Furten, Steigungen und Straßenkreuzungen stauten sich die Kolonnen, weil es keine Verkehrsregelung gab und das Militär natürlich Vorfahrt begehrte.

Ein französischer Oberst steckte mir in Warschau ein Manuskript zu, - das er „nach Erledigung Napoleons im nächsten Jahr“ zurückgeschickt haben möchte -, aus dem ich zitieren durfte:
„Am 29. Oktober erreichte unser Vortrupp das Schlachtfeld von Borodino. Vor cirka fünfzig Tagen tobte hier die berühmte Schlacht vor Moskau. Und doch waren die Felder noch mit Leichen übersät, weil es keine Landbevölkerung mehr gab, die sonst den Liebesdienst der Beseitigung vornahm. Leichen lagen in Haufen übereinander, vermischt mit Gerippen von Pferden und auch Rindvieh, Trommeln, Gewehren und Uniformen. Sie werden hier den ganzen Winter über liegenbleiben.“
Das Entsetzen seiner Soldaten steigerte sich noch, als sie die Szenen an einer Klostermauer erblickten:
„Da lagen vergessene Verwundete in Bergen zusammen und warteten auf ihren Abgang, der in der nächsten Frostnacht von minus 4 Grad eintreten würde. Die hatten‘s noch am besten. Napoleon ließ nicht ganz gefüllte Reise- und Lazarettwagen mit denjenigen füllen, welche noch Aussicht aufs Überleben hatten – Überleben auf einem Rückzug, den nur ein Zehntel der Teilnehmer überstehen würde.“

Marschall Kutusow, sonst nicht der schnellste Soldat, beeilte sich nun, seinen Soldaten den Sinn auf Rache zu schärfen. Er tat, als zitiere er seinen Zaren:
„Der Feind hat den heiligen Kreml in die Luft gesprengt, lasst uns nun eilen, diese ruchlosen Feinde zu verfolgen. Hört, Soldaten! Löscht die Flammen Moskaus mit dem Blut der Räuber!“

Am 4. November fiel der erste Schnee. Bisher hatten große Viehherden dem Zug folgen können, weil sie irgendwie Futter fanden, aber das war jetzt zu Ende. Am 6. November wurde das Schneegestöber so dicht, dass die Orientierung verloren ging, die Mulden des Weges und der Wegränder sich mit Schnee füllten und zu Fallen wurden. Wer hineinfiel, war verloren und würde erst im Frühjahr zum Vorschein kommen und auftauen.

„Viele Soldaten“, berichtete mir ein Sanitäter, „schwärmten in die Gegend aus, in der Hoffnung, dort ein Gehöft für die Nacht und einen Hirsebrei für den Magen zu finden – doch Kosaken und erzürnte Landwirte, die beim Herzug ausgeplündert worden waren, nahmen ihnen Kleider, Uhren und Tabak weg und jagten sie nackend in den Schnee.“

Die Nächte waren sechzehn Stunden lang – wer sie durchstand, konnte als Lebenskünstler auftreten. Solche Leute bekamen es sogar hin, dass hartgefrorene Fichtenzweige brannten, etwas Wärme verbreiteten und es zuließen, blutiges Pferdefleisch mit Roggenmehl und Schneewasser angerührt, zu einer zwar ekelerregenden doch essbaren Mahlzeit zu vereinen. Den Umständen entsprechend kamen die Russen jedoch nicht dazu, ganze französische Einheiten zu vernichten oder gefangen zu nehmen. Die Kampfkraft vieler Einheiten war zwar gemildert, doch wo sich ein Regiment den Verfolgern stellte, wurden diese von einem Hagel Gewehrschüsse empfangen und reihenweise niedergestreckt. Die Lade- und Feuerzeit französischer Grenadiere war doppelt so schnell und die Durchschlagskraft französischer Patronen von den Russen gefürchtet. Das bewog ihre Kommandanten, den Flüchtenden nicht zu hart zu verfolgen, zumal, so hatte ihr Marschall ihnen verkündet, „das Ende der Großen Armee nur eine Frage der Zeit, nicht der Verfolgung sei“.

* * * * * *

Ich muss betonen, dass die Berichte über den Rückzug, so wie ich sie bekam, unterschiedlicher nicht sein konnten. Klar, dass jeder Infanterist oder Kavallerist seinen Rückzug anders sah und immer nur Teilaspekte. Was ein „Vordermann“ erlebte, bekam bei einer Zuglänge von dreißig, vierzig bis sechzig Kilometer Länge ein „Hintermann“ nicht mit.

„Wir sollten auch“, klagte ein Sizilianer bibbernd vor Kälte, „der Männer gedenken, welche aus ihrer Heimat derartige Wetterverhältnisse wie in Russland nicht kennen konnten: Italiener, Spanier, Portugiesen, Südfranzosen und Griechen. So prächtig sie bis zuletzt gekleidet und Napoleon immer noch zugetan waren, sie konnten es nicht fassen, dass es in einem Land kilometerweit kein Haus, kein Dorf, keine Hütte und keinen Viehstall zum Überleben gab.“

„Ich habe erlebt“, schrieb mir Oberst von Kerner, „als ich nach einer in der Hütte nebenan verbrachten Nacht nach draußen trat, dass alle meine Soldaten so, wie sie sich am Abend ums Feuer gelagert hatten, nun genauso tot und steif gefroren dalagen.“

Ich habe, seltsam genug, gar keine Berichte der vielen Zivilpersonen erhalten, die beim Auszug auffälliger zu bestaunen waren als die Soldaten. Wo sind sie geblieben? Frauen darunter mit Kleinkindern, die nicht genug gegen den Winter vorgesorgt hatten. So starben wohl komplette Familien namenlos dahin, und weil sie viel von Soldaten gesuchte Sachen mit sich führten, starben vielleicht die wenigsten von ihnen an Unterernährung und Kälte.

Viele Soldaten rückten erst später damit heraus, dass sie ihr Leben ihren vierbeinigen Freunden Hund und Katze verdankten:

„Die geliebten Jagd- oder Schoßhunde, welche die Hinreise gut überstanden hatten, landeten nun in Kochtöpfen oder wurden mit dem Bajonett aufgespießt und ins Feuer gehalten.“

Napoleon, der große Redner, kam erst in Orscha dazu, seinen Soldaten eine Standpauke zu halten, und nur seiner Garde, die zum großen Teil Fußvolk geworden war. Zündende Reden konnte auch er nicht mehr halten: „Grenadiere meiner Garde! Ihr seht die Zerrüttung meines Heeres und in unglücklicher Verblendung haben viele von euch die Waffen fortgeworfen. Sollten alle diesem schändlichen Beispiel folgen, so ist jede Hoffnung verloren… Es müssen nicht allein die Offiziere eine strenge Disziplin handhaben, sondern auch die Soldaten eine genauere Aufsicht übereinander führen und selbst diejenigen strafen, die sich aus ihren Reihen entfernen.“

Es war für mich unmöglich, aus aktuellen Berichten die berühmte Überquerung der Beresina zu schildern. Fest steht, dass sie ein Meisterwerk französischer Organisation und Tatkraft gewesen ist. Aber alle diese Eigenschaften hätten nichts genutzt, wenn die Russen die gleiche Tatkraft wie ihre Gegner aufgebracht hätten. Was sie von energischen Angriffen auf die überbeschäftigten Franzosen abgehalten hat, kann nur die Furcht vor deren Artillerie gewesen sein. Keine kriegführende Nation der Zeit, auch die Engländer nicht, konnte so mit Geschützen umgehen wie die Franzosen.

„Der Donner ihrer Kanonen“, schrieb mir ein Sachse nach Weißenfels, „rollte über die Ebene wie drei- bis vierfache Gewitter. Man konnte sehen, wie ihre Vollkugeln durchs Gelände hüpften wie humpelnde Hasen und breite Gassen in die russischen Regimenter rissen.“

Napoleon selbst überschritt am 27. November nachmittags mit 8.000 Mann seiner Garde die stark strömende Beresina. Und hier endet meine Schilderung der Flucht eines Teils der Großen Armee.

Auf dem Weg nach Hause

Es war Anfang Februar 1813 geworden, als ich in einer zweispännigen Kutsche und Igor als Kutscher nach Warschau aufbrechen konnte. Der Zar hatte sich als äußerst spendabel erwiesen und neben ausreichend Bargeld auch für drei Pässe gesorgt, von denen einer gemogelt war: der französische. Die beiden preußischen und russischen waren natürlich echt. Die beiden Kutschentüren waren mit den drei passenden Emblemen eines reisenden Diplomaten zu versehen, obwohl, wie der Zar meinte, die französischen Besatzungstruppen schon weit nach Westen ausgerückt waren. Bis ins polnische Gebiet gab uns eine starke Eskorte von verwegen aussehenden Kosaken das Geleit. Deren Kommandant gab uns den Rat, in einsamen Gebieten lieber auf einem Bauernhof zu übernachten und sich gegen Bares verpflegen zu lassen, statt in Herbergen unterzukommen.

Es war immer noch winterlich kalt, aber nicht mehr so verbissen wie im Osten. Igor, der felsenfest behauptet hatte, jede Kälte stundenlang auf dem Bock aushalten zu können, musste nun zugeben, „dass es nicht anging, wenn einem der Eiswind durch die Hosen pfeift“. So lösten wir uns stundenweise ab. Gegen Frühnachmittag stand ein dick vermummter Mann, offensichtlich ein Bauer, an der Straße und winkte. Wir hielten an und erfuhren, dass er mitgenommen zu werden wünschte, um aus der nächsten Ortschaft einen Arzt zu holen. Auf näheres Befragen sagte er, dass sein Vater heute Morgen vom Pferd gefallen sei und sein rechtes Bein „so komisch seitlich“ abstand. Igor und ich, wir beäugten uns verständnisvoll und er sagte, ehrfürchtig auf mich zeigend: „Dieser Herr ist ein berühmter Doktor, der den Zaren behandelt hat und nun den preußischen König behandeln soll. Er wird Ihren Vater gesund machen, wenn wir bei euch übernachten können, wenn ihr die Pferde und uns mit Essen und Trinken versorgt. Abgemacht?“ Abgemacht!

Oh weh, dachte ich, ein ausgekugeltes Bein wieder einrichten ist schwerer als einen Arm einkugeln. Der Patient, ein derber slawischer Bauer von 55, den, so seine Familie, nichts umhauen konnte, saß im Opasessel, löffelte eine Bohnensuppe, wollte begrüßend aufspringen und fiel in den Sessel zurück. Sein Bein? Ja, es lag schräg neben ihm, als gehöre es nicht zu seinem Körper. Der Bauer, dessen Familie aus Ehefrau, Schwester und drei Söhnen zwischen 18 und 25 bestand, hatte zu klagen aufgehört und ließ sich von Igor belehren, dass ein Einrenken des Beins „höllisch wehtun wird, mehr als Erschießen und Köpfen, aber der Doktor wird‘s richten.“

„Mein Mann erträgt alles“, sagte die Bäuerin, „sogar meine Ohrfeigen und vor einer Woche hat ihn ein Pferd geschlagen und sich dabei den Fuß verrenkt.“

Nun denn, frisch ans Werk. Der Bauer musste sich auf den Holzfußboden der Küche legen und Igor befahl dem jüngsten Sohn, sich auf des Vaters Brust zu setzen, um ihn niederzudrücken und seinen Kopf am Boden halten zu können. Die beiden anderen Söhne mussten seine ausgestreckten Arme festhalten. Ich gab Igor auf französisch Anweisungen:

„Wenn ich das Bein umfasse und mit voller Wucht, an den Füßen anfassend, in den Körper zu stemmen versuche, drückst du es, am Oberschenkel packend, mit ebensolcher Kraft nach innen an den Körper. Wenn es beim ersten Mal nicht klappt, haben wir keine Chance mehr.“

„Wird das wehtun, Doktor?“

„So weh, dass du lieber gehenkt werden wolltest, Igor.“

Ich glaubte selbst nicht an diese Methode, die ja, wie erwähnt, bei einem Arm nichts Besonderes ist. Also: Drei starke Männer hielten einen Mann zu Boden, zwei Frauen

beteten das polnische Vaterunser, jedenfalls bekreuzigten sie sich und ein Russe und ein Sachse warfen unisono ihre ganze nicht geringe Körperkraft auf ein loses Bein. Die Reaktionen zähle ich jetzt auf: Erstens das Knirschen und Ruckeln des Beins, als es einrastete, zweitens das abgrundtiefe Röcheln des Patienten; drittens sein heiserer Aufschrei, als habe ein Organist alle Register seiner Orgel gezogen und mit den Füßen getreten; viertens das bogenartige Aufrichten des Patientenkörpers, fünftens sein Zurückfallen und Geistaufgeben; sechstens das Klageweibergeheul von Ehefrau und Schwester und siebtens die doppelte Frage derselben „Isse dot, Doktor?"
„Nein", antwortete ich, „lasst ihn einige Zeit ruhen, bis er von selbst zu sich kommt..."
„Oder gebt ihm", warf Igor ein, „einen Aufgesetzten, den habt ihr doch alle hier."
Hatten sie; „Aufgesetzter" ist ein Fruchtschnaps, der in Fässern „aufgesetzt" wird. Zwischendurch muss ich bemerken, dass unsere Pferde in einem Stall luxuriös mit Hafer, Hirse, Pferderüben, Grummet (Heu), Trinken und Stroh versorgt und ihre Hufe gesäubert und ihre Eisen nachgesehen wurden. Die Kutsche, in der sich unsere Wertsachen befanden, wurde auf die Diele des Hofes gefahren und abgeschlossen.

Als wir zum Patienten zurückkamen, hatte dieser schon sein drittes Schnäpschen intus, er schüttelte sich eben, und seine Söhne halfen ihm auf. Er kurzes Wanken und Schwanken, das Körpergewicht auf das lädierte Bein verlagert und dann „Halleluja!" in dutzendfacher Wiederholung. Heulen vor Freude, Anrufung aller polnischen Heiligen, von denen ich keinen kannte, und die Kussorgie, die mir drohte, auf den standhaften Igor abgelenkt. Dann tauchte die Frage der Unterkunft auf und es gab kein langes Gerede, dass Igor und ich im Eheschlafzimmer zu

übernachten hatten. Dann auch noch tauchte das zweite Problem auf: das Abendessen!
„Was dürfen wir Ihnen, Herr Doktor und Herr Assistent, denn anbieten? Wir sind einfache Leute und können hohen weitgereisten Herrschaften nichts Besonderes bereiten."
Das nahm Igor in seine breiten Hände:
„Habt ihre schon Kartoffeln oder ist Polen noch nicht soweit?"
„Haben wir, im Keller gelagert."
„Und wie werden diese von euch zubereitet?"
„Nun, als Stampfkartoffeln."
„Kennt ihr Bratkartoffeln?"
„Nie davon gehört."
„Nun denn, Leute, dann esst ihr sie heute zum ersten Mal!"

Und unter Igors Anweisungen wurden nun Pellkartoffeln gekocht, gepellt, in Scheiben geschnitten und in einer Riesenpfanne mit Speckstücken, Schweineschmalz und Zwiebeln so lecker braun gebraten, dass Igor beim Essen mit vollem Mund lallen musste: „Da könnte ich mich stundenlang drin wälzen..."
Und ich fügte als höflicher Esser hinzu, dass es hier urgemütlich sei, besser als im Zarenland, wir aber morgen fort müssten. Nach einer tief durchschlafenen Nacht und einem polnischen Bauernfrühstück, das alle bisherigen „Frühstücke", die ich je genossen hatte, in den tiefsten Schatten rückt, stellte sich heraus, dass Jozip, jüngster der drei Brüder, mit nach Warschau fahren wolle, um Soldat zu werden - „darf er das, Doktor?" Durfte er natürlich. Igor und ich, wir lehnten alle Liebesgaben außer Reisezehrung ab und Igor drückte Tante Lissa, Schwester des Bauern, deren Augen sich von ihm nicht abzuwenden vermochten, fünf Goldslotys in die Hand.
„Auf Wiedersehen – Do widzenia!"

„Glückliche Reise – Szczęśliwa podróż!"

* * * * * *

Nun saßen Igor und Jozip auf dem Bock, die Pferde waren ausgeruht, die Sonne ging in Russland auf und ich war in der Kutsche allein mit meinen Gedanken über eine freundliche Menschheit und in mein Tagebuch vertieft. Da merkte ich kaum, dass Igor und Jozip armen Schluckern, die auf ihrem Weg von Moskau nach Paris am Straßenrand standen oder hockten und um einen Happen baten, ihnen diese zuwarfen – es war der größte Teil der drei Fresspakete, welche uns die wackeren Bauersleute „aus tiefstem, innigsten und christlichen Dank" übereignet hatten: Krakauer und andere Würste, kleine Weißbrote, hier Brötchen genannt, Hartkäse, Obst und Gemüse. Diese Männer waren wohl die richtigen Abnehmer dafür. Gegen Mittag hielt uns eine Kosakenstreife an. Das waren nicht die räuberischen Kreaturen, die ich in Russland kennengelernt hatte, sondern tatsächlich des Zaren Soldaten mit guten Manieren und vorbildlich gekleidet. Igor verwies den Hetman an mich, ich stieg aus und beeindruckte den Kosak mit meiner russischen Sprache und gewinnendem Lächeln. Fast bedauernd verlangte er meinen Pass, und den russischen gab ich ihm. Kaum dass er ihn studiert hatte, vollzog sein Körper die Habacht-Stellung, er fragte in einer Hochachtung, zu der nur ein freier Kosak fähig ist:

„Sind Sie, Doktor Rohdich, jener Arzt, der den Zaren – Gott habe ihn gern! - von seinen Krankheiten geheilt hat?"

„Der bin ich, Hauptmann."

„Heilige Katharina – dass ich Sie hier kennenlerne!"

Seine Männer schlugen allesamt das russische Kreuz und kamen heran, mir die Hand, - ohne Handschuhe natürlich! -, zu küssen.

„Darf ich fragen, was Ihre Mission ist, Herr Doktor?"

„Ich fahre nach Breslau“, antwortete ich, „um dem preußischen König Grüße vom Zaren zu bestellen und ihn aufzufordern, sich mit seinem Staat gegen Napoleon zu verbünden.“
„Wir haben heute durch Boten erfahren, dass Friedrich Wilhelm schon Breslau verlassen hat und nach Berlin aufgebrochen ist.“
„Welch ein Glück, Hauptmann, Sie getroffen zu haben.“
Dann fragte ich nach der Sicherheit des Weges und der Straßen nach Berlin:
„Gibt es noch französische Streifen der ehemaligen Besatzungsmacht?“
„Hier nicht mehr, sie flüchten vor uns wie Hasen bei der Treibjagd. Es kommen nur noch die Elendsgestalten der großen Armee vorbei, die wir zu verpflegen und zu verbinden haben, wenn nötig. Der Zar hat russische Menschlichkeit empfohlen, es heißt, Herr Doktor, auf Ihre Ratschläge hin.“
„Und Napoleon?“, fragte ich, „wo ist der? Ich darf nicht in seine Hände fallen.“
„Der befindet sich in Paris und mobilisiert, ob Sie‘s glauben oder nicht, ein eine neue Armee, um zurückzukommen. Wenn akute Gefahr bestände, würde ich Sie bis Berlin begleiten.“
„Danke Hauptmann. Darf ich Ihren Männern ein Geschenk machen?“
Durfte ich und rückte für jeden von ihnen einen Goldrubel heraus.
„Auf Wiedersehen – gute Reise - До свИДаНаНИЯ - ХоросоеИ поезДКИ“.

* * * * * *

Igor sprach aus, was wir beide dachten: „Auf nach Berlin und der König kann uns was husten!“ Aber da war noch

Jozip! Wir sagten ihm, nicht mehr nach Warschau reisen zu wollen, sondern direkt nach Berlin.
„Ooch“, antwortete er, „dann werde ich preußischer Soldat, was soll‘s. Gefochten ist gefochten.“
Aber der gute Mann hatte „Sauglück“, und das kam so. Ehe wir richtig gen Westen nach Berlin abgedreht hatten, stand wieder eine Übernachtung an. Jozip kannte tatsächlich den ziemlich umfangreichen Bauernhof, „der dort hinten am Waldrand liegt. Ich war da schon einmal vor vier Jahren, als ich mich bemühte, andere Höfe als nur unseren eigenen kennenzulernen. Damals hätte ich mich beinahe in Tochter Elizabeta verliebt, Hoferbin und zu der Zeit 16, aber ihr Vater prügelte mich vom Hof, als ich ihr einen Handkuss gab.“
Jozip stoppte seinen Redefluss, sah mich an und fügte hinzu:
„Donnerwetter, Herr Doktor, stellen Sie sich vor, sie ist noch hübschert geworden.“
„Das nützt dir wenig“, sagte Igor, „wenn der Alte noch lebt.“
(Kurz gesagt: Er war tot.)

Unser Wagen rasselte auf den gepflasterten Hof, dass die Hühner stoben und der Wachhund an der Kette sich heiser bellte. Zwei Frauen traten aus der Tür, die eine hübsch und jung, die andere gesetzt und wütend, außerdem mit einer Knarre in der Hand – die hatte sie gestern einem Grenadier für einen Kanten Hartbrot abgekauft. Hinter ihr baute sich ein polnischer Ulan auf und schwenkte seinen Degen. Des besseren Verständnisses wegen und um die Spannung zu erhöhen, mache ich jetzt wieder eine meiner zahlreichen Aufstellungen streng in der Reihenfolge des Geschehens: Erstens: Igor stieg vom Bock, kam mit gravitätischen Schritten zur Kutschentür und öffnete sie mit einer Verbeugung; zweitens ich verließ die Kutsche und begann ebenso gravitätisch auf das Empfangskomitee zuzuschreiten; drittens fuhr der Mann mit dem Degen wie von sich selbst angestochen in die Höhe und kam mit den Worten „Doktor – Doktor“ im Geschwindmarsch auf mich zu; viertens, die mit der Knarre wusste nicht, was sie tun sollte; fünftens Jozip starrte Elizabeta und sechstens sie starrte Jozip an.

Die verzwickte Situation löste sich, als der Ulan bei mir angekommen war, mich umarmte, mit zwei Küssen bedachte und dann zu der Frau mit dem Gewehr, die seine Schwester war, sagte:
„Schwesterchen, das ist der deutsche Doktor, der mir vor Smolensk das Bein so behandelte, dass es nicht abgeschnitten werden musste.“
Diese der Realität entsprechende Aussage ließ den letzten Spannungsrest platzen.
„Da sind wir mal wieder“, jubelte Igor, „zur rechten Zeit am rechten Ort angekommen.“
Die folgenden Tätigkeiten und Aktionen möchte ich lose aufzeichnen: Die Pferde wurden ausgespannt, was Jozip und Elizabeta gemeinsam taten, nach der Begrüßung und namentlichen Vorstellung ging‘s ins Haus, wo von drei Mägden oder Helferinnen in Nullkommanix ein Abendessen aufgetragen wurde, das auch den Zaren, die Zarin, den König und Napoleon einen Krieg hätte vergessen lassen.
„Was ist bloß los in dieser Welt“, fragte ich nach dem dritten Aufgesetzten, „dass kleine Leute sich überall prima verstehen und die großen sich an die Köpfe kriegen müssen?“
„Da kann ich nur sagen“, bellte Igor nach dem fünften Aufgesetzten, „weg mit den Großen!“

* * * * * *

Anderntags waren Igor und ich wieder auf der Reise – allein! Es gab einen feuchten Abschied und zwei Essenspakete, die wir in Moskau gut hätten gebrauchen können. Jozip blieb auf dem Hof und, - wie man sich denken kann -, blieb dort für immer: „Und wenn sie nicht gestorben sind, leben sie dort noch heute“. Die Schilderung der Weiterreise nach Berlin kann ich wegen Ereignislosigkeit überspringen. Es war der Nachmittag des 3. März 1813, als wir in den Hof eines alten Wirtshauses im Nikolaiviertel einfuhren. Wo man uns für Russen hielt und sehr zuvorkommend behandelte. Als ich dem Wirt unsere Kutsche und beide Pferde zum Kauf anbot, überschlug er sich vor Höflichkeit und wagte zu fragen:

„Morgen wird Zar Alexander in Berlin einziehen, Sie gehören gewiss zu seiner Eskorte?“

„Eskorte ist gut“, sagte Igor auf unserem Zimmer, „zugleich mit dem Zaren angekommen. Da frage ich mich nur, wie der das geschafft hat?“

„Die Franzosen sind alle abgehauen“, sagte der Wirt bei Tisch, „allerdings mit dem Versprechen, „wir kommen zurück und dann geht es euch an den Wickel“.

„Wie weit sind sie zurückgegangen?“, fragte ich.

„Es heißt“, antwortete er, „bis hinter die Elbe.

Igor bat mich, hier in Berlin vorsichtig zu sein:

„Es kann sein, dass uns jemand erkennt. Ich gehe doch richtig in der Annahme, Doktor, dass wir so schnell wie möglich fort von hier nach Weißenfels kommen, oder?“

„Ja“, antwortete ich, „was gehen uns dieser preußische König und der russische Zar noch an? Aber vor morgen können wir nicht fort. Ich schlage vor, übermorgen mit der regulären Kutsche abzufahren.“

„Dann lassen Sie uns, Doktor, morgen den Einzug der Russen in Berlin anschauen – immerhin ist das ein historisches Ereignis.“

Erst beim abendlichen Bummel durch Berlin erfuhren wir, dass Friedrich Wilhelm noch in Breslau verweile und von Scharnhorst, Gneisenau und Marschall Blücher bearbeitet werde, sich Russland endlich im Kampf gegen Napoleon anzuschließen. Am 8. Februar hat dort in Schlesiens Hauptstadt ein Professor Steffens seine Studenten zum Widerstand gegen die Franzosen aufgerufen. Aber der König liebte die Politik der kleinen vorsichtigen Schritte. So verordnete er immerhin für Preußen die Wehrpflicht, ein Schritt, den Napoleon wohl verstanden haben wird. Am 28. Februar wurde dann ein Militärbündnis mit Russland abgeschlossen und damit wurde es uns beiden verständlich, dass der König nicht morgen schon in Berlin dabei sein wollte.

Schon wieder, wie 1806, ritten fremde Truppen in Berlin ein! Natürlich hatten die Berliner durch Zeitungen, Veröffentlichungen, Augenzeugenberichte und Erzählungen Davongekommener von jenen Grausamkeiten erfahren, die der Russlandfeldzug mit sich gebracht hatte: Mongolen, Kosaken, Tataren und Zigeuner haben Europäer niedergemacht, verbrannt, verhungern lassen und nun bis nach Mitteleuropa verfolgt! Wer fragte schon nach Zusammenhängen, wer begriff sie? Aber die Berliner sind clever, wie die Briten hier sagten. Der erste Eindruck der unter klingendem Spiel marschierenden Soldaten war so positiv, dass Blumensträuße flogen, Kinder lange Strecken mitmarschierten und sich manche Dirne, als biedere Hausfrau verkleidet, schon die kommende Kundschaft beurteilte und ein nett anzuschauendes Dekolleté anbot.

Endlich auf dem Heimweg

Igor und ich, wir trafen eine Entscheidung: Nicht im eigenem Wagen, nicht mit fremder Postkutsche, sondern als Ross und Reiter Weißenfels ungeschoren erreichen zu

wollen. Geld besaßen wir genug, auch ohne die Wertpapiere verhökern zu müssen. Aber erst bemühten wir uns und fragten unseren Wirt danach, unsere baldige Heimkunft nach Weißenfels melden zu können. Er war ganz entzückt von unserer Idee:
„Da haben Sie, Doktor, in ein Tintenfass gestochen, was heißen soll, dass mein Sohn den Fall übernehmen kann. Er war ein paar Monate in England, dem Land der Detektive, und möchte Detektiv werden und schwierige Aufträge übernehmen. Darf ich ihn rufen lassen?“
Durfte er. Er war wie sein Vater Feuer und Flamme und versicherte, in weniger als der halben Zeit, die wir brauchen würden, an Ort und Stelle zu sein und die Nachricht abgegeben zu haben.
„Und die Franzosen?“, fragte ich.
„Die sind dabei, sich zur Elbe zurückzuziehen. Marschall Davout hat höhnisch hinausposaunen lassen, dass er die Elbebrücke bei Meißen niederbrennen würde, wenn seine Truppen am westlichen Ufer angekommen wären. Das stört mich nicht, mein Pferd schwimmt durch jeden Fluss.“
„Wir brachen noch zwei erstklassige Pferde“, sagte ich.
„Besorge ich Ihnen, Doktor.“
„Woher kennen Sie meinen Beruf?“
„Vater hat‘s mir gesagt.“
„Und woher weiß er ihn?“
Ein gewisses Misstrauen spukte mir im Kopf.
„Einer unserer Gäste hat‘s ihm gesteckt, Doktor.“
Wir vereinbarten einen Preis von hundert Rubeln in Assignaten, die sein Vater, ohne Aufsehen zu erregen, hier in Berlin in preußische Taler einwechseln konnte.

Dieser Vater! Igor sah ihm an, dass er etwas auf dem Herzen haben müsste. Und das hatte er tatsächlich. Seine Mutter, erfuhr Igor auf Befragen, laboriere mit offenen Beinen und die Familie befürchte, dass eine Blutvergiftung im

Anzug sei. Also musste ich mir das ansehen. Und in der Tat: Wieder einmal eine Infektion durch Unsauberkeit. Aber ich wäre nicht Doktor, wenn ich nicht helfen könnte! An beiden Waden hatte sich Helene Meiermann je zwei offene, rote, eiternde und nässende Wunden gekratzt, die, wie sie sagte, „nachts juckten, zuckten und ruckten und mich nicht einschlafen lassen".

„Haben Sie schon einen Arzt rufen lassen?"

„Ja, es kommt aber keiner, sind alle mit nach Russland gezogen und nicht wiedergekommen."

Igor übernahm das Auswaschen der Wunden mit Streifen meines reinen Leinens und lauwarmem Wasser, dem ich etwas Honig zufügte, eine Prozedur, welche die Achtzigjährige ohne mit der Wimper zu zucken, über sich ergehen ließ. Als die Wunden trocken waren, rieb ich sie erst mit feinem Jodsalz ein, was nun doch ein Beinzucken hervorrief, verband sie mit einer Lage Leinen und strich diesen danach mit der pechschwarzen Ichtyol-Salbe ein, die Schwester Ruth mir und Napoleon nach Moskau nachgeschickt hatte. Darüber kam dann der normale Verband.

„Sie können, Mutter, normal aufstehen, dürfen aber wenig und nur mit Hilfe gehen und auf keinen Fall an die Verbände stoßen oder sonstwie daran fummeln. Bevor wir Sie übermorgen verlassen, schauen wir uns die Sache noch einmal an."

Übermorgen! In zwei Tagen, am 16. März, wollten wir aufbrechen. Heute tagte der großen Familienrat Meiermann zum Abschiedsessen und zu letzten Besprechungen. Den Vorsitz führte Großmutter Helene, deren Beine ich mir zum Tagesabschluss anzuschauen gedachte.

„Haben Sie noch Schmerzen, Großmutter?", fragte Igor vorsorglich.

„Nicht die Bohne, junger Mann", antwortete sie munter und wandte sich dann an mich:

„Sind Sie verheiratet, lieber Doktor?“
„Ja, Mutter, bin ich.“
„Aber Sie tragen keinen Ring.“
Eine Feststellung nur, kein Hauch von Vorwurf.
„Ich musste, als wir just getraut worden waren“, erklärte ich, „ganz plötzlich und halsüberkopf fort, so dass wir noch keine Eheringe kaufen konnten.“
„Das brauchen Sie auch jetzt nicht mehr“, sagte sie fest.
Und schob eine Schachtel über den Tisch.
„Diese Trauringe sind für Sie, Doktor, und Ihre Frau natürlich. Machen Sie auf, sie gehören Ihnen schon.“
Donner und Doria und Dunnerlittken – da lagen zwei klassische breite rotgoldene Ringe im Wert von mindestens drei „Schweren Gulden“!

* * * * * *

Ehe ich etwas sagen und dankbar reagieren konnte, änderte Helene ihren Tonfall und sagte zu ihrem Sohn und Enkel, die beide mit am Tisch saßen:
„Wir können die Beiden, - sie meinte Igor und mich -, unmöglich allein durch Sachsen nach Weißenfels ziehen lassen!“
Sie machte eine Redepause und fuhr dann fort:
„Es ist noch immer Krieg, auch wenn die Könige von Preußen und Sachsen, beide übrigens ausgemachte Feiglinge und Drückeberger, ihn noch nicht erklärt haben. Darum verlange ich, dass du, Enkelsohn Johann, unsere Gäste bis nach Weißenfels führst.“
Johann der Enkel strahlte übers ganze Berliner Gesicht, und auch seine Eltern nickten zustimmend.

Nach dem Essen untersuchten Igor und ich Helenes Beine. Die Verbände hatten nicht durchgenässt und dufteten auch nicht unangenehm – ein gutes Zeichen. Und da lagen die Wunden vor mir: Die Heilung hatte mit der Bil-

dung einer dünnen Haut bereits begonnen, die seitliche Rötung war vollkommen verschwunden und alles sah sauber und gesund aus.
„Sie haben ein gutes Heilfleisch“, lobte Igor.
„Ja“ stimmte ich zu, „wir machen keinen Verband mehr, weil der Heilvorgang schneller abläuft, wenn frische Luft an die Haut kommt. Sie sollten freilich keine Strümpfe anziehen, - das Wetter wird ja wärmer -, und aufpassen, mit den Beinen nicht irgendwo anzuecken.“
Igor nahm diese durchaus noch attraktiven Läufe, (Jägerausdruck für Beine), in seine zarten Hände und rieb die von meiner Schwester entwickelte Samuel-Hahnemann-Salbe ein.
„Sind Sie verheiratet, Igor?“
Ehe Igor antwortete, tat ich es:
„Noch nicht, aber er wird meine Schwester heiraten. Darum hat er ja das ganze Theater in Russland, Polen und Litauen mitgemacht.“
„Stimmt das, Igor?“, fragte sie zurück.
„Ja und nein, Mutter. Ja, weil ich mich nach des Doktors Schilderungen seiner Schwester unsterblich in sie verleibt habe – nein, weil ich ihm auch sonst bis ans Ende der Welt, wo die Kannibalen wohnen, gefolgt wäre.“
Dieses offene Geständnis brachte auch ihm ein Paar Eheringe ein:
„Hier“, sagte Helene und überreichte ihm eine ähnliche Schachtel wie mir, „das sind die Ringe meiner Eltern. Es ist besser, ich schenke sie Ihnen als dass sie später von meinen Kindern und Enkeln verhökert werden.“
Wie oft, musste ich nun überlegen, kann man „Danke“ sagen und doch glaubwürdig bleiben? Igor stammelte es noch vor sich hin, bis wir zum Rest der Familie zurückgekehrt waren…

Dort beschlossen wir, Helenes Wunsch zu folgen und übermorgen aufzubrechen.
„Wie eben verlautet“, sagte Vater Meiermann, „soll sich der König nun doch entschlossen haben, Frankreich den Krieg zu erklären.“
„Bis es hier und in Sachsen gefährlich werden kann“, meinte Johann, „können wir unser Ziel erreicht haben.“
„Ja“, stimmte sein Vater zu, „so schnell kann Napoleon auch nicht reagieren, aus dem gegenwärtigen Rückzug einen Vormarsch zu machen.“
„Ich werde“, sagte Johann, „mich mit einem Pistol bewaffnen. Man kann nicht wissen, wieviel französische Flüchtlinge hier noch durchkommen und zu marodieren wagen.“
„Ich habe“, antwortete ich, „eine kleine Armbrust bei mir, die ich im ganzen Feldzug nicht einmal auszupacken brauchte. Ich werde sie griffbereit am Sattel befestigen.“
„Und ich“, verkündete Igor drohend, „bin einer der besten Messerwerfer des Kontinents, das weiß bisher nur ich allein.“
Nun, wir hofften unkriegerisch durchzukommen.

* * * * * *

„Abschied ist immer ein Stückchen Tod“, wissen die Franzosen zu sagen, „Partir c‘est toujours un peu mourir“.
„Ach, scheiden! Ach, scheiden! Ach scheiden! Wer hat nur das Scheiden erdacht?!, singen die Deutschen in einem Volkslied.
„Zeige mir, oh Herr, deine Wege, deine Pfade lehre mich“, sagt die Bibel.
Jeder Aberglaube, jede Angst lag den drei Reitern fern, als sie am 16. März 1813, dem Tag der Kriegserklärung Preußens an Frankreich aufbrachen und den Jubel der Berliner Bevölkerung hinter sich ließen.

„Sie bejubeln der Krieg“, sagte Johann und schüttelte den Kopf.
Seine Eltern hatten uns ausgestattet, als wollten wir die Falklands durchwandern, und ich hatte meine Medizinkoffer bei ihnen lassen müssen.
„Wenn Nap erledigt ist“, hatte Johanns Vater versprochen, „lassen wir Ihnen alles zustellen, Doktor.“
Das Logis bezahlen? Oh, da trat ich wieder einmal in ein Fettnäpfchen…

Unsere drei Pferde waren muntere Geher. Und nachdem ich ihnen je einen Lakritz, - in der Apotheke gekauft -, zwischen ihre Zähne geschoben und das auch den beiden Mitreitern empfohlen hatten, wieherten sie freudig erregt und folgten uns wie die Esel den so genannten Heiligen drei Königen. Und wir waren noch nicht einmal in Jüterbog, als wir an den ersten Franzosen gerieten. Vor uns fiel ein Schuss und ein Soldat zu Boden. Als wir angetrabt kamen, stand ein Mann nach Gutsherrenart vor einem französischen, völlig ausgehungerten und abgeschlafften Grenadier, der auf dem Bauch lag und herzerbarmend wimmerte. Der Gutsherr mochten meinem strengen Blick wohl ansehen, dass er zu weit gegangen sei, einem hungrigen Fischdieb eins aufzubrennen, Franzose oder Nichtfranzose. Denn neben dem am Boden Liegenden zappelte ein dicker, fetter Karpfen.
„Ich wollte ihm nur einen Schreckschuss verpassen“, entschuldigte sich Baron Richard von Zossenau, der Schütze, „aber wenn mir jeden Tag ein Fisch geklaut wird von diesem Franzosenpack, bin ich bald pleite.“
Wir übersahen seine Teichanlagen und rechneten aus, dass er bei täglich einem geklauten Fisch im Jahr 1900 noch immer nicht pleite sei.

Igor dachte als erster ans Wichtigste: dem Getroffenen zu helfen. Er untersuchte seine Sitzfläche und stellte fest,

dass eine Ladung von vielleicht zehn Schroten nicht nur seine Uniformhose, sondern auch seinen Hintern durchlöchert hatte.
„Muss ich sterben, Doktor?“, fragte er Igor.
„Nein, wir operieren dich jetzt und dann kannst du eine Weile weder sitzen noch reiten.“
„Bäuchlings aufs Pferd mit ihm“, befahl ich, „und die Hose ganz runter!“
Ja, da prankten auf schneeweißem Popo ein Dutzend Einschüsse, alle Schrotkugeln waren knapp unter der Haut steckengeblieben. Igor und Johann hielten den Delinquenten fest und ich prokelte sie mit der Pinzette hervor und steckte sie dem Patienten in die Hosentasche. Noch ein Jodpflaster auf jede Wunde, runter vom Pferd, die Hose hoch:
„Andenken an Deutschland, Kamerad – Souvenir d‘Allemagne, camerade!“

Baron Richard hatte mich die ganze Zeit bestaunt, wie man einen Schimpansen im Zirkus betrachtet, jetzt fragte er höflich:
„Sind Sie ein Doktor, Herr…?“
„Ja“, antwortete Igor vorlaut, „Doktor Wilhelm Rohdich aus Weißenfels, „Leibarzt Napoleons, des Zaren und des Königs von Preußen.“
„Dann muss ich Sie alle“, sagte der Baron, „weil es bald dunkel wird, zu mir nach Hause zum Essen und Übernachten einladen, einschließlich Ihrer Pferde.“
„Und des armen Patienten hier“, forderte Johann, „wo soll der arme Pierre sonst unterkommen!“
„Natürlich auch der wackere Franzmann“, willigte der Baron lachend ein, „vielleicht kann ich ihn auch beschäftigen.“
So ritten wir zum nahen Hof und Pierre und der Baron gingen zu Fuß. Man hatte uns dort schon eine Weile beob-

achtet und versammelte sich nun vor der großen Einfahrt: ein Altenteil-Ehepaar, Frau Baronin mit drei Kindern von 18, 16 und 14. Dazu im Hintergrund das fünfköpfige Gesinde und ein Schäferhund, der, ohne zu bellen, uns als Beute zu verschlingen hoffte. Aber als sich Pierre ihm näherte, geriet er außer Rand und Band, wie alle Hunde es tun, wenn sie tage-, wochen-, monate- und jahrelang ihr Herrchen vermisst haben. Hier gab's ganz offenbar ein Wiedersehen.

Mich aber interessierte nur noch der 18-Jährige, Rolf hieß er, und sofort wusste ich, dass auch hier schon wieder, - wie bei allen Familien, in die ich kurz- und langzeitig aufgenommen wurde, ein ärztlicher Fall vorlag: Er sah, wie Jungärzte gerne sagen, „zum Kotzen aus“ und musste irgendetwas, vielleicht einen gefährlichen Mitesser, in sich haben. Das bemerkte auch mein guter Igor, der auf dem besten Weg war, ein exzellenter Diagnostiker zu werden.
„Chef“, sagte er neuerdings zu mir, „wenn der keinen Bandwurm hat, fress ich den bekannten Besen. Dort steht ja einer.“
„Hast du denn Erfahrung mit diesen Biestern?“
„Klar doch. Zu Hause bissen meine Mitbürger im Dorf gefangenen Krähen und anderen essbaren Vögeln die Köpfe ab, weil sie kein Messer besaßen oder die Hände nicht frei hatten. Außerdem aßen sie vor lauter Schmacht viele Fische heimlich roh, damit die anderen nicht merkten, dass sie welche gefangen hatten. Die hatten alle Bandwürmer.“
Er schien zu überlegen, ob er mir mehr verraten sollte, aber plötzlich überzog sein Kameradengesicht eine Wolke von Wohlwollen, und er sagte:
„Lieber Doktor und Chef, es ist besser, wir tun so, als wenn Sie ein Experte für Bandwürmer wären, - vorausgesetzt der junge Mann leidet unter einem -, als wenn ich

armer Schlucker, der bald reich zu werden hofft, in Erscheinung trete. Abgemacht?“
Abgemacht! Und Igor berichtete mir, wie „damals bei ihm zu Haus“ den Bandwümern der Prozess gemacht wurde.
„Satan und Ischariot – was bin ich doch von lauter guten Menschen umgeben!“

* * * * * *

Weil alles stimmte, was Igor vermutet hatte und diese Leute hier sich diebisch freuten, einen Doktor ins Haus bekommen zu haben, will ich alles von dieser unserer schönsten Übernachtungsstelle nicht schildern, sondern nur vom „Bandwurmvorfall“ berichten. Diese Mistviecher, dass wusste ich als Arzt wohl, werden jung mit der Nahrung aufgenommen und siedeln sich im Magen oder Darm an, sind also richtige Mitesser. Wenn sie für Nachwuchs gesorgt haben, verlassen sie freiwillig ihren Wirt und krepieren irgendwo – eine richtige tückische Angelegenheit, die sich die Evolution da geleistet hat.
„Erzähl mir, Rolf, deine Leidensgeschichte.“
Er hatte spontan Vertrauen zu mir gefasst und berichtete Igor und mir:
„Ich muss eine Schlange verschluckt haben, die sich in mir festgebissen hat.“
„Woher weißt du das?“
„Ich habe ihr Schwanzende schon in der Hand gehabt, aber sie hat sich entwunden und ist in meinen Magen zurückgekehrt.“
„Wie oft kommt das vor.?“
„Immer wenn ich mich übergeben muss, Doktor.“
Aha, das war doch ein Anhaltspunkt.
„Als ich das kapiert hatte“, fügte er hinzu, „habe ich das Kotzen herbeigeführt und jedesmal ihren Schwanz gepackt,

aber der ist glitschig wie ein Aal in Vaters Fischteichen und flutschte mir immer aus den Fingern."
Aha, das war schon mehr.
„Und wie", fragte ich, „hast du das Kotzen herbeigeführt?"
„Ganz einfach, den Finger in den Hals gesteckt. Das sollen schon die alten Germanen hier gemacht haben."
„Also kannst du es hier und jetzt auch?"
Konnte er, und Igor ging an die Arbeit. Nebenbei sei bemerkt, dass es zahlreiche Zuschauer gab. Igor sägte einen rohrdicken Ast des benachbarten Weidenbaums ab, etwa armlang, und spaltete ihn bis zu drei Vierteln so, dass man beide Längshälften gut handbreit auseinander ziehen und im Notfall wieder zusammenklappen konnte. Dieser „Notfall" wäre gegeben, wenn es gelänge, den Schwanz des Bandwurms zwischen die Hälften zu bekommen. Jetzt verstand Rolf, jetzt verstanden auch seine Familienmitglieder, was Igor und ich vorhatten.
„Du musst gleich", wies Igor den Patienten an, „wenn du merkst, dass der Wurm mit deiner Kotze hochsteigt, den Mund ganz aufreißen und den Doktor hineingreifen lassen. Und den Mund offenlassen, bis der Doktor das Mistvieh gepackt, ich es zwischen die Klemme bugsiert und diese zugedrückt habe. Erst wenn der Doktor dann die Klemme mit dem Bindfaden verschnürt hat, kannst du den Mund schließen, aber nicht sprechen, und dann kann es eine ganze Stunde dauern, bis der Bandwurm, der ja auch seine Kräfte verbraucht, sein Maul von der Mageninnenwand löst und sich herausziehen lässt. Kompliziert das?"
„Gar nicht, ich bin dabei."
Jetzt ließ ich den Baron eine verschließbare Flasche holen und mit reinem Schnaps füllen, weil er Spiritus nicht im Haus hatte. Auf sein fragendes Gesicht erklärte ich ihm, dass der noch nicht tote Bandwurm in die Flasche hinein

kämme, „um für alle Zeiten der Wissenschaft zur Verfügung zu stehen."
„Stehen ist gut gesagt, Doktor", fügte Igor hinzu.

Das Experiment, vielmehr die Tat, konnte beginnen. Das leckere Abendessen, das Rolf vorher genossen hatte, kam auf Befehl seines Zeigefingers aus dem Kopf geschossen, eine Handbreit Bandwurm ebenfalls und schwuppdiwupp hatte ich ihn am Wickel. Er zappelte wie ein Ferkelschwänzchen, wehrte sich sogar kraftvoll durch Gegendruck, - ich vermeinte beinahe ihn schreien zu hören -, aber da saß er schon zwischen dem Holz, das stramm festgebunden wurde. Dann saß auch Rolf mit geschlossenen Mund auf seinem Stuhl, mit dem Hölzchen davor.
„Es kann sein", sagte ich ihm, „dass du das Loslassen des Bandwurms im Magen spürst. Jedenfalls wird der Druck ganz plötzlich aufhören. Dann nickst du entweder und ziehst den Wurm heraus oder lässt Igor das tun. Kapiert?"
Rolf nickte kapierend. Ich wusste, dass mein Ruhm auf dem Spiel stand und dass auch ein Nichtjäger gelegentlich einen Bock schießen kann. Und es ging alles gut. Nach einer Viertelstunde schon wies Rolf mit der Hand auf die Magengegend, schluckte verzweifelt, weil, wie er nachher sagte, „es in der Speiseröhre kitzelte wie beim Schluckauf", und dann zog er am Stöckchen und hatte den bösen Fisch an der Angel. Er wurde von Hand zu Hand gereicht, wurde auf den Namen „Zossener Lindwurm" getauft, dann von der Falle befreit und beendete sein Sauger- und Räuberleben in der Flasche.

Blieb noch für mich als Arzt zu fragen:
„Wie essen Sie denn Ihre Fische, Frau Baron?"
„Nun, gekocht und roh, wie's alle hier tun."
Ich gab nun sozusagen Befehl, dieses Rohessen zu lassen, alle Filetstücke und Seitenteile der Tiere von beiden Seiten

wenigstens fünf bis sieben Minuten anzubraten und den Kochfisch ganz weiß werden zu lassen, so dass sein Fleisch auseinanderzufallen begann.

„Und komplett ausweiden", empfahl ich, „die Haut ganz abziehen, den Fisch mit Salz bestreuen, wodurch Wurmeier und Jungwürmer abgetötet werden und, wenn möglich, den Saft von Zitronen über das Fleisch tröpfeln."

Von all diesen Küchenfeinheiten wusste man hier nichts, was mich noch auf die Idee brachte, ihnen Marinade zu erklären. Als Igor von der Baronin gefragt wurde, was sie uns morgen als Wegzehrung bis Torgau mitgeben dürfe, hatte er wieder die Pfundsidee:

„Gekochte Eier, gnädige Frau, haben wir lange nicht mehr gegessen und Kartoffelpuffer, die man auch kalt mit Rübenkraut essen kann."

Abschiedsschmerz und Abschiedsfreude hielten sich am anderen Morgen die Waage, als wir, - ohne Pierre, der Preuße werden wollte -, fort ritten…

* * * * * *

In Torgau gingen wir über die Elbe. Dort bekamen wir mit, wie ein Blatt Papier an Bäume, Zäune, Mauern und Türen genagelt wurde, und Rolf ließ sich ein Exemplar geben. Es trug die Überschrift „An Mein Volk" und sollte vom König verfasst worden sein. Bei der nächsten Rast im einem Landgasthof dritter Güte, - „Achtung Flöhe!" - , aber erstklassigem Bier, las ich es vor und zitiere es hier nur in Auszügen:

„So wenig für Mein treues Volk, als für Deutsche, bedarf es einer Rechenschaft über die Ursachen des Krieges, welcher jetzt beginnt. Klar liegen sie dem unverblendeten Europa vor Augen. Der Friede, der die Hälfte Meiner Untertanen mir entriss, gab uns seine Segnungen nicht… Das Land ward ein Raub der Verarmung… Aber Meine

reinsten Absichten wurden durch Übermut und Treulosigkeit vereitelt. Jetzt ist der Augenblick gekommen, wo alle Täuschung über unseren Zustand aufhört. Brandenburger, Preußen, Schlesier, Pommern und Litauer, Ihr wisst, was Ihr seit fast sieben Jahren erduldet habt… Große Opfer werden von allen Seiten gefordert… Es ist der letzte entscheidende Kampf, den wir für unsere Existenz führen werden – Gott und unser fester Wille werden unserer gerechten Sache den Sieg verleihen..."
„Wollen's hoffen", sagte Rolf und trank sein Bier aus.

Dann ging alles schneller als erwartet. Ehe wir uns aber in dunkler Nacht und unter Voranmeldung nach Weißenfels hineinschlichen, musste ich noch einmal meine ärztliche Kunst und meinen medizinischen Einfallsreichtum beweisen. Das war schon in Halle. Von dort schickte ich einen zu bezahlenden Boten nach Weißenfels. Wir kehrten vorläufig in Halle bei einem Gastwirt ein, der am Stadtrand lag und in einem Moor arbeiten ließ. Das Wetter war Anfang April warm genug, die Natur erwachte, und damit auch ihre zahlreichen Plagegeister über und unter der Erde und im Wasser.
„Meine Magd Greta hat sich zwei Anhängsel angelacht, die sie loswerden möchte", erzählte der Wirt, nachdem er „meinen Beruf gerochen" hatte, „es sind Blutegel, die man nicht von der Haut reißen darf. Können Sie, Doktor, ihr das wegmachen?"
Klar, kein Problem. Da gab es die Möglichkeit, sich Menschen dankbar zu machen.
„Übrigens", meinte der Wirt, „ist dieser verdammte Franzose schneller wieder da, als wir ahnen konnten. Bei Magdeburg, ich glaube Möckern heißt der Ort, soll es am 5. ein Gefecht gegeben haben, zwischen den verbündeten Russen und Preußen gegen französische Truppen, die auf Befehl Napoleons gar nicht abgezogen waren. Seien Sie also

vorsichtig, Doktor, wenn Sie nach Weißenfels wollen. - Übrigens“, wiederholte er sich, „gibt es dort einen Arzt, den ich kenne, Dr. Rohdich – kennen Sie ihn vielleicht auch?“
Magd Greta befreite mich von einer Antwort:
„Hier, Herr Doktor, kieken Se sich dat an“, sagte sie keck, hob grazil den Rock an und präsentierte mir ihr hübsches Gebein, „mein Verlobter mag meine Beine nich mehr sehn, solang de Viecher dran kleben.“
„Das verstehe ich“, sagte ich und guckte mir zwei fette schwarze Blutegel an. Ein Blick aufs Wetter und ich kannte das Instrument, das ich brauchte; hatte es aber in Berlin gelassen.
„Herr Wirt“, fragte Igor rasch, „gibt es in Ihrem Haus eine Lupe, oder man sagt auch Vergrößerungsglas?“
Der Wirt überlegte, Greta überlegte – ein Groschen fiel: „Ihr Vater, Herr Wirt, sammelte doch Käfer und andere Insekten. Er muss eine Lupe besessen haben.“
„Hat er“, antwortete der Wirt, eilte ins Haus und kam mit einer prächtigen Stiellupe zurück, putzte sie mit seinen Schnottertuch blank. Greta setzte sich auf meinen Befehl auf die Bank und richtete ihr befallenes Bein in die Sonne.

Ich hatte das, was sich nun abspielte, auch noch nicht erlebt. Der von der Lupe gebündelte Sonnenstrahl fuhr heiß und kochend in den ersten Blutegel hinein, dass es zischte und briet wie an einem Fleischspieß, Dampf aufstieg und dieses zähe Tier brutzelte wie ein Hahn im Gartopf. Der Blutegel starb den Heldentod, das hieß, er ließ erst vom Saugen ab, als seine primitiven inneren Organe ausgekocht waren. Da fiel er wie von selbst vom Bein ab. Seinem Kollegen erging es ebenso, dann rieb ich die beiden Wundflächen mit meiner Hahnemann-Salbe ab und überließ Greta das Döschen sowie weitere Pflege „täglich reinigen und einreiben, dann ist in einer Woche nichts mehr

zu sehen. Und demnächst aufpassen: Den Blutegel noch vorm Festsaugen im Genick packen, auf den Boden werfen und zertreten."
Der Leute Dank klang über den Hof, als wir weiterritten, und im Rucksack befanden sich ein Schinken, kalter Braten und ein Schock gekochter Eier – Herz, was begehrst du mehr?

Zu Hause

Ehe sich am 2. Mai Preußen und Franzosen in Halle an die Köpfe kriegten, waren wir zu Hause - ich sage auch für Igor „zu Hause", denn ebenfalls für ihn war hier Endstation. Nur Rolf drängte es heim, nachdem er einmal übernachtet hatte. Später hörten wir, dass er beinahe unter die Räder namens Preußen oder Franzosen geraten und nur mit dem Verlust seiner Pferde entkommen war. Was Igor und ich hatten vermeiden wollen, nämlich wiederum ins Kriegsgeschehen verwickelt zu werden, war ganz knapp vermieden worden. Die Franzosen hatte es geschafft, halb Deutschland besetzt zu halten und bekamen laufend Verstärkung aus der Heimat.
„Ich verstehe die Franzosen nicht", sagte Igor, „sie lassen sich von diesem Korsen solange an der Nase führen, bis Alexander mit seinen Kosaken in Paris spaziert."
Welch weise Behauptung das! Russen machten vorerst das Rennen: Nachdem sie Berlin befreit hatten, warfen sie die Franzosen auch aus Hamburg, Lübeck und dem ganzen Gebiet der Niederelbe. In der Preußenstadt Magdeburg wollten die Franzosen sich festsetzen, wurden aber von einem preußischen Korps daran gehindert. Halle, nahebei Weißenfels, war von 5.000 Preußen besetzt worden, musste aber gegen 10.000 Franzosen aufgeben werden. So kam es, dass am 30. April die Franzosen in einer deutschen Stadt saßen und von Deutschen angegriffen wurden – es schien also alles wie nach 1806 zu sein!

Aber jetzt, ehe Halle erobert wurde, muss ich unsere Heimkehr schildern. Wir versteckten uns in der Dunkelheit eines Waldes am Stadtrand und schickten nach einem kleinen Streit Igor los, das Haus meiner Eltern aufzusuchen und die Nachricht von meiner Ankunft zu überbringen. Ich erteile hierzu dem durchaus beredten und nie auf den Mund gefallenen Igor das Wort:

„Als ich mit einer Pistole, einem Messer und dem als Krückstock getarnten Gehstock loszog, brannte nur hier und dort ein Licht, und vor Doktors Haus schon gar nicht. Niemand sah mich, jedenfalls glaubte ich das. Ich pochte mit dem Stock an die Haustür und hörte, dass sich innen jemand rührte. Wer da?, fragte eine Frauenstimme, nennen Sie Ihren Namen! Igor, antwortete ich, der Gehilfe Dr. Rohdichs. Jetzt wurde innen ein Licht angemacht, und ich fügte hinzu: Lassen Sie mich rein, Frau Dr. Rohdich, ehe mich ein Franzmann oder auch Preuße sieht. Ein Riegel wurde zurückgeschoben, die Tür öffnete sich und ich huschte wie ein Dieb hinein, schloss selbst die Tür von innen und starrte in ein Gesicht, das mich erstarren ließ. Ich wusste augenblicklich, dass Amor bei mir einen Volltreffer gelandet hatte."

Hier muss ich Igors Erzählung unterbrechen, um die Gegenseite kurz zu Wort kommen zu lassen, die nämlich Ruth Rohdich hieß.

„Ich schaute in ein Männergesicht und wusste augenblicklich, dass Eros bei mir einen Volltreffer gelandet hatte."

* * * * * *

Wenig später betrat ich das Haus „meiner Väter", wie es oft so lyrisch heißt. Von hinten her, wo wir auch die Pferde unterbringen und versorgen konnten. Rolf blieb bei ihnen und wollte nur noch schlafen, pennen, schnarchen und träumen. Es war 10 Uhr abends und durch den Lärm war August wach geworden. August? August Rohdich? Noch nicht einen Monat alt! Der Krieg hatte verhindert, dass ich erfuhr, Vater geworden zu sein. Nun hätte eigentlich ausgelassen das Wiedersehen, besonders das mit meiner Frau Liesa gefeiert werden sollen, aber da kam ein Nachbar und meldete, dass Napoleon soeben angekommen sei und Quartier in der Leipziger Straße 11 genommen habe. Igor hatte wieder den richtigen Gedanken, dass ich mich vor ihm verstecken müsse:

„Man kann nicht wissen, wie er über dich denkt und wie viel er über deinen Aufenthalt beim Zaren weiß."

So zog ich mich zu Rolf in den Stall zurück, Liesa für eine Stunde bei uns, ich gewärtig, die Flucht durch die Stalltür ergreifen zu müssen. Schließlich schliefen Rolf und ich ein. Als ich erwachte, war die Stadt voller Einquartierungen, die französischen Soldaten begannen so etwas wie kleine Räubereien und persönliche Drangsalierungen. Nur das Namens- und Berufsschild meines Vaters verhinderte, dass plündernde Soldaten das Haus betraten. Aber es lockte auch an: Irgendein Grenadier, der aus Russland entkommen war, machte den Kaiser auf das Namensschild aufmerksam, und dieser schickte früh morgens einen Adjutanten nebst einem Sergeanten her:

„Seine Majestät wünschen Dr. Rohdich zu sprechen!"

Im Befehlston, dem Vater prompt und scheinbar willig befolgte. Napoleon runzelte bei seinem Erscheinen die Stirn, fing sich aber und sagte:

„Sie kenne ich nicht, Doktor, vermute aber in Ihnen den Vater des Dr. Wilhelm Rohdich."

„Gewiss, Sire, der bin ich. Was kann ich für Eure Majestät tun?"

„Sie können mir sagen, ob Ihr Sohn bei Ihnen ist. Ich habe mit ihm noch abzurechnen."

Jeder Kenner der deutschen Sprache weiß, dass solch ein Satz zweideutig aufgenommen werden kann: Einmal als normale Feststellung, dann auch als Drohung.
„Das müssen Sie dann mit mir abmachen, Sire“, sagte mein Vater mutig, „aber Sie wissen doch: Väter können nichts für ihre Söhne.“
Napoleon lachte, sein Hofstaat lachte mit, dann fragte er direkt:
„Ihr Sohn ist also noch nicht nach Hause gekommen?“
„So ist es, Majestät“, log Vater unverfroren, „kann ich Sie irgendwie behandeln, wenn Sie Schmerzen haben oder unwohl sind?“
„Unwohl ist‘s mir, wenn ich einen Preußen vor mir sehe.“
„Ich bin Sachse, Majestät.“
„Auch der König von Sachsen scheint abfallen zu wollen, Doktor“
„Sie wissen doch, Sire, die Untertanen können nichts für ihren König.“
Napoleon lachte, sein Hofstaat lachte mit. Dann ließ sich Napoleon eine Kassette geben und reichte sie meinem Vater:
„Ich habe Ihren Sohn noch nicht ausgezahlt. Nehmen Sie dieses hier mit und wenn er nicht zurückkehren sollte, behandeln Sie dafür meine verwundeten Soldaten – Au revoir, docteur!“
Eine Eskorte begleitete meinen Vater nach Hause. Die Kassette enthielt 500 Hamburger Reichstaler, und die waren, wie Igor es gekonnt formulierte, „bestimmt geklaut worden“.

Der preußische General von Bülow erschien morgens um 6 Uhr vor Halle und begann seinen Angriff auf die Vorstadt.. Die Franzosen wurden vollständig überrascht und flüchteten schließlich mit dem Verlust von über 400 Ge-

fangenen, darunter 120 Verwundete und der Erbeutung von 350 Gewehren.
Ein Teil der Verwundeten wurde nach Weißenfels gebracht, wo wir Mühe genug hatten, wenigstens die Hälfte durchzubringen. Igor und ich, wir halfen dabei, verzichteten jedoch auf unsere weißen Kittel und die roten Kreuze. Napoleon war aufgebrochen, um, wie sich erweisen sollte, bei Großgörschen noch einmal zu siegen.

Die Verbündeten oder Alliierten waren wohl zu sorglos geworden oder schätzten Napoleons ungebrochenen Mut, seine wilde Entschlossenheit und seine nominelle Stärke falsch ein. Jedenfalls standen 88.000 Alliierte mit 550 Kanonen gegen 145.000 Soldaten und 370 Kanonen Napoleons. Er selbst nannte diese Schlacht „die von Lützen". Das Armeekorps von Marschall Ney, ein Russlandveteran sozusagen, stand an der Straße von Weißenfels nach Leipzig, man hatte beidseitig tatsächlich wenig Kenntnis voneinander und der Zufall begann eine Rolle zu spielen – das ist nie günstig für den Schwächeren. Den Kampf, der sich bis in die Dunkelheit hinzog, möchte ich hier nicht schildern, nur soviel: Am späten Abend war das Schlachtfeld in Napoleons Hand, was immer Sieg bedeutete. Die Schlacht sollte bei Hellwerden fortgesetzt werden, doch König und Zar verzichteten darauf. Sie besichtigten dann das Schlachtfeld und waren tief beeindruckt von den russischen Überlebenden und Verwundeten, die Choräle sangen.

Vater und ich beauftragten Fuhrunternehmer und mit Pferden und Wagen bestückte Großbauern, die Verwundeten beider Seiten aufzusammeln und in Zelten unterzubringen, die auf meine Kosten aufzustellen waren – ich hätte mir nicht träumen lassen, wie diese guten Taten honoriert werden sollten; doch davon später mehr. Der Prozentsatz jener Verwundeten, die doch zu schnellerer Hilfe kamen als üblich, stieg diesmal auf über 70 Prozent – dank der Hilfe meiner Familie, Igors und aller Apotheker und

Leute, die sich trauten, in Blut zu rühren, Augen zuzudrücken und letzte Worte zu sagen oder entgegenzunehmen. Allgemein war nun in ganz Deutschland die Stimmung gegen Frankreich eingestellt, zumal in dieser Schlacht noch ein paar deutsche Rheinbundfürsten auf Napoleons Seiten mitgefochten hatten.

******

Ehe ich, allmählich zum Schluss meiner Erinnerungen kommend, den Verlauf von Napoleons Untergang bis zu seiner Übersiedlung nach Elba schildere, muss ich den Sieg Igors und Ruths über die hiesige Geistlichkeit zur Kenntnis geben. Ganz klar: Nach vierzehn Tagen Gastfreundschaft bei uns zu Haus musste Igor Stefansky, wie er sich jetzt zu nennen beliebte, sich entscheiden: „Ruth nehmen oder sterben?“ Weil auch sie als resolute Frau mitzuentscheiden hatte, bekannten sie sich zu: „Gegenseitig nehmen und viel später sterben!“ Recht so! Recht so? Oh nein, denn da wollte noch jemand mitreden, dessen Namen ich hier dem Inkognito übergebe und nur „Geistlichen“ nenne.

Dieser war höchst erfreut, dass ein schon leicht betagtes Paar in den heiligen Stand der Ehe zu treten gedachte. Ruth kannte er natürlich, sie hatte ihm schon öfter Weißenfelser Käsekuchen gebacken und die sich allmählich einstellenden Zipperlein und Unpässlichkeiten auskuriert.

„Dieser Samuel Hahnemann“, hatte er einmal gesagt, „dessen Medikamente ja mehr helfen als der bäuerliche Schnickschnack hier, soll ja auch ein Geistlicher gewesen sein.“

„Ja“, erklärte meine Schwester, „seit altersher sind ja Medizinmänner und Geistliche artverwandt.“

Nun, wie dem auch gewesen sein mochte: Ruth und Igor saßen jetzt vor ihm in der Sakristei und beantragten die Eintragung ins Buch der Verheirateten von Weißenfels.
„Bei dir, Ruth", antwortete der Geistliche, - er duzte sie schon seit zwanzig Jahren -, „geht das ja klar. Aber Sie, junger Mann, können Sie sich ausweisen?"
„Ja, Herr Paster", antwortete Igor.
„Wie und durch wen bitte?"
„Durch mich und wie ich hier vor Ihnen sitze."
„Da kann ja jeder kommen", sagte der Geistliche empört.
„Aber nicht jeder", antwortete Igor und Ruth nickte ihm aufmunternd zu, „ist in Moskau dabei gewesen, hat tausend Verwundeten den Hintern abgeputzt, auch mit tausenden Sterbenden und Röchelnden letzte Gebete gemurmelt, dem Zaren ins Maul und auf die schlechten Zähne geschaut und, das ist das Wichtigste, mein Herr, ist unserem Doktor Wilhelm Rohdich auf Schritt und Tritt hierher gefolgt."
Der Geistliche musste diesen historischen Bandwurmsatz erst verdauen, so dass Ruth nachschieben konnte:
„Wenn du uns nicht traust, Herr, dann wird es dein Kollege von der römischen Partei tun."
Gegen so etwas kann kein protestantischer Geistlicher protestieren! Als Igor Stefansky gar verlangte, neu als „Ingo Rohdich" ins Stammbuch eingetragen zu werden, klappte sein Widerstand dann doch erst zusammen, als Ruth drohte „niemand aus unserer Familie wird dich je behandeln, wenn du mal nur noch röcheln kannst."
„Und Gott", fügte Ingo hinzu, „ist es bekanntlich schnurz, wie ein Mensch heißt, bei ihm zählen nur die Taten!"
Ja, dachte ich, als mir dieses Abenteuer erzählt wurde, da stimmt vorne und hinten alles. Wir verabschieden uns von diesem munteren Paar, das eine Woche später nach bravem christlichen Ritus getraut und 1820 jenen Sohn in die Welt setzte, welcher die Ärztereihe fortführte und auch Victor

hieß. (Siehe „Arzt in Weißenfels", ISBN 978-3-96103-444-4, € 14, 95).

Ausklang

Ich habe bis hierhin kaum etwas über meine Frau berichtet – sie ist ja auch nach unserer Hochzeit so schrecklich lange allein geblieben! Beide, Liesa und August, mussten sich erst einmal an mich gewöhnen. Liesa war mit Ruth sehr befreundet und beide hatten sich einen Patientenstamm aufgebaut, der uns mit seinen Honoraren nicht nur über Wasser zu halten vermochte. Vater, nun nicht mehr der Jüngste, machte mit meiner Mutter als Gehilfin Visiten bei den betuchten Bürgern von Weißenfels und Umgebung. Ich wunderte mich noch Wochen nach meiner Rückkehr über die Tüchtigkeit meiner Familie.

Es ist notwendig zu berichten, wie es nach der Schlacht von Großgörschen weiterging – es war doch die erste „echte" Schlacht der so genannten Befreiungskriege, und Napoleon schien mit seinem Sieg wieder zu alter Kraft aufzusteigen. Doch seine Gegner namens Blücher, Gneisenau, von Bülow, Scharnhorst (am 28. Juni an einer Verwundung gestorben), und Yorck waren aus gleichem Holz geschnitzt wie er und konnten Paroli bieten. Nach einigen Hin- und Hergefechten, die sehr viel Menschenleben kosteten, bat Napoleon um einen Waffenstillstand, der beiden Seiten zupass kam und am 4. Juni begann und bis zum 12. Juli hielt. Er war kein Vorspiel zu einem etwaigen Frieden und am Ende kam für Napoleon heraus, dass auch Österreich sich seinen Feinden angeschlossen hatte.

Man riet mir, mich mucksmäuschenstill zu verhalten, bis Napoleon über den Rhein zurückgetrieben sei. Man hatte wohl recht damit. Während des Waffenstillstandes weilte Napoleon zum dritten Mal in Weißenfels, hatte aber gewiss mehr Wichtiges zu tun, als sich um eine kleine Kröte wie mich zu kümmern. Durch die Einquartierungslasten verarmten viele Einwohner von Weißenfels und behielten dadurch generationenlang Voreingenommenheit und Hass auf Frankreich. Unsere ganze Familie, einschließlich Liesa und August, der mitgenommen wurde, war in der Verwundetenhilfe und -betreuung tätig, entweder wie wir Männer in der direkten oder zur indirekten für die holde Weiblichkeit. Da machte letztlich jeder oder jede Jedes: Von A wie Aderlass, B wie Blutstillen, E wie Eiterwegmachen, F wie Füttern, H wie Hinternputzen, K wie Küttelentfernen, O wie operieren, R wie rasieren, S wie säubern, T wie tränken, U wie umbetten, V wie verbinden, W wie waschen und Z wie zugrabetragen. Klein-August quiekte vor Freude, wenn Kranke um sich schlugen und zu plärren anfingen.

Am 12. September trieb ein preußisches Freikorps die Franzosen aus der Stadt und machte dabei 1.300 Franzosen zu Gefangenen. Das war noch immer keine Entwarnung für mich und Ingo (ehemals Igor), denn am 10. Oktober führte der französische Marschall Angereau ein Korps durch die Stadt, um seinen Kaiser bei Leipzig zu unterstützen. Wir wussten wenig davon, denn Gerüchte brauchten einen ebenso langen Weg wie offizielle Nachrichten, dass bei Leipzig „die Völker aufeinander trafen" und Napoleons Schicksal nun die entscheidende Wendung nahm. Die so genannte Völkerschlacht brauche ich nicht zu beschreiben. Ab dem 20. Oktober strömte das vernichtend geschlagene französische Heer so durch Weißenfels, dass keinerlei Hilfe mehr möglich war und neugierige Bürger Spalier standen und ängstliche sich in ihren Häusern verkrochen. Ingo und ich, wir blieben standhaft stehen, als der Kaiser steinernen Gesichts zum letzten Mal durch Weißenfels trabte und weder links noch rechts blickte.

„Ob er uns gesehen hat?", fragte Ingo.

„Das ist nun gleichgültig“, antwortete ich, „der kommt nicht mehr zurück.“
General Leberecht Blücher anzusehen und anzuhören, der am 21. durchkam, war freilich ein Vergnügen.
„Die Weißenfelser gefallen mich“, soll er gesagt und indirekt mich gelobt haben, „weil sie so menschlich sind.“
Dann machte er sich auf, die Franzosen über den Rhein in ihr eigenes Land zurückzujagen.

* * * * * *

Damit war für uns Weißenfelser der Krieg beendet; was noch kam, war höhere Geschichte und tangierte uns nicht mehr. Doch die Truppen jeglicher Art hatten ein Vermächtnis zurückgelassen: das Lazarettfieber! Auch „Typhus“ genannt. Seuchen gehen ja immer Hand in Hand mit Kriegen. Dass Typhus eine ansteckende Krankheit ist, wussten wir Ärzte seit „ewigen Zeiten“, doch gab es nichts, um sie erfolgreich anzugehen. In der Ursachenforschung fiel der Verdacht schon früh, - so auch jetzt -, auf das Trinkwasser. Aber was konnte man tun, hier Abhilfe zu schaffen. Die Militärbehörden und auch die zivilen der Stadt sperrten die Erkrankten von der Öffentlichkeit ab und diese von den Kranken. Bevor unsere Familie darüber diskutieren konnte, ob sie helfen und dadurch aller Leben riskieren sollte, nahm uns König Friedrich Wilhelm die Entscheidung ab. Aus Frankfurt am Main, wohin sich die meisten hohen Herrschaften versammelt hatten, schickte er eine vierspännige Kalesche mit dem schriftlichen Befehl an Ingo und mich, sich bei ihm einzufinden.
„Gibt es Ärger?“, fragte ich den mitgekommenen Adjutanten Ernst von Nostitz, „dann bleiben wir lieber hier. Wir sind schließlich Sachsen.“
„Nicht lange mehr, Herr Doktor, Ihre Stadt wird dem preußischen Gouvernement Sachsen zugeschlagen. Aber beruhigen Sie sich, der König hat mit Ihnen Gutes und Ehrenvolles vor.“

Das stimmte ganz augenscheinlich, denn als Ingo und ich des Königs Kabinett betraten, lagen auf dem Tisch zwei der kürzlich von ihm gestifteten Eisernen Kreuze und drei mit Edelsteinen besetzte, höchst verzierte Geldkassetten, deren Inhalt im Kerzenlicht golden schimmerte.
„Das für Sie beide", sagte der König in seiner kargen Sprechweise und ließ uns die Orden anheften, „und Ich Ihnen sehr danken für Ihre Hilfe bei der Rettung und Versorgung der Verwundeten aller Parteien."
Unser „Tausend Dank, Majestät", wischte er mit der Hand weg und führte diese auf die Kassetten:
„Nummer eins als Dank meines Königshauses, Nummer zwei als Dank des Zaren, der abgereist ist, und Nummer drei vom leider verstorbenen Marschall Michail Kutusow von seiner Witwe mit Dank überreicht."
Der König machte eine Pause und hatte noch etwas nachzutragen:
„Ich habe den österreichischen Kaiser Franz und den zukünftigen König von Frankreich, Ludwig XVIII. angewiesen, sich ebenfalls dankbar zu zeigen. Sie haben zugesagt."
Nun, was konnten Ingo und ich anderes tun, als einen Kotau und uns davonzumachen! Kassette Nummer eins enthielt 200 Taler zu 24 Groschen, Nummer zwei 500 Goldrubel, Nummer drei 250 dergleichen. Ich füge sogleich der Vollständigkeit halber an, dass Kaiser Franz 200 Maria-Theresia-Taler und der dicke französische Ludwig später 500 Louis'Dor schickten. Hieß das nicht „blendend davongekommen zu sein"? Ich muss noch erwähnen, dass ich alle Geldgeschenke „auf Heller und Pfennig" mit Igor/Ingo geteilt habe! Es ist auch noch nachzutragen, dass aus Berlin, nachdem die Kämpfe abgeklungen waren, meine komplette Ausrüstung an Medikamenten und medizinischen Geräten angeliefert wurde – auch der treue Rolf gehörte also zu den vielen korrekten und unbestechlichen Zeitgenossen, die ich im bisherigen Leben kennenlernen durfte. Als Ingo und ich wieder in Weißenfels eintrafen,

war die Typhus-Epidemie abgeklungen, es starben an ihr allerdings 3.000 Soldaten und 300 Bürger.

Ich möchte die Tatsachen meines bisherigen Lebenslaufes, - ist die Hälfte schon vorüber? -, mit einigen Theorien und Anregungen, die ich entwickelte und machte, beschließen. Es war für mich und Ingo keine Enttäuschung, dass die deutsche und mitteleuropäische Ärzteschaft, so will ich den Verein hier nennen, erstens unsere weißen Kittel nicht einführte und das rote Kreuz als ärztliches Zeichen nicht annahm; dass zweitens mein Vorschlag, zum Beispiel in Berlin Ärzte-Kongresse zu veranstalten, nicht angenommen wurde; dass drittens niemand daran zu denken schien, die Bergung von verwundeten Soldaten zu modernisieren und viertens alle praktizierenden Mediziner mehr forschen sollten – dreißig Jahre später wussten und begriffen Ingo und ich, dass wir echte Fortschrittler waren.

So möchte ich jetzt mit drei Zitaten kluger Leute enden, die offensichtlich viel über Fortschritt nachgedacht haben:
„Es ist schon ein großer Fortschritt, den Willen zum Fortschritt zu haben."

(Lucius Seneca)

„Versuche dich um Himmels willen an kleinen Dingen,
erst danach mache mit größeren weiter!"

(Epiktetos)

„Notwendigkeit ist die Mutter der Erfindung."

(Platon)

E N D E

Anhang

Die Abbildungen:

Alle Abbildungen sind Bilder der Zeit

Verlags- und Autorenhinweise:

Der Auto weist auf zwei seiner Werke hin, die diesem ähnlich sind oder in der Umgebung von Weißenfels spielen:

„Arzt in Weißenfels“, ISBN 978-396103-444-4, € 14,95

„Roßbach – Geschichte der Schlacht“, ISBN 978-3-96103-268-6, € 11,95